新世纪高职高专
电子商务类课程规划教材

网上开店实务

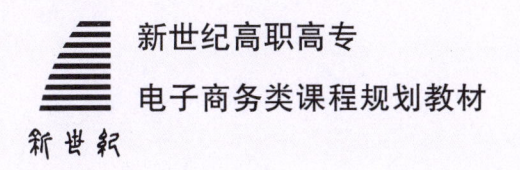

（第三版）

新世纪高职高专教材编审委员会 组编
主　编　张　薇　吴会杰
副主编　淡梅华　张　磊

大连理工大学出版社

图书在版编目(CIP)数据

网上开店实务 / 张薇，吴会杰主编. -- 3版. -- 大连：大连理工大学出版社，2021.11
ISBN 978-7-5685-3485-7

Ⅰ. ①网… Ⅱ. ①张… ②吴… Ⅲ. ①电子商务－商业经营 Ⅳ. ①F713.365.2

中国版本图书馆CIP数据核字(2021)第252602号

大连理工大学出版社出版
地址：大连市软件园路80号　邮政编码：116023
发行：0411-84708842　邮购：0411-84708943　传真：0411-84701466
E-mail：dutp@dutp.cn　URL：http://dutp.dlut.edu.cn
大连永盛印业有限公司印刷　　大连理工大学出版社发行

幅面尺寸：185mm×260mm　　印张：16.25　　字数：411千字
2011年11月第1版　　　　　　　　　　2021年11月第3版
2021年11月第1次印刷

责任编辑：刘丹丹　　　　　　　　　　责任校对：夏圆圆
封面设计：对岸书影

ISBN 978-7-5685-3485-7　　　　　　　　定　价：51.80元

本书如有印装质量问题，请与我社发行部联系更换。

前 言

《网上开店实务》(第三版)是新世纪高职高专教材编审委员会组编的电子商务类课程规划教材之一。

随着信息技术的不断革新,国内网络零售的发展势头依然迅猛,尤其是2020年新冠疫情袭来之时,网络零售依然保持了巨大的活力。根据国家统计局的相关统计,2020年全国网上零售额为117 601亿元,同比增长10.9%,再创新高,其中实物商品的网上零售额为97 590亿元,同比增长14.8%,网上零售业务对消费的拉动作用进一步增强。同时,国家鼓励发展电子商务新业态,创新商业模式,促进电子商务技术研发和推广应用,并颁布了《中华人民共和国电子商务法》,推进电子商务诚信体系建设,营造有利于电子商务创新发展的市场环境。

在以国内大循环为主体、国内国际双循环的新发展格局下,人们也更愿意选择网络零售行业展开自己的创业之旅。然而,面对电子商务市场的激烈竞争,初入网络零售行业的运营者大多缺乏经验,没有充分的准备就盲目开展项目,最终只能惨淡收场。为了帮助初创者更好地适应电子商务市场的变化,利用创新的思路来运营和管理网店,我们精心策划并编写了本书,一方面,希望给准备开店创业的新人提供全面的网店运营知识;另一方面,也希望给网店经营人员提供丰富的网店运营策略,让他们在实操中学习与借鉴。

本书以淘宝平台为依托,以网店运营实务为核心,系统、全面地介绍了关于开店、装修、推广等方面的基本方法和技巧。全书共分为8个项目,包括开店规划、网店视觉设计及装修、店铺商品管理、网店活动与促销、精准付费推广、网店客户服务、网店运营数据分析和移动网店运营。

本书在编写过程中突出了以下特色：

1. 系统全面，深入浅出

本书涵盖网店从开始筹备到经营管理的全过程，内容丰富，逻辑清晰。同时，本书针对卖家在网店运营中可能遇到的难点问题深入浅出地进行重点讲解。

2. 立足岗位，"双元"开发

本书与西安华讯禾盛信息技术有限公司等企业深度合作，立足电子商务行业典型岗位的能力要求，采用通俗易懂的语言、图文并茂的形式，全面、系统地讲解了网店运营的全过程，对知识储备、岗位能力和职业素养提出了实用而细致的要求，具有很强的指导性。

3. 书证融通，注重实操

本书深度对接行业、企业标准，打破传统学科知识体系的教材编写体例，以项目、任务为载体展现网店运营的完整逻辑思路，并在"实战指引"部分充分融入"1＋X"内容，演示关键操作中的重点和难点，方便教师组织学生展开实训活动。

4. 落实课程思政，从电商角度看中国发展

本书每个任务后均安排了"电商眼看中国"案例，帮助读者拓宽知识面，通过行业变化发展、典型事件体会中国发展的速度和变化，通过对相关事件的讨论引导学生树立正确的世界观、人生观和价值观，实现应用型、技能型高素质人才的培养目标。

本教材是集体智慧的结晶，由西安职业技术学院张薇、吴会杰任主编；由西安思源学院淡梅华、北京博导前程信息技术股份有限公司张磊任副主编；由西安职业技术学院许霜梅、孟娟娜及中教畅享（北京）科技有限公司邢竣翕任参编。具体编写分工如下：张薇编写项目3和项目5；吴会杰编写项目8；淡梅华编写项目6；张磊编写项目4；许霜梅编写项目2；孟娟娜编写项目7；邢竣翕编写项目1。张薇、吴会杰、淡梅华、张磊、邢竣翕负责全书项目、任务、实训、案例的策划、设计和编写。全书由张薇负责总策划和统稿。

在编写本教材的过程中，我们参考、引用和改编了国内外出版物中的相关资料以及网络资源，在此对这些资料的作者表示诚挚的谢意。请相关著作权人看到本教材后与出版社联系，出版社将按照相关法律的规定支付稿酬。

限于编者水平和时间，书中仍可能存在不足和疏漏之处，恳请广大读者批评指正。

编　者

2021年11月

所有意见和建议请发往：dutpgz@163.com

欢迎访问职教数字化服务平台：http://sve.dutpbook.com

联系电话：0411-84706104　84707492

目 录

项目 1　开店规划 ·· 1
　　任务 1　选择开店平台 ·· 3
　　任务 2　开设网店 ··· 12
　　任务 3　选品并确定货源 ··· 18
　　任务 4　确定经营目标和目标客户 ·· 21
项目 2　网店视觉设计及装修 ·· 28
　　任务 1　认识网店视觉设计与装修 ·· 30
　　任务 2　设计网店的门面——网店首页 ··· 34
　　任务 3　拍摄商品图片 ·· 46
　　任务 4　编写设计商品文案 ··· 52
　　任务 5　设计商品主图和详情页 ··· 61
项目 3　店铺商品管理 ··· 70
　　任务 1　规划店铺商品结构 ··· 72
　　任务 2　确定和优化商品标题 ·· 77
　　任务 3　制定商品价格，提炼商品卖点 ··· 87
　　任务 4　完成商品上架 ·· 93
项目 4　网店活动与促销 ·· 103
　　任务 1　设置店内自主促销 ·· 105
　　任务 2　平台活动报名 ··· 114
　　任务 3　站内引流 ··· 125
　　任务 4　站外引流 ··· 134
项目 5　精准付费推广 ·· 143
　　任务 1　开通淘宝直通车 ··· 145
　　任务 2　选定超级钻展 ··· 157
　　任务 3　玩转阿里妈妈引力魔方 ·· 167
　　任务 4　寻找淘宝客 ·· 174
项目 6　网店客户服务 ·· 183
　　任务 1　成为一名合格的客服 ··· 185
　　任务 2　为客户提供优质服务 ··· 189
　　任务 3　开展客户关系管理 ·· 196

项目 7　网店运营数据分析 …………………………………………… 209
　　任务 1　认识网店数据分析 ………………………………………… 211
　　任务 2　分析网店的客户数据 ……………………………………… 217
　　任务 3　分析网店的核心运营数据 ………………………………… 221

项目 8　移动网店运营 …………………………………………………… 227
　　任务 1　认识移动网店的形式 ……………………………………… 229
　　任务 2　认识微店 …………………………………………………… 234
　　任务 3　微信小商店运营 …………………………………………… 240

参考文献 …………………………………………………………………… 251

项目 1

开店规划

"让天下没有难做的生意"引领着中国电子商务行业走过了飞速发展的二十年,这种商业模式也惠及了除中国以外的世界其他国家,成为一种大家认可的、十分方便快捷的购物模式。随着电子信息技术和互联网技术的不断发展和普及,网上购物的范围和方式也在不断地丰富和完善。网上开店便是基于这个商业背景而快速发展起来的。

知识目标

1. 了解常见的网店平台及其特点。
2. 了解确定网店经营目标和目标客户的步骤和方法。
3. 了解为网店选择商品和货源渠道的方法。
4. 了解开通淘宝网店的基本流程和店铺管理工具。

技能目标

1. 能够根据实际情况选择适合的平台,并成功开店。
2. 能够根据确定的目标客户为网店选品。
3. 能够通过对比选择适合的货源和供应商。
4. 能够掌握千牛工作台的基本功能,熟悉基本操作。

职业素养

1. 具有较强的团队意识,能够与他人配合完成工作。
2. 具有较强的工作执行能力,能够按照计划完成工作任务,确保正常工作进度。
3. 具有严谨认真的工作作风、吃苦耐劳的工作态度。
4. 能够通过各类媒体资源查找所需信息,具备自主学习、更新知识、解决问题的能力。

项目描述

商家在经营一家店铺的过程中,要协调和完成很多工作环节,包括店铺市场分析、店铺定位、货品规划、搭建团队、店铺运营、店铺装修、营销推广、客户服务等。为了使店铺有好的发展前景,开店规划成了网店开设前不可或缺的首要环节。

项目情境

钟国萌(小钟)是一名大二的在校学生,平时喜欢网络购物的她有一个愿望——拥有一个自己的网店。恰好学校邀请学长杨甫刚回学校为学弟学妹们做创业事迹汇报,钟国萌听得很认真。原来这位学长经历了两次失败才考上大学,但是凭着自己的创新和摸索,在大二时就成了学校公认的创业偶像,他开设的淘宝店铺每年营业额超过 200 万元,流动资金有几十万元,得到超过 45 000 名顾客的好评,凭借自己的实力快速成为淘宝的"两皇冠"卖家。学长的经历给了钟国萌很大的启示,在交流中她得知学长又准备筹备一个新的店铺,她决定跟着学长先学习一些网店开设的基础知识。

项目实施

网上开店是卖家通过互联网筹备并建立虚拟店铺,并利用该店铺出售商品或服务的一种销售形式。这种新型的销售方式通过互联网连接商家和消费者,消费者无法直接接触商品,只能通过商家图片、商品描述、买家评论等对商品进行了解,消费者确定下单购买后,商家通过邮寄的方式将商品寄给消费者,从而完成交易。

杨甫刚对钟国萌说自己萌生开店的想法后做了一系列的准备工作,从调查销售什么产品利润空间大开始,跑遍了义乌的小商品批发市场看产品、找货源,最终选择了在淘宝平台上注册自己的第一家网上店铺,前后经历了近两个月时间。

完整的开店规划工作应分解成以下几个任务进行:

任务 1　选择开店平台
任务 2　开设网店
任务 3　选品并确定货源
任务 4　确定经营目标和目标客户

任务 1　选择开店平台

知识准备

开店平台是卖家网店经营的虚拟互联网市场,正如我们在传统市场中要找地理位置好、人流量大的铺位一样,在选择网店平台时要充分考虑所选平台的实力、平台流量、入驻条件、卖家的创业资金、经营产品等因素。尤其是对于中小卖家而言,选择适合自己的网店平台对后期的推广和销售至关重要。下面就从网店平台的基本运作模式入手,了解常见网店平台的特点和适用范围。

从 2003 年淘宝平台诞生开始,网店平台的数量越来越多,形式也多种多样。网店平台的基本运作模式有 B2C、C2C、B2B 等。

一、淘宝平台

淘宝平台由阿里巴巴集团在 2003 年 5 月创办,是中国第一个本土的网购平台,2007 年成为亚太地区最大的网络零售商圈。随着其规模的扩大和用户数量的增加,淘宝从单一的 C2C 网络集市变成了包括 C2C、团购、分销、拍卖、直供、众筹、定制等多种电子商务运营模式在内的综合性零售商圈。目前它已经成为世界范围的电子商务交易平台之一。

1. 淘宝平台首页

淘宝平台首页是集中展示关键信息的综合页面,也是用户访问淘宝平台时看到的第一个界面。它会根据自身需要和竞争对手的变化进行定期的更新和调整,利用"千人千面"等技术提高全网转化率,提升购物体验,让淘宝渠道愈加具有黏性。

淘宝平台首页如图 1-1 所示,主要由以下几部分构成:

A 区:会员登录和网站各功能入口,该区域有平台的总导航栏,与买卖双方有关的主要功能,如卖家服务市场、买家客服中心和淘宝大学等由此进入。

B 区:搜索栏,通过输入关键词可以找到买家希望获取的宝贝和店铺信息。

C 区:"我的淘宝"快速入口,用户一旦登录平台,可第一时间获得与账户相关的更新信息,由此进入会员俱乐部,可对自己的账户进行管理。

D 区:淘宝平台公告栏,淘宝平台的重大新闻、新规则、新功能、新服务、公益活动等宣传活动都会在这个区域体现。

E 区:主题市场,罗列了淘宝平台涵盖的所有商品一级类目,选择任意一个主题即可通过二级、三级类目进入某类商品的展示页。

F 区:促销推广区,Flash 广告位是淘宝平台提供给各企业的广告位,企业通过出价竞争这些宣传区域。

图 1-1 淘宝平台首页的构成

G区：便民区域，提供话费充值、旅行、保险等信息服务。

H区：天猫商城推广区，定期推荐加入天猫商城的品牌，帮助它们打造网络品牌，扩大线上知名度。

I区："有好货"促销区，是为用户发现和挖掘精品的导购平台。

J区："猜你喜欢"，是通过提取和分析用户过去的商品浏览和交易成交等行为数据，为用户推荐更适合他们的商品，这是淘宝平台"千人千面"的主要体现，也是提高转化率的重要手段。

K区：首页页尾，从另一个视角将淘宝平台功能分成消费者保障、新手上路、付款方式和淘宝特色四个方面。

2. 淘宝平台的规则

淘宝平台的规则是指为了规范淘宝用户的商业行为而制定的规则。淘宝平台用户的行为除了要符合《中华人民共和国电子商务法》的规定，同时还不能违反淘宝平台的规则。当前淘宝主要的平台规则包括：

(1)淘宝规则总则；

(2)淘宝网店铺经营主体变更规范；

(3)淘信用与经营保障服务规范；

(4)淘宝企业服务市场管理规范；

(5)淘宝商品品牌管理规范；

(6)淘宝网商品品质抽检规范及处罚明细表；

(7)淘宝营销活动规范；

(8)淘宝网评价规范；

(9)淘宝平台争议处理规则；

(10)淘宝网禁售商品管理规范。

以上只列举了部分淘宝网规则，更多规则及详细说明可以通过"淘宝平台公告栏"→"规则"或"联系客服"→"商家服务大厅"进行学习和积累。作为卖家只有把握规则的变化，做到不违规，才能在网店经营中掌握主动权，不受处罚。

3. 淘宝平台的特点

(1)商品琳琅满目，数量品种众多。人们常用"只有你想不到，没有你找不到"来形容淘宝平台的商品，将我们想买的商品输入淘宝搜索栏，都会得到若干的反馈结果，用户总能找到自己心仪的商品。

(2)用户规模庞大，平台具备持续增长动力。截至2019年上半年淘宝的活跃用户规模达到了创纪录的7.55亿，这意味着中国4.3亿户家庭几乎"家家都有购物车"。如此庞大的用户数量意味着处处有商机，只要促销方法得当，就可以帮助商家在短时间内实现销售的爆发，并获得更多新客户。

(3)入驻门槛低，适合个人创业发展。每个自然人都可以申请一个淘宝店铺，实名认证后与个人支付宝绑定在一起，就可以成功开店了。只有少数特殊的商品类目需要缴纳押金，最大限度地为个人入驻淘宝平台扫清了障碍。

(4)支付宝工具确保交易付款安全。淘宝平台的订单成交后，买家所付货款会先存入支付宝账户，待买家收到商品确认无误收货后，支付宝才会将钱转入卖家账户，保障买家利益的同时也减少了纠纷。

4. 淘宝平台的店铺类型

淘宝平台属于C2C模式，分为个人店铺和企业店铺两种。在创建个人店铺时需要通过支付宝个人实名认证，开设企业店铺则需要用企业的营业执照通过支付宝的企业认证流程。

企业店铺在其名片上可以看到清晰的"企"字标，同时在"工商执照"栏可以查看企业申请的营业执照和公司信息，如图1-2所示。个人店铺名片上展示店铺开店时间，店铺目前通过的平台认证以及店铺动态评分等信息，如图1-3所示。无论是哪种类型的店铺，只要获得好的顾客评价，商品质量过硬，都能得到比同行业高的店铺动态评分。通过淘宝的金牌卖家认证，可以为店铺的下一步运营发展打下良好基础。

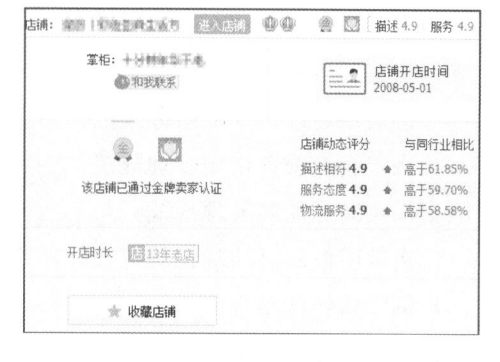

图1-2　企业店铺名片　　　　　　　　　图1-3　个人店铺名片

电商加油站

何为"千人千面"？

"千人千面"是指不同的账号搜索展示页面呈现排序的不同商品，是系统根据登录账号在淘宝搜索排序中引入的用户偏好（维度包括：性别、购买力、店铺、浏览记录、搜索习惯、历史购买订单类型等）算法推荐的体验方式。

"千人千面"不需要卖家设置，系统会自动推荐给用户。"千人千面"的价值在于通过对消费者历史行为的喜好识别和卖家货品的识别，将符合店铺定位的人群引导进店，提高有限流量下的成交转化率；同时使卖家和买家成为搜索排序的主要参与者，搜索通过学习识别买家的喜好和卖家的货品特征，在买家和卖家之间搭建买家—商品、买家—店铺的匹配平台，将符合店铺定位的用户引导进店。

二、天猫商城

天猫商城是阿里巴巴旗下的一个B2C综合性购物网站，与淘宝相比，这是一个定位和风格更加清晰的消费平台，强调商品的时尚度、潮流性和品牌品质。"双11"购物节是由天猫商城发起的具有标志性的促销活动，近年来"双11"购物节的交易额不断攀升，也成为天猫商城吸引人眼球的关键。

1. 天猫商城的店铺类型

天猫商城属于B2C运营模式，其主要目标客户是在网店购物中对服务、商品品质有着较高要求，但是对价格不太敏感的中高端消费人群。天猫商城集合了大量的大卖家和大品牌，入驻商城的卖家都有义务为买家提供七天无理由退换货和正品保障服务。根据经营品牌数量、品牌授权要求可将商城的店铺分为旗舰店、专卖店和专营店三种类型，三者的区别见表1-1。

表 1-1　　　　　　　　　　　　天猫商城的店铺类型对比

项目	旗舰店	专卖店	专营店
店铺定义	商家以自有品牌或由商标权人提供独占授权品牌的形式入驻商城的店铺类型	商家通过取得他人品牌代理权的形式开设天猫店铺	经营同一大类下两个及两个以上品牌的店铺,品牌可为自有品牌或他人授权
店铺命名要求	品牌名称＋天猫自营官方旗舰店/天猫自营旗舰店	品牌名称＋天猫自营专卖店	品牌名称＋(类目关键词)＋天猫自营专区
品牌数量	单一品牌	单一品牌	至少两个不同品牌
授权要求	品牌商直接授权的独占授权书	品牌商直接授权	以品牌商为源头的授权链条

2. 天猫商城的特点

(1)扩大企业品牌知名度。天猫商城是一个品牌集中的平台,客户面向全国甚至全球。为了配合宣传,天猫商城一年有很多促销宣传活动,使商家增加了展示的机会,同时也可以利用平台用户的活跃度提升交易额。

(2)需缴纳商家保证金和服务年费。卖家在天猫商城经营店铺必须缴纳保证金,保证金主要用于保证卖家按照《天猫服务协议》、天猫商城规则经营,且在卖家出现违规行为时根据协议及相关规则用于向天猫商城及消费者支付违约金。根据开设店铺性质的不同,天猫卖家需要按年一次性缴纳五万至十五万元不等的店铺保证金。除此之外,卖家还要根据经营的类目缴纳软件服务年费。

(3)用户对商家信任度较高。由于天猫商城从入驻条件到其他规则的要求都高于淘宝平台,因此买家对平台商家的信任度明显增加,加上七天无理由退换货和运费险赠送等手段,让买家能更加放心地购物。

(4)采用第三方物流配送。天猫商城与淘宝平台一样,采用第三方物流的形式进行商品的配送,成本低是较大的优势。

天猫商城无论是对消费者还是对商家都是公平公正的,既不允许消费者恶意地诋毁商家,也不允许商家做出任何伤害消费者的行为。

电商加油站

天猫与淘宝

1.两者的定位不同。天猫和淘宝都是网购平台,但淘宝平台上个人可以开店,而天猫平台上则需要公司资质才能开店。天猫好比是一个线上商场,淘宝则类似一个线上集市。

2.两者开店门槛不同。天猫需要缴纳一定数额的保证金才能开店,而淘宝则不需要缴纳保证金。

3.两者对客户的保障不同。天猫具备应该具备的所有客户保障,而淘宝则需要店主自愿加入保障。

4.两者对线上店铺的管理机制不同。天猫平台可以对线上店铺进行分销管理和品牌推广,而淘宝平台不具备这项服务。

三、京东商城

京东商城和天猫商城属于 B2C 运营模式,是中国的综合网络零售商,同时也是中国电子商务领域受消费者欢迎和具有影响力的电子商务网站之一。京东商城以"产品、价格、服务"为核心,致力于为消费者提供质优的商品、优惠的价格,平台在线销售家电、数码通信产品、电脑、家居百货、服装服饰、母婴、图书、食品、在线旅游等 12 个大类、数万个品牌、百万种优质商品。其陆续推出的"211 限时达""售后 100 分""全国上门取件""先行赔付"等多项专业服务也让京东平台拥有其他平台无法比拟的优势。目前京东商城已经建立华北、华东、华南、西南、华中、东北六大物流中心,同时在全国超过 360 座城市建立核心城市配送站,通过不断优化的服务引领网络零售市场。

1. 京东商城的合作模式

京东商城以自营合作、POP 和京喜合作三种模式与广大企业或个人进行合作。

(1)自营合作模式

京东坚持"以信赖为基础、以客户为中心的价值创造"的经营理念,持续创新,不断为用户和合作伙伴创造价值。在不同的消费场景和连接终端上,京东具备强大的供应链、数据、技术以及营销能力,能够在正确的时间、正确的地点为客户提供适合的产品和服务。所有具有商标注册证、厂家授权书、商品质检报告并给予京东授权的商品都可以成为自营合作模式的合作对象。

(2)POP 模式

POP 又称第三方零售平台,该模式为用户提供正品低价的购物选择。京东打造了 50 余种服务项目,覆盖购物、售后、送装全链条,为消费者提供高品质的服务。

有完备的货、仓、配资源的卖家,可以选择开设 POP 下的 SOP 店铺。卖家在京东销售商品,每日将消费者订单打包并自行或采用快递完成购物订单配送,卖家开发票给消费者。

(3)京喜模式

京喜模式是京东面对发展迅速的下沉新兴市场,依托微信、手机 QQ 两大亿级购物流量入口推出的创新业务。

京喜平台覆盖微信、小程序、京喜 APP 等拼购场景;拉新等多种创新社交玩法开放赋能及营销活动选择,自主参与实现社交营销裂变,强效引入社交用户。

2. 京东商城的特点

(1)购物方便快捷。京东商城支持分期付款;支持支付宝、QQ 会员登录,用户可以不用注册就能够经由自己的 QQ 账号和支付宝账号登录京东商城,给顾客提供了省时省力的优质服务。

(2)优质的客户服务。京东商城有着多年打造的庞大物流体系,提供了灵活多样的商品展示空间,消费者查询、购物都将不受时间和地域的限制。在为消费者提供正品行货、机打发票、售后服务的同时,还推出了"价格保护""延保服务"等举措,最大限度地解决消费者的后顾之忧,保护了消费者的利益。京东商城用自身的诚信理念为中国电子商务企业树立了诚信经营的榜样。

(3)低成本优势。京东商城商品价格制定是在商品的采购价上,加5%的毛利。这个价格要比其他电商平台便宜10%~20%,比厂家零售指导价便宜10%~30%。

当当网、唯品会等都是与京东商城、天猫商城一样的B2C运营模式,但是在入驻条件、资费标准和入驻流程等方面略有差异,大家可自行对比了解。

四、拼多多

拼多多成立于2015年9月,它是基于C2M运营模式的第三方社交电商平台,以低价拼团模式吸引用户自发在微信、朋友圈等发起拼团,用社交关系引流,达到以更低的价格拼团购买优质商品的目的。沟通与分享是拼多多独特的新社交电商理念,旨在凝聚更多人的力量,用更低的价格买到更好的东西,体会更多的实惠和乐趣。

1. 拼多多模式

大多数人对拼多多的第一印象就是"便宜"。拼多多的商家旨在满足那些质量诉求低、对价格敏感的用户。

拼多多模式还在于对流量、运营和互动的深刻理解。在流量获取中,拼多多借助微信用户的流量基础,成功积累了前期的忠实用户,凭借有效的运营策略实现了对微信流量的"清洗";在平台运营中,注重各种运营策略的设计选择。在拼团的基础上,拼多多通过红包、优惠券和"分享砍一刀"等营销策略,刺激用户进行社交分享,吸引新用户加入。此外,拼多多推出了很多互动板块,这些互动板块一方面有效地增加了用户使用时长,另一方面也进一步提升了用户留存度。

2. 拼多多的特点

(1)精准定位目标客户。平台的拼团购物模式更契合三四线城市消费人群的需求,因此平台目标用户精准定位于对价格敏感度更高的中小城市及乡镇居民,迅速累积起庞大的用户群体。截至2018年6月拼多多平台活跃用户达到3.44亿人,在四线城市及以下地区,有42%的用户利用拼多多APP进行拼购。

(2)增加广告投放,巩固流量优势。拼多多成立之初执行"纯运营,零硬广"策略,主要通过拼团模式、乐趣玩法及用户口碑传播获取新用户。为了提高在一二线城市的渗透率,从2017年开始拼多多瞄准电视媒体头部流量,成为一系列节目的赞助商,进一步提升了知名度。

(3)背靠头部社交平台,获取低成本流量。随着移动网络人口红利逐渐消退,电商平台获客成本明显增加。但是拼多多利用拼团、砍价等运营手段鼓励消费者分享链接,消费者为达到拼单人数会形成一个自媒体,自觉帮助商家推广,这种效果是其他电商运营不具备的,也是拼多多保持低获客成本的主要原因。

电商加油站

何为 GMV？

GMV 是"Gross Merchandise Volume"的缩写，通常指的是网站成交金额；从长远发展来说，电商平台企业的快速增长远比短期的利润更加重要，所以 GMV 是用来衡量电商企业增速的核心指标。

电商平台经常利用 GMV 进行交易数据分析，虽然 GMV 不是实际的购买交易数据，但同样可以作为参考依据，因为只要用户点击了购买，无论用户有没有实际购买，都是统计在 GMV 里面的。GMV 的计算公式为

GMV＝销售额＋取消订单金额＋拒收订单金额＋退货订单金额

实战指引

在了解了当下主流电商平台的类型和各自特点后，钟国萌开始为自己将来开设店铺选择合适的平台。

1. 自身条件分析

(1) 创业资金方面

由于在很多平台开设网店存在开店费用，因此卖家在准备开设网店前，要衡量创业资金是否充足。资金充足，开设店铺的平台选择面更广，经营方式更加多样化，但是如果创业资金不是很充裕，那么卖家在开店平台、经营方式和进货渠道等方面都会存在限制。

(2) 个人资质方面

在进行网店经营时，如果卖家已经在市场监督管理部门注册了企业，并拥有注册商标权或某品牌代理授权，那么对入驻大的电商平台是十分有利的。相反，卖家就只能选择开店门槛较低的电商平台。同时，网店申请人要确保自己无相关的不良信息记录，否则也可能影响个人资质审核和开店进程。

(3) 其他方面

网店经营是一个长期的过程，优秀的团队是网店成功运营发展的基础。每个电商平台对经营团队的能力要求有差异，因此，团队成员的特长和专业能力亦是团队负责人要考虑和衡量的。

2. 确定开店平台

根据对自己情况的分析，再结合已知平台的入驻条件等选择真正适合自己的平台。开店平台选择对比见表 1-2。

表 1-2　　　　　　　　　　开店平台选择对比

平台	企业用户	开店年费	运营团队	店铺保证金	品牌商标权	品牌代理权
淘宝	否	否	1～3人	是	无硬性要求	无硬性要求
天猫	是	是	3人或以上	是	是	是
京东	是	是(平台使用费)	3人或以上	是	是	是
拼多多	否	否	1～2人	有(发布商品后)	无硬性要求	无硬性要求

经过对比分析,目前小钟及其团队只适合在淘宝或拼多多平台上开设店铺,由于小钟一直都是淘宝的忠实买家,因此,最终她决定选择淘宝平台先开一家小店。

3. 任务评价

网店平台的考察和选择是开设网店之前必需做的工作,小钟在学长的指导下,首先充分了解了当前各主要的网店平台的特点、入驻条件、资费标准等问题,然后结合自己当前的实际情况确定了适合的开店平台,为下一步店铺的开设打好了基础。

实训任务拓展

1. 结合不同卖家的实际情况,通过分析对比选择适合的平台开设网店。
2. 以自己为例,分析自身所具备的资源和条件,选择适合的平台做好开店准备。

思政专题　电商眼看中国——互联网之光:闪耀水乡

2021年9月的水乡乌镇,又一次聚焦着世界的目光。当青石板路与互联网信息高速公路交织链接,厚重的历史底蕴与耀眼的互联网科技之光叠加出绚丽的色彩。

互联网的新基因已深深植入了这个千年水乡。本次互联网大会以"迈向数字文明新时代——携手构建网络空间命运共同体"为主题,首次开通视频会议直播平台共商全球互联网治理之道,共享全球互联网发展经验。

在"互联网之光"博览会"未来出行"展区,一辆搭载超大显示屏的黑色巴士吸引了参观者们的目光。自动行车、红绿灯停行以及行人避让、危险预警、闯红灯预警等高能操作,真实地体现了智慧巴士背后的赋能者,浙江海康智联科技有限公司所追求的目标——"更智慧的车和更聪明的路"。

来自北京的瑞莱智慧科技公司是一家孵化于清华大学人工智能研究院的年轻企业。躲避摄像头拍摄的"隐身衣"、打假 AI 换脸等"绝活"技术,让不少观展者走上前来围观。"我们研发'隐身衣',是为了找到一些人工智能技术的漏洞,加以纠错使其提高安全性。"工作人员说,"除了'隐身衣',研发团队还打造了深度伪造检测平台,能够对当下流行的 AI 换脸视频进行识别打假,精准度可达80%以上。"

在中国电信展区,5G 智慧矿山电铲驾驶座舱吸引了众多观展者互动体验;在腾讯展台,用户通过"国宝全球数字博物馆"小程序,足不出户就能认识历史、领略文化;在百度展区,智能科技品牌小度围绕 AI 语音助手核心技术优势展现了全场景下的智能生活,吸引了众多参观者前来驻足体验。

网上开店实务

有了互联网技术的承托,农村电商推广、电商直播等在乌镇也焕发出强大的生命力。

在乌镇桃园村,几乎家家户户都种植一种可以用吸管吸的李子——槜李,果实饱满圆润,果汁甘甜。但槜李产量低,难管理,无法形成量产。关键时刻桃园村班子一致决定,免费给村民提供树苗,并由村里的党员种植户亲自传授嫁接、种植等技术。目前,桃园村种植槜李1 800多亩,年产600多吨,全村槜李产值超2 500万元。近年来,桃园村还陆续开发了槜李汽水、槜李冰淇淋等新产品,并在村里设置顺丰速运专营点,由合作社支部的青年党员带头探索槜李网销,有效解决村民缺技术、销售难的问题。

目前,桃园村把数字乡村平台建设作为助力乡村振兴、提升基层治理能力的重要抓手,设置了包括党建一张图、红色代办员、实景建模议事厅、数字乡村VR漫游系统等6大功能模块,实现一图感知、一键链接、一网综治。

在乌镇西栅景区,一位举着手机自拍杆的小伙子,边在景区里一路穿行,边和网友热情互动。电商直播从游客视角带领全球认识互联网大会、认识乌镇、认识中国。

乌镇的发展是中国发展的缩影,勤劳智慧的中国人民在中国共产党的正确领导下,用40年的时间完成了西方几百年才完成的四次工业革命,现在在互联网技术、电子商务支付技术等方面已经站在了第四次工业革命的第一梯队,这是十分伟大的成就。

在乌镇,在中国,数字与生活正深度融合,这里每一天都发生着"电子商务带富一方百姓"的智慧故事。

任务2 开设网店

知识准备

开设网店的平台选定了,就像为实体店铺选好了店址,接下来就要根据每个平台的开店要求完成必要流程,这样店铺才能够开门迎客。这里我们主要以淘宝平台为例来介绍如何操作。

个人在淘宝平台开设店铺的流程为"一注册两认证",如图1-4所示。

注册淘宝账户 ⇒ 支付宝实名认证 ⇒ 淘宝开店认证

图1-4 淘宝平台开店流程

一、注册淘宝账户

(1)如果是淘宝网的新用户,首先要进行个人会员注册。个人会员注册成功后,无论是作为卖家还是买家都可以使用同一会员账号。打开淘宝网首页,点击"免费注册"按钮便可进入注册流程,如图1-5所示。

(2)注册过程中要填写相关个人资料,并进行手机号码验证和绑定,阅读并同意相关协议。企业账号的注册流程与个人账号注册类似,只需要在用户注册时点击"切换成企业账户注册"即可,如图1-6所示。

项目 1　开店规划

图 1-5　淘宝平台"免费注册"

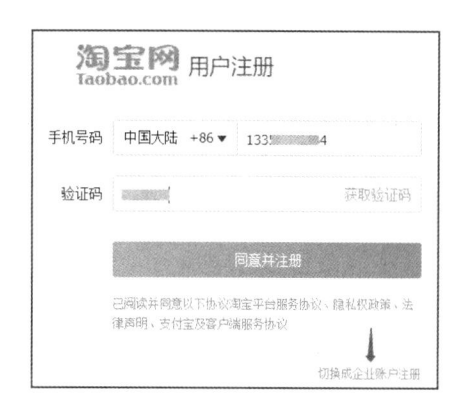

图 1-6　注册相关信息填写

电商加油站

淘宝开店限制

1. 一个身份证只能开设一家店铺。
2. 个人网店用个人身份证申请，企业网店用企业营业执照申请。
3. 与网店相关的银行卡需要与身份证绑定。
4. 银行卡、持卡人和身份证信息必须统一。

二、支付宝实名认证

支付宝实名认证是由支付宝（中国）网络技术有限公司提供的一项身份识别服务。通过支付宝实名认证后相当于拥有了一张互联网身份证，可以在淘宝网等众多电子商务网站开店、出售商品；增加支付宝账户拥有者的信用度。支付宝实名认证可以登录支付宝网站完成，也可以在淘宝平台免费开店的过程中完成。下面介绍在支付宝网站完成认证的过程。

（1）登录支付宝账户，点击"账户设置"→"基本信息"→"立即认证"，即可进入认证界面。

（2）填写个人相关资料，验证身份信息，如图 1-7 所示。身份信息确认成功后，系统会根据账户情况判断是否需继续用快捷"银行卡验证"或者"扫脸验证"，如图 1-8 所示。

图 1-7　填写资料确认身份

图 1-8　进一步身份验证

13

网上开店实务

（3）在"银行卡验证"或"扫脸验证"中都要上传开店人身份证正反面图片，填写证件有效期，并等待后台的审核结果，审核一般在24小时内完成。

（4）为了保证账户的安全性，在实名认证身份审核通过后还要进行实人认证，这一步骤需要打开手机淘宝扫描二维码，依次完成"扫脸认证"→"验证手机"→"填写地址"，如图1-9和图1-10所示。

图1-9 实人认证任务

图1-10 实人认证界面

三、淘宝开店认证

淘宝开店认证是开设个人店铺的必要步骤，在创建个人店铺的过程中完成。

（1）打开淘宝平台首页并登录个人账户，点击"千牛卖家中心"→"免费开店"，如图1-11所示。

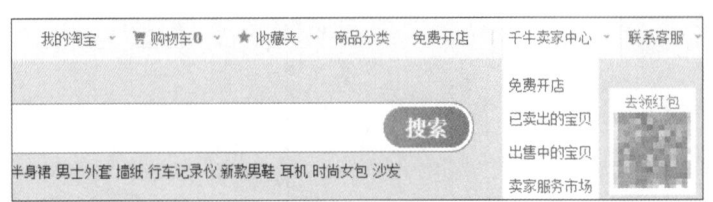

图1-11 "免费开店"服务

（2）在店铺类型中选择"个人店铺"，点击"个人开店"，可以在PC端直接开店，如图1-12所示，也可以利用手机扫码实现开店过程，如图1-13所示。如实填写个人资料，点击"0元开店"。

图 1-12　PC 端"免费开店"功能 　　　　图 1-13　移动端"免费开店"功能

（3）接下来只需要完成支付宝实名认证和淘宝开店认证即可让大家看到所开设的店铺。如果支付宝实名认证已经完成，则可直接点击"立即认证"完成淘宝开店认证，如图 1-14 所示。

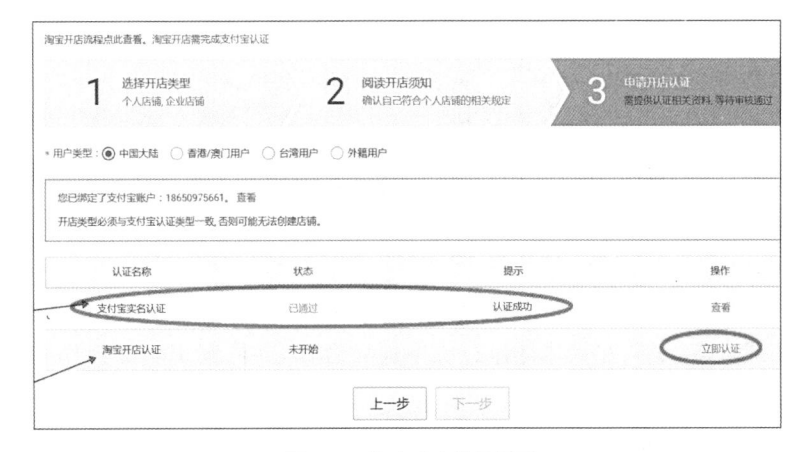

图 1-14　淘宝开店认证界面

（4）在开店认证过程中，需要使用手机扫码安装阿里钱盾 APP。安装好阿里钱盾 APP 后，用其进行扫码认证，认证审核一般需要 1～3 天，认证结果会以手机短信、旺旺信息等方式通知用户。

（5）审核通过后，进入卖家中心，即可查看"支付宝实名认证通过"和"淘宝开店认证通过"的结果。此时，进入卖家中心后台，可进行店铺相关设置和操作。

小贴士

支付宝实名认证过程中，可以同步进行淘宝开店认证，也可以等支付宝实名认证通过后再进行淘宝开店认证。

实战指引

小钟团队开始着手开店事宜,审视并检查团队是否符合开店条件。

1. 团队现状分析

(1)检测当前账户情况

淘宝网开店的条件较宽松,但是在开店前依然要检查一下准备用来开店的账号是否符合开店要求。

(2)做好其他准备工作

除了检查账号的注册和认证情况,还要做好手机号码的实名认证和绑定工作。

2. 小钟团队开设淘宝网店

小钟本人在淘宝网上已经注册过账号,并且已经进行过支付宝实名认证,可直接用于开设店铺。小钟团队网店开设流程如图1-15所示。

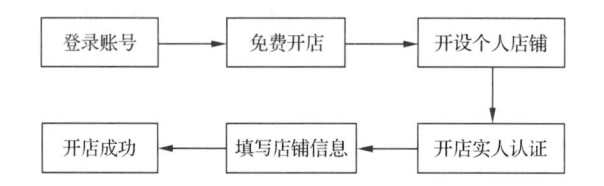

```
登录账号 → 免费开店 → 开设个人店铺
                              ↓
开店成功 ← 填写店铺信息 ← 开店实人认证
```

图1-15 小钟团队网店开设流程

小钟团队深知店铺开设成功并不困难,不过顺利完成开店工作也算为后面的店铺运营开了一个好头。

3. 任务评价

网店的开设过程并不是网店经营中最困难的部分,在开店前了解清楚开店流程的要点有助于顺利完成开店,团队在具体操作过程中通力合作,共同解决实际操作中出现的问题,才能在未来更好地合作经营店铺。

实训任务拓展

1. 试用思维导图来清晰地表达不同类型电商平台的开店流程,并进行对比,以更好地理解它们的区别。

2. 在电商平台上成功开设一家网店。

思政专题 电商眼看中国——互联网医疗大洗牌,昔日"最难"赛道迎来超车机遇

医疗服务高投资、回报周期长,相比起来,医药零售的投入更小、回报更快,因此医药电商成为国内互联网医疗常见的选择。但过分依赖医药电商业务的营收,也让互联网医疗逐渐丢失了"医疗"属性,成为大型的线上药房。

国家卫健委发布的《互联网诊疗监管细则(征求意见稿)》(以下简称《意见稿》)将会改变

这一行业现状。监管细则的出台,使行业逐步走向规范化,其中对AI问诊开方、先卖药后补方、药品回扣等违规行为的明确禁止,使得"医、药、技"之间的边界泾渭分明。互联网医疗行业正在迎来一场新的洗牌:聚焦严肃医疗服务的平台正迎来高速发展期。

1. 新时期,互联网医院建设见成效

《意见稿》明确指出,医疗机构应当有专门部门管理互联网诊疗的医疗质量、医疗安全、药学服务、信息技术等,建立相应的管理制度。在监管细则下,已经拥有较为成熟的互联网医院网络的互联网医疗平台赢在了起跑线上,而那些缺乏数字基础设施、不具备运营条件的互联网医院将面临整改甚至清退,互联网行业集中度将得到大幅度提升。

"微医"平台2019年在山东省泰安市开展"互联网+医保+医疗+医药"慢病管理创新服务,依托互联网医院打造互联网慢病医联体,成为城市医保部门直接购买数字慢病管理的模式创新。该模式涉及慢病管理线上线下全流程,提供慢病复诊、购药、报销、数据管理,以及数字化干预处置等服务,并通过数字化、规范化的全流程管理,强化了医保监管和控费。仅一年时间,当地慢病患者人均就诊时间从2~3小时下降到30分钟,单次处方金额较2019年下降了12.7%。作为中国最早打通医保支付体系的互联网医院平台,"微医"截至目前已经在全国落地了31家互联网医院,其中18家已打通医保支付。

结合《意见稿》与相关企业的实践可以看到,真正意义上的"医、药、保"闭环,要求互联网诊疗能够与实体机构提供同等质量的服务。因此,成熟的基础设施建设和运营经验,是避免互联网医院成为"摆设",真正发挥效能的关键。

2. 新规则,严肃医疗服务价值显现

与此前的互联网医疗监管政策相比,新监管细则最大的特点是,明晰了医疗、医药和轻问诊/AI诊疗之间的界限。相关监管细则正在推动互联网医疗回归医疗本位,"如何为医疗赋能"将会是包括医药电商在内的其他细分业务未来的转型方向。

《意见稿》指出,加强药品管理,禁止统方、补方等问题发生。医疗卫生人员的个人收入不得与药品和医学检查收入相挂钩。医师接诊前需进行实名认证,确保由本人接诊。其他人员、人工智能软件等不得冒用、替代医师本人接诊。

行业研报数据显示,当前传统连锁药房的市销率为2~3倍,而以医药电商为营收支柱业务的互联网医疗企业的市销率为5~7倍。这意味着,医药电商之外,严肃医疗服务将为互联网医疗提供更大的想象空间。成立于2002年的Teladoc是美国较大的在线问诊平台,多年来坚持深耕数字医疗服务,为患者提供24小时的在线医疗咨询服务。Teladoc的成功充分证明了数字医疗服务的可行性和成长性。

国内的数字医疗企业也呈现出高速增长的态势。以"微医"为例,数据显示,其2020年营收达到18.32亿元,同比增长262%;2018—2020年,营收复合增长率达到168%,体现出国内严肃医疗服务市场巨大的发展潜力。尤其在监管细则落地后,随着其他赛道的"收窄",数字医疗这条曾经被认为"最难走"的赛道,将成为互联网医疗行业的主流。

3. 新探索,互联网医疗的创新路径

互联网医疗的未来是什么?近年来,国家大力推广三明医改经验,以促进全国医改不断深化。在国务院医改领导小组日前印发的《关于深入推广福建省三明市经验 深化医药卫生体制改革的实施意见》中,"医联体(医疗联合体)"被提及16次。以"医联体"为抓手搭建起"以健康为中心"的健康管护体系已经成为医改的主轴。

在此背景下，进一步发挥自身优势，利用数字化手段，撬动分级诊疗改革，为互联网医疗的发展提供了新的机遇。

2020年，天津"微医"互联网医院牵头，与天津267家基层医疗卫生机构共同组建的紧密型互联网医联体——天津市基层数字健共体，为居民提供全流程医疗和健康维护服务，并探索开展医保总额预算下"按病种和按人头打包付费"的支付方式。这一实践在深度打通"医、药、保"的基础上，容纳足够数量、足够多元的产业链主体，形成"支付＋履约"双轮驱动的闭环生态，构建起了"以健康为中心"的健康管护组织。

这种探索实践使得互联网医疗不再是游离在医改主轴之外的"配角"，而是利用数字化技术赋能医改，为健康管护组织的规范化发展奠定了基础，也为国内互联网医疗行业发展提供了一条创新路径。

任务3　选品并确定货源

知识准备

在网店运营中，商品的选择对店铺的运营有着至关重要的影响。优质的商品能够为店铺带来可观的销量，能够帮助店铺提升整体流量，提升商品在搜索结果中的排名，这些都会成为店铺的核心竞争力。

一、选品的原则

在选择商品时，卖家应当遵循以下几个原则：

1. 选品从自己的兴趣出发

兴趣是最好的老师，卖家选择自己喜欢的商品，才有做下去的动力和兴趣，才会不断投入热情和精力去经营店铺。否则，经营中的挫折和困难都有可能让卖家放弃。店铺里全是卖家感兴趣的宝贝，卖家就会花更多的时间去研究它、了解它，这对发掘商品的优点和特质，更好地向买家介绍产品是非常有利的。当遇到买家咨询时，卖家也能耐心且全面地为买家做出解答。

2. 选择具有资源优势的商品

卖家在选择经营的商品时，一定要充分考虑资源情况。如果自己在某些品类和商品上具有资源优势，应该首先将这些商品考虑在内。如果具有资源优势，卖家可以以更低的成本来经营，从而让自己拥有更强的竞争力。如图1-16所示，宁夏

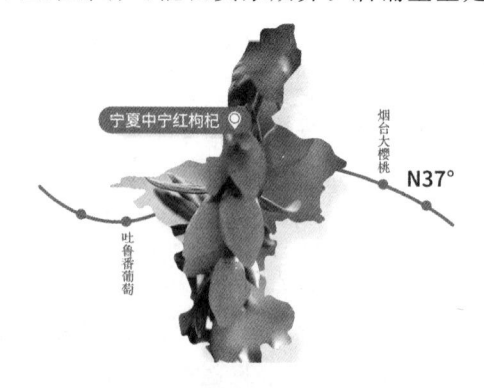

图1-16　具有地域资源优势的商品

的枸杞、烟台的大樱桃、吐鲁番的葡萄等，对于当地卖家来说都具有一定的地域资源优势。同时，如果卖家具有资源优势，也就意味着在商品品质和工艺水平的改善上具有更大的可能性。

3. 选择市场需求量大、竞争度低的商品

市场需求量大且竞争度低的商品更容易达到高销量，卖家在选择商品时，可以将商品销量作为该商品市场需求量的参考依据之一；市场竞争度低的商品也能帮助卖家更快地脱颖而出。但是市场需求量和竞争度往往是成正比的，市场需求量大的商品竞争也会比较激烈，因此，卖家在选择商品时还要相互兼顾，平衡好两者间的关系。

4. 坚持选品助力运营

网店运营中碰到重要节日、商品换季、促销活动等都会涉及选品。卖家要善于从店铺运营数据中分析和验证选品的效果，一次选品的成功并不意味着这件商品一直都有好销量。卖家应该在已经拥有热卖爆款商品的同时，坚持利用持续的选品活动开发出有潜力的、能代表未来流行趋势的商品，为店铺以后的发展做准备。

二、商品货源的分类

商品货源多种多样，最常见的有以下几种：

1. 批发市场进货

这是常见的线下进货渠道。卖家在批发市场进货需要反复对比商品质量、价格等，与供应商议价，力争将批发价压到最低。同时要与批发商建立好关系，为后续的售后服务工作打好基础。

2. 厂家直接进货

跳过层层代理和批发商，直接从源头厂商拿货也是一种常见的方式。正规的厂家货源充足，如果能争取到滞销款还可能会给卖家带来意想不到的利润。但是厂家对卖家的起批量要求较高，不适合小批发客户选择。

3. 关注外贸产品

目前许多工厂在外贸订单之外会有一些剩余产品处理，价格通常十分低廉，为正常价格的 2~4 折，这是一个不错的进货渠道。

4. 库存积压或清仓处理产品

因为急于处理，这类商品的价格通常是极低的，如果有足够的砍价能力，可以用一个极低的价格买下，转而到网上销售，利用网上销售的优势获得利润。

5. 从各大电商平台进货

目前从各大电商平台进货很方便也很普遍，尤其是网络进货基本没有库存压力，受到资金有限的小卖家的青睐。例如，天猫平台就直接在千牛工作台中给卖家提供了"货源中心"，支持卖家更快地找到货源，如图 1-17 所示。

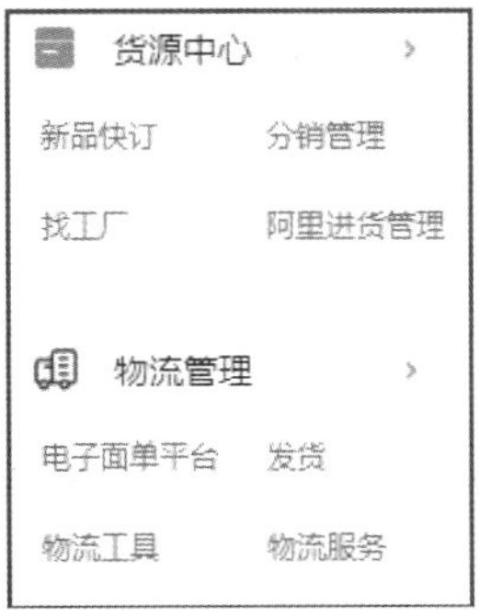

图 1-17 千牛工作台的"货源中心"功能

实战指引

为店铺选定后续经营的商品是开店以后的第一件大事，小钟团队认为商品的选择和当前市场的需求、卖家自身的兴趣等都有关系。

网上开店实务

1. 资源现状分析

(1) 卖家所处地域分析

我国地大物博,各地都有一些代表自己地方特色的商品,浙江义乌的小商品、云南具有民族风情的手工艺品、陕西各种历史文化的衍生品等都是大家喜爱的商品。选品时要充分考虑自己所处的地域,尽量从有地域优势的产品入手,力求体现商品的独特性。

(2) 卖家个人的经营兴趣分析

每个卖家对商品的关注点不同,有人喜欢研究 3C 数码产品,对各种产品参数如数家珍;有人爱花,从花的习性到养花方法都有着丰富的经验;还有的妈妈对婴幼儿用品了如指掌……如果能够将兴趣与选品结合在一起是最理想的情况。

(3) 商品自身的分析

选品时还要充分考虑商品本身的属性,考察商品在近一年的市场需求和供应情况,以此来预测商品未来在市场上的销售趋势,避免商品一上市就陷入激烈的竞争中。

2. 小钟团队选品

根据网店选品的关键流程,小钟团队展开选品工作。先圈定了团队感兴趣的商品后,对其他店铺里同类商品近期的销售趋势进行了比较分析,为选品提供了数据支持。

3. 确定货源

选品完毕只是确定了店铺经营什么商品,商品的来源还有待进一步确定。由于货源关系着店铺后续经营的供货、售后服务等问题,因此,也是卖家要仔细考虑的一件事。根据店铺的资金情况可选择线上或线下,批发或代理等。

4. 任务评价

选品和确定货源结束后,店铺就满足基本的运营条件了。小钟的团队在完成了选品并确定货源后,对店铺规划的关键步骤已经有了较深的了解,为后续经营做好了准备。

实训任务拓展

1. 全面合理地开展选品分析,为自己的网店展开选品,利用表格或思维导图表示选品过程和结果。

2. 完成网店选品后,为店铺找到货源供应商,并就价格、商品数量等要素达成协议。

思政专题　电商眼看中国——消防安全岂能儿戏

2021 年 10 月 11 日上午,国家应急管理部消防救援局官方微博点名某三家电商平台。原来在这三家电商平台上都大量售卖应付消防检查的喷淋头。这些产品竟然都美其名曰"应付检查假消防喷淋头"。"应付"两个字堂而皇之地出现在商品名称里。

一石激起千层浪。微博发出后,各地消防纷纷转发评论。人民日报、光明网等官方媒体也转发了该微博。

各平台获悉后立刻将相关物品紧急下架,据北京日报报道,用关键词"应付检查消防"搜索,三个平台均已显示"没有找到相关宝贝"。

但是当记者以"应付检查"为关键词搜索,在某电商平台上依旧能找到大量相关的物品在售卖。点开一家显示"已卖1.4万件"的商品详情页看到,除商品名称外,商品介绍的图片中赫然写着"应付检查消防喷头"8个大字。在商品评价页中,还有用户给出"好评"。

看到上述现象,网友怒斥并呼吁严查:"应付?卖的人没有良心?"

我们不禁要问一句:人命关天,怎能应付?

任务 4　确定经营目标和目标客户

知识准备

一、确定网店经营目标

网店经营目标是卖家经营店铺的方向和指引,适当的经营目标能够使卖家为店铺制定更适合的运营策略。

1. 流量目标

流量是一家网店持续经营的基础,如果网店的流量持续而稳定,对提升店铺的销售业绩就有积极的影响和帮助。如图1-18所示,影响店铺流量的因素主要有市场分析、商品布局和视觉设计等,只要处理好了这几个问题,就能够使流量满足店铺经营的需求。

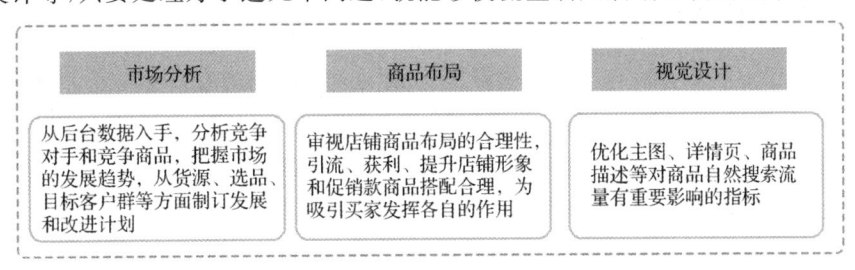

市场分析	商品布局	视觉设计
从后台数据入手,分析竞争对手和竞争商品,把握市场的发展趋势,从货源、选品、目标客户群等方面制订发展和改进计划	审视店铺商品布局的合理性,引流、获利、提升店铺形象和促销款商品搭配合理,为吸引买家发挥各自的作用	优化主图、详情页、商品描述等对商品自然搜索流量有重要影响的指标

图 1-18　影响店铺流量的因素分析

2. 转化与成交目标

商品展现和流量如果最终不形成转化与成交,那么店铺的销售额不会上升。如图1-19所示,店铺有访客、有浏览量,但最终却没有支付,显然也是不行的。

要在店铺的流量来源中获得转化和成交,就要进一步分析进店客户的需求、关注点或对商品的价格预期等因素,通过营销策略的调整使潜在买家的诉求得到满足,达到促成流量向成交转化的目的。

3. 销售额及利润目标

利润是店铺追求的最终目标。卖家可以分阶段设立销售额目标(图1-20),并定期对达成情况进行分析评价,判断当前店铺销售额与目标额之间产生差距的原因,通过经营策略和

图 1-19　店铺经营的实时概况

方法的不断调整,使店铺销售额和利润达标,更好地把握店铺经营发展的方向。

图 1-20　店铺销售额目标实时查询

卖家在制定各类目标前,要对店铺的商品市场需求、营销资源、存货状况、物流配送体系、人员状况等进行评估,制定合理的目标。目标要和企业实际相匹配,目标过高无法完成会打击经营者的士气,目标过低又极易造成资源浪费。

二、精准定位目标客户

目标客户是指卖家根据自己经营商品的性质而圈定的潜在客户,一个网店的目标客户群越清晰,它的营销策略就越准确有效,转化率也会越高。所以卖家需要对目标客户进行锁定,按照年龄、性别、喜好等特征细分客户群,这样才能有针对性地展开店铺运营。

在确定网店目标客户时,卖家可以遵循以下 3 个原则:

1. 从需求出发寻找目标客户

需求是客户购买商品的原始动机。买家往往希望通过购买商品或服务来解决自己的痛点,使自我满足感得到更大的提升。因此,在寻找目标客户时卖家往往可以思考:自己的商品能够帮助哪些人解决什么问题?自己的产品能让哪些人得到什么样的满足感?等等。

如图 1-21 所示,托腹裤帮助孕妇减轻腹部压力,U 型枕可以帮助准孕妇更好地睡觉,因此在产品的开发上也会以解决客户痛点,提升使用体验为目标,形成良性循环。

卖家要将需求与卖点区分开来,卖点展现的是商品的特点,体现与其他商品的差异化,而需求是从买家角度出发,使商品能尽量提升客户的体验和满足感。因此,只有真正有需求、会购买的人才是卖家要找的目标客户。

2. 从客户属性出发,缩小目标客户范围

将目标客户的大致范围划定之后,卖家必须再筛选、缩小目标客户范围,这样才可以找

¥199.00 包邮　100+人付款　　¥288.00 包邮　6000+人付款

图 1-21　解决特定人群痛点的商品

到更准确的目标客户。

如表 1-3 所示，假如你打算卖假发，目标客户群的痛点可能是发量少、掉发、有白发等。

表 1-3　假发的目标人群特点分析

产品	痛点分析	目标人群初步分析	客户二次筛选
假发	发量少	收入中等以上的群体	有社交需求的上班族
	掉发、有白发	关注自身形象的群体	30～60 岁的客户
	烫发、染发过敏	想改变自己形象的群体	期望通过发型改变形象的客户
	其他特殊需求，如疾病	改变由于疾病或其他原因造成的形象改变	被特殊疾病困扰的客户

经过若干的其他属性分析，卖家应该知道并不是所有具有这些痛点的人都会产生购买需求，例如 60 岁以上的老人、没有社交需求、不注重自己形象的人通常对有白发、掉发是不敏感的，不会通过购买假发来改变现状，这样就可以对购买人群的年龄、职业、收入等做出进一步界定。卖家在分析过程中需要把相关属性尽可能多地归纳起来，二次筛选出目标客户。

3. 从市场细分出发，锁定目标客户

客户需求不同，卖家提供的营销策略就有差异。在前期对目标客户进行初次分析、二次筛选基础上，可以最终锁定商品的目标客户群。如图 1-22 所示，假发产品的目标客户最终锁定为具有以下特征的人群：

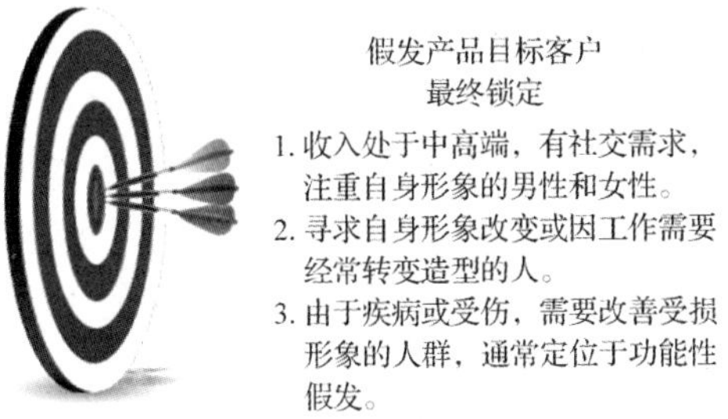

假发产品目标客户最终锁定
1. 收入处于中高端，有社交需求，注重自身形象的男性和女性。
2. 寻求自身形象改变或因工作需要经常转变造型的人。
3. 由于疾病或受伤，需要改善受损形象的人群，通常定位于功能性假发。

图 1-22　锁定商品最终目标客户群

卖家要关注最容易产生效益的那一群客户，利用客户细分制定经营策略，规避市场竞争，按照先选定目标客户，再亮出卖点，从而选出认可商品卖点又有需求的人来认真经营。

实战指引

小钟团队决定在正式开始进行店铺经营前,制定好店铺的目标,这样经营过程中就能够对经营效果进行实时监控。

1. 制定网店经营目标

在网店建设的初期,很多工作都在准备阶段,无法对流量、访客数、销售额或利润做出精准的计划和预测,现阶段只能通过参考同类型店铺先行制定一个初步的经营目标,之后再根据经营过程中的实际情况进行调整。

第一步,查看同类型产品的经营情况,如图 1-23 所示,作为参照制定本店的初期经营目标。

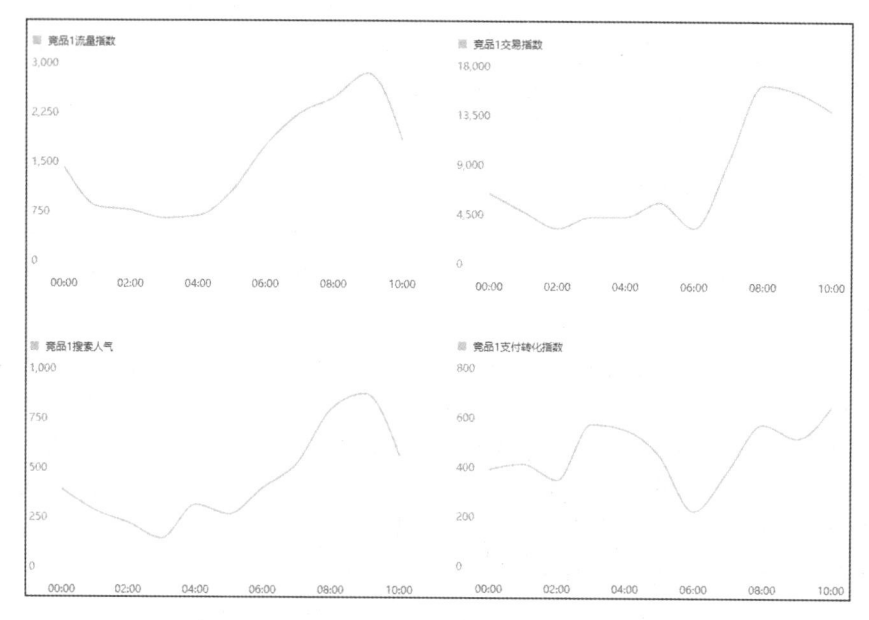

图 1-23 某同类商品的经营数据

第二步,通过同类商品的流量指数、交易指数、搜索指数和支付转化指数等关键指标的对比,将本店经营目标先定位在行业的中游水平。

第三步,确定并记录经营目标,以便日后在经营过程中对比和调整。

2. 找准店铺目标人群

第一步,从同类商品的客户属性中挖掘店铺目标客户,了解目标客户的性别比、年龄层次、相关职业等,如图 1-24 所示,初步圈定目标客户群,了解他们的需求。

第二步,进一步了解圈定的目标客户的购买偏好,如图 1-25 所示,分析同类商品的特点,能解决客户群的什么痛点和哪些问题,和自己产品对照判断自身商品是否也能提升客户使用体验。通过反复对比分析,缩小目标客户的范围。

第三步,结合已分析对比的同类商品客户属性,得出初步客户画像,再根据店铺和商品的自身实际,进行更详细的属性综合分析,最终锁定目标客户群。

项目 1　开店规划

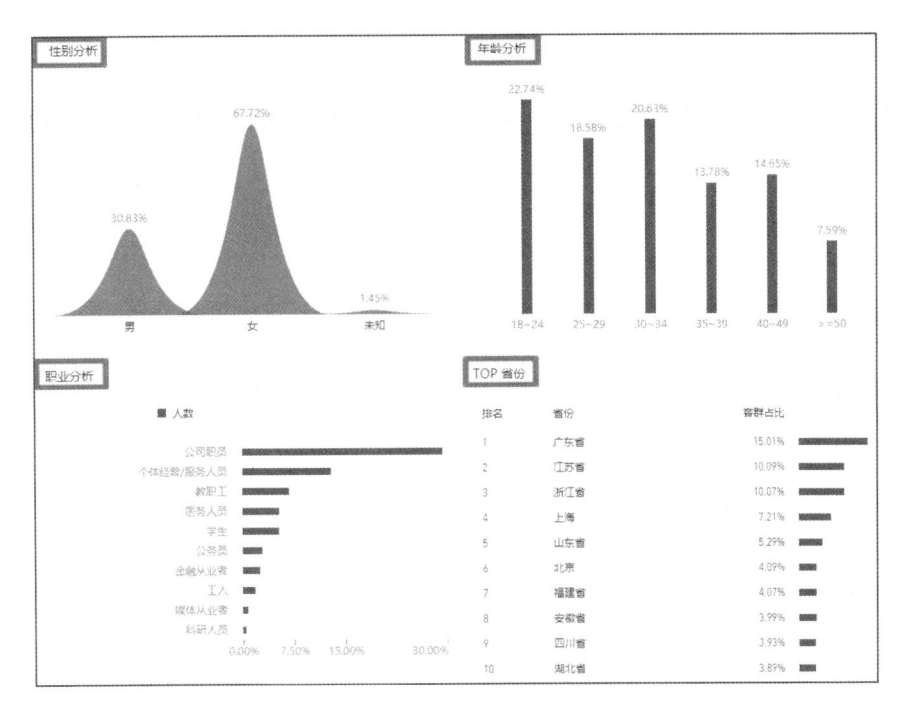

图 1-24　客户群的部分属性

图 1-25　客户群的购买偏好属性

3. 任务评价

确定网店经营目标和定位店铺客户群是开店规划中的最后一步，也是很关键的工作。合理的经营目标能够激发网店员工的积极性，使大家体验实现目标时的成就感；准确定位目标客户能够更详细了解客户需求，将商品卖点和客户痛点完美结合，让客户愿意看也乐意买。

实训任务拓展

1. 利用比较方法从不同维度初步确定网店经营目标，并说明理由。

2. 选定三件不同类目的商品，从用户属性角度出发，经过初步分析、二次筛选，最终锁定目标客户群，描述目标客户群范围和客户需求。

思政专题　电商眼看中国——电商开启拼"经营力"的时代

电商市场中新品牌层出不穷,老品牌则希望稳住长久以来攻下的市场地位。电商在线采访了多个在预售和大促期间拿到好成绩的品牌商家,它们有一个共同点——高"营商"。具体有以下几点表现:

(1)它们都能结合店铺、行业特点,与不断变化的"双11"节奏实现共振。"双11"大促内容蓄水期前,就做好了产品规划与内容的准备。

(2)善用数据和营销工具,让团队精力有的放矢,更合理分配营销预算。

(3)逐渐摆脱曾经电商运营单点爆发和单线营销的思路,改变了以往过分看重效果广告单次点击和店铺GMV(成交额),注重人群资产的沉淀和运营,实现长效经营。

过去似乎专属于国际大公司的"营商"——它们每年都提前做好接下来一年的商品组合与预算规划——如今因为内外环境变化带来的不确定性,成为品牌商家们的共识。

阿里妈妈向来扮演淘系商家的助推器角色:它们在淘宝、天猫上做生意,阿里妈妈则负责提高生意的效率。阿里妈妈过去较有名的工具是直通车和超级推荐,现在万相台也有了相当广泛的商家基础。和以往以竞价排名的钻展或直通车不同,万相台不只是为某一款商品解决流量问题,而更像是一种品牌经营模式的指引:它分为消费者运营、货品运营、活动场景、内容营销等几个主要场景,每个大场景下面又有"拉新快""会员快""测款快""上新快"等多个细分场景。

不同行业各自的痛点与需求,决定了它们的场景选择。譬如,零食品牌,有产品结构简单、高复购的特点,因此,它常用的场景是"货品加速""活动加速",可以在活动期间迅速让一款潜力商品获得更大程度曝光。

在平稳的日常销售之外,商家需要不断注入流量,带来脉冲式的爆发。把控大促节奏之外,一个称得上成熟的品牌,得有不断迭代的产品组合,还得熟悉自家消费者的来路与去处,如商品、消费者、运营思路。如果一个商家需要拉新,只需要三步:选择营销场景;在营销计划中填上营销预算,点选店铺商品,选择希望投放的地域;完成。万相台会显示出营销投放的预览位置,并且给出确定的流量增长。商家还可以选择在万相台中给新客发放专属优惠券,消费者获得了优惠,品牌吸引到了新客户,也不会因为在电商渠道破价引起经销商不满,对平台来说,推动了消费者的跨品类购买和对新品类的涉足,让一个用户买得更多。品牌、消费者和平台也因此有更深入的"关系"。

此外,全域营销和对消费者深度运营已经成为品牌商的共识。

试图打开中国市场的DOWNLAND,将自己的"双11"销售额分成了两部分,分别来自直播和全域营销。其品牌负责人预计,自成闭环体系的直播将会在大促带来3 500万元销售额,而"站外推荐—天猫成交"的链路,则会贡献2 500万元销售额。

研发语音声控AI硬件的科大讯飞,过去的消费者更多是使用转译、转写功能的职业人士。但它在"双11"之前主推的一款AI学习机,瞄准了年轻妈妈。除了通过万相台的场景进行淘宝站内的转化,还通过阿里妈妈的Uni Desk等站外投放工具,在抖音、小红书、快手等站外平台破圈拉新。

那些已经在中国消费市场拥有强大号召力的行业领导品牌,也在不断探索如何借势"双11",在更广阔的消费者群体间打响品牌知名度。特步便是其一,联合淘宝联盟私域推荐能力实现破圈。

在"双11"预售期的短短12天里,特步的一款单品,销量突破10万,商品打爆系数较平常提升了300倍。部分功劳来自"蚂蚁雄兵"们——淘宝联盟的淘宝客。他们往往以"民间推荐官"的角色出现在遍布互联网角落的社群里。这些社群既是无限贴近消费者的经营阵地,又拥有很高的转化率。有数据显示,淘宝客社群的活跃度,是普通社群的3倍;淘宝客社群的购买转化率,是传统渠道的10倍左右。

品牌的生意,往往由细节构成。过去围绕投放流量规模和流量效果展开的生意,从逻辑上来说并没有问题。但对于一个品牌或一家公司来说,流量成本的高低并非经营目标,只是一个优化方案。而一个品牌的经营目标更应该围绕人群和商品进行:是否拥有不断迭代新品的能力?推出的新品能获得多少销量?带来多少稳固的新会员?

项目总结

经过一段时间的努力,钟国萌在学长的指导下组建了网店的创业团队。创业团队兵分几路:第一组了解和对比典型的电子商务交易平台,筛选适合的创业平台;第二组准备开店需要的资质和相关文件,熟悉相关流程;第三组重点研究了几类商品的市场供需情况及货源,确定了选品和供应商;最后一组查找了大量同类型商品经营情况,确定了店铺商品的目标人群的需求,初步拟定了店铺的经营目标。淘宝平台的店铺也在团队的努力下顺利开启,可以说做好了店铺经营的一切准备工作。团队知道这只是一个开始,未来还有店铺装修、运营、客户服务等工作摆在面前,大家还需要继续努力和提高。

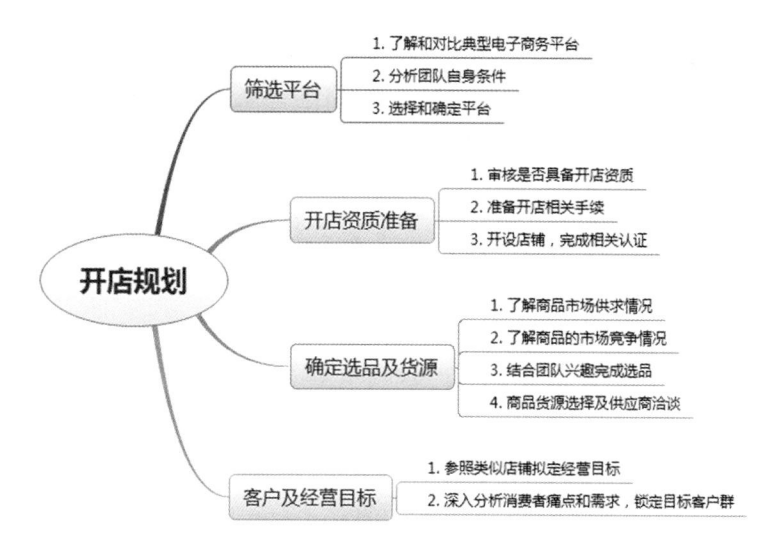

```
                        ┌── 1. 了解和对比典型电子商务平台
              筛选平台 ──┼── 2. 分析团队自身条件
                        └── 3. 选择和确定平台

                            ┌── 1. 审核是否具备开店资质
              开店资质准备 ──┼── 2. 准备开店相关手续
                            └── 3. 开设店铺,完成相关认证
    开店规划 ──┤
                              ┌── 1. 了解商品市场供求情况
                              ├── 2. 了解商品的市场竞争情况
              确定选品及货源 ──┼── 3. 结合团队兴趣完成选品
                              └── 4. 商品货源选择及供应商洽谈

                              ┌── 1. 参照类似店铺拟定经营目标
              客户及经营目标 ──┴── 2. 深入分析消费者痛点和需求,锁定目标客户群
```

课后习题

1. 常见的网上开店平台有哪些?各有什么特点?
2. 在淘宝网开店的基本流程是什么?
3. 常见的货源渠道有哪些?如何选择好的货源?

项目 2

网店视觉设计及装修

　　一个好听的店铺名称和一个醒目的LOGO,能让网店从"芸芸众店"中脱颖而出,让顾客过目不忘,是引起消费者好奇心的关键。店招是一个店铺的招牌,直接影响买家对店铺的印象。好的导航可以让买家从店铺众多商品中快速找到自己感兴趣的商品。首页海报图处在店铺最优质的展示位,好的海报具有较强的冲击力,应该把店铺最有特点的商品或特色服务、促销活动等展示给买家,以此来吸引买家,同时,首页还起到疏导流量的作用。详情页是销售宝贝的主战场,具有极其重要的作用。有品质的网店装修,不但可以提高网店的品位,还可以增加买家的信任感。

知识目标

1. 掌握视觉营销和网店装修的基本知识。
2. 掌握PC端网店首页的基本组成模块和装修。
3. 掌握商品图片的拍摄要点和优化处理方法。
4. 学会商品文案的撰写与编辑要领。
5. 掌握商品详情页构造和装修。

项目 2　网店视觉设计及装修

技能目标

1. 能够完成网店首页各组成模块的设计和首页装修。
2. 能根据需要采集商品图片并进行优化处理。
3. 会挖掘商品的特点、卖点或根据店铺的促销活动等信息,撰写与编辑文案。
4. 能够设计并编辑商品的详情页,并完成装修。

职业素养

1. 具有较强的团队意识,能够与运营等部门密切配合,保证工作进度。
2. 具有较强的审美能力,设计出有品位的网店装修作品。
3. 具有精益求精的工匠精神,能够高品质地完成店铺设计和装修任务。
4. 具有语言表达和沟通能力,保证团队能协同工作。
5. 具有敏锐的洞察力和良好的书面表达能力,能撰写出高质量的营销文案。
6. 具备自主学习、更新知识、解决实际问题的能力。

项目描述

在网上开设店铺后,一般企业会设置电商运营部门来管理网店,并在其下设置美工组,要求其负责商品素材的搜集和拍摄,商品图片的处理,以及网店首页、商品详情页、活动页等设计装修等工作。小企业会找专业的电商视觉服务公司来完成网店装修和商品视觉设计工作。普通网店则对商品信息采编人员要求比较全面,不但要掌握商品摄影、图片处理、文案撰写与设计,还要求掌握页面设计与网店装修等。所以,不管什么类型的商家,开设网店后,首先需要进行网店的视觉设计工作。

项目情境

钟国萌开设了自己的淘宝店铺后,学长杨甫刚告诉她网店和实体店不一样,顾客只能通过看图片和文字介绍来了解商品,因此要想把自己的店铺和商品推广出去,首先要在店铺装修上下功夫,把自己打造成一个优秀的电商美工。钟国萌在了解了电商美工应该掌握的相关知识和技能后,决定跟学长学习网店装修和商品视觉设计。

项目实施

虽然说网店是网上开设的虚拟店铺,但它的功能和实体店铺一样——出售商品或服务。但它又与实体店铺不同,消费者无法直接体验商品或服务,只能通过商家上传的图片、撰写的文案、买家评论等对商品进行了解。面对网店的这一短板,如何让消费者浏览到商品,如何让其产生点击行为,如何赢得消费者的信任,如何促成下单,如何打消消费者的顾虑而完

网上开店实务

成交易,需要电商美工人员在每一个工作环节中认真分析、精心设计和不断完善。

杨甫刚对钟国萌讲述了自己开店后所做的一系列的工作,从淘宝网店的构造、装修内容、装修方式开始,学习了商品拍摄技能,运用 Photoshop 软件对商品图片进行优化处理,搜集商品信息,挖掘卖点,撰写文案,设计并装修网店首页及详情页等,前后经历了两个多月的时间。

网店视觉设计及装修应分解成以下几个任务进行:

任务1　认识网店视觉设计与装修
任务2　设计网店的门面——网店首页
任务3　拍摄商品图片
任务4　编写设计商品文案
任务5　设计商品主图和详情页

任务1　认识网店视觉设计与装修

知识准备

一、网店装修和视觉设计

1. 网店装修

网店装修就是在淘宝等网店平台允许的结构范围内,通过图片、程序模板等装饰让店铺更加丰富美观,给人以舒适的、直观的视觉感受,让顾客从设计的网店中了解到更多商品和店铺信息。

2. 网店视觉设计

网店视觉设计就是利用色彩、图像、文字等造成的冲击力,吸引潜在顾客的关注,由此增加产品和网店的吸引力,从而达到良好的营销效果。视觉营销的表象是视觉呈现,其核心目的是营销。视觉设计是手段,商品营销是目的。

二、网店装修的作用和目标

网店的装修如同实体店的装修一样重要,装修靓丽而富有特色的门店能给人舒畅的购物体验。对于网店而言,高质量的视觉设计和装修尤为重要,因为顾客不能现场体验实物,只能从网店页面上的文字信息和图片信息来了解产品。所以,网店装修担负着视觉传达和视觉营销的重任。

1. 网店装修的作用

经营网店的所有事情都是围绕着销售额。网店装修的作用可通过以下销售额公式进行分析,如图 2-1 所示。

图 2-1　销售额公式

其中,转化率的影响因素主要有引进客户的精准度、产品价格、宝贝详情页描述、与同行相比的性价比优势和店铺信用等级。提高转化率主要是通过网店美工对网店整体形象、主图和详情页等方面的设计和优化来实现的。网店装修的作用可以总结如下：

(1)让店铺具有吸引力；

(2)提升买家对店铺的信任度；

(3)增加点击率；

(4)让买家在店铺停留时间更长；

(5)提升转化率。

2. 网店装修的目标

要让网店装修产生良好的效果,网店装修应该达到以下目标：

(1)风格统一、布局整洁

网店风格指的是网店中文字、图片及颜色的搭配,布局指的是各模块的位置安排。在风格上要注意颜色搭配协调,与企业标志的主体颜色一致,商品拍摄时模特要统一；布局安排要注意整洁大气。

(2)导航栏目要分类明确

导航要设置各个分类、主推商品、促销活动等栏目频道,商品分类模块要从商品的类别、季节、价格、新旧款等多维度进行分类,要让买家能快速方便地找到需要的商品。

(3)商品展示要易于浏览

店内商品的展示要清晰,和实体店一样,要让买家可以快速、准确地找到需要的商品。网店装修要保证易于浏览商品。

三、店铺构造

如图 2-2 所示是淘宝后台的管理页面。PC 端店铺包括首页、宝贝详情页、店内搜索页、宝贝列表页和自定义页面五大页面。移动端店铺的主要构造与 PC 端类似,但每个页面的尺寸和布局与 PC 端不尽相同。

图 2-2　PC 端店铺构造

四、网店装修的内容

网店装修主要包括以下 5 个方面的内容：

(1)网店的命名和 LOGO 设计——基本设置；

(2)采集素材并确定装修风格；

(3)首页设计——店招、广告图等；

(4)商品详情页设计；

(5)自定义页面设计，可以是品牌故事、会员中心、热卖、上新商品推广、合作伙伴招募等。

商家会根据商品的变化，促销活动的变化，季节的变化或者节气的变化而进行相应的调整，也就是说一个网店的装修不是一成不变的，它是一个持续性较强的工作，需要付出很多时间和精力去打造。

五、网店装修的方法

1. 网店版本

网店目前主要有旺铺基础版、淘宝智能版、旺铺天猫版和天猫智能版等版本。淘宝智能版在旺铺基础版的基础上提供了更丰富的无线端装修功能和营销方法，能够提升网店的装修效率和数据化运营能力，一钻以下的卖家可以免费试用。

2. 网店装修方式

网店装修方式有两种：一是购买服务市场的装修模板；二是利用系统提供的模块进行自主装修。

实战指引

分组讨论典型网店的视觉营销活动，在表 2-1 中进行连线。

表 2-1　　　　　　　　　　典型网店的视觉营销活动

事务或行为	连线	装修网店的目的
仅修改直通车主图，一个月多卖几百件		提高店铺转化率
通过搜集同行网店装修比较好的模板，分析对手的装修页面及模块，借鉴较好的设计部分，并结合自己网店商品特点，综合设计出一套装修方案		提高商品点击率
用美图秀秀和 Photoshop 处理商品图片		提升用户在店铺的停留时间
购买网店模板装修自己的网店		
设计活动促销广告		加强品牌形象
利用色彩、图像、文字等造成的冲击力，吸引潜在顾客的关注		
对商品进行多角度拍摄，使图片能清晰、真实展示商品，并在宝贝整体和局部图上配上文案描述		提高销量
在价格能被买家接受的商品图片上注明"包邮"二字，使浏览者产生点击行为，再通过描述清晰细致的详情页和评价页，一步一步使其产生信任感，并下单购买		让店铺更加美观漂亮

项目2　网店视觉设计及装修

> **实训任务拓展**
> 1. 浏览几个较好的淘宝PC端网店,分析记录其页面构造、装修风格。
> 2. 浏览几个较好的淘宝移动端网店,分析记录其页面构造、装修风格。

思政专题　电商眼看中国——快递公司的"面单革命"

附着于包裹上的一张张快递面单,对于一家快递公司而言有多重要?

最初的"快递面单"并非如今人们脑海中的"二维码"或是"条形码",从快递行业诞生起,人们运输快递大多使用的是传统的多联复写面单,或者也可以把它称为传统面单。据了解,传统面单一般分为五联,上面所承载的信息与如今所普及的电子面单无异,但传统面单上的信息往往需要人们手工填写完成。

在整个快递运转过程中,五联纸质面单要陆续被撕下来,分别交给客户、财务、揽件方、派件方和收件人。显然,伴随着电商时代所造就的一个个销量"奇迹",纸质面单的速度已然跟不上飞速增长的快递数量。况且在当时,市面上所流通的纸质面单通常是由各个快递公司定制,每一家的面单格式各不相同。这也意味着,一个电商平台需要接入不同快递公司的打单系统,过程繁复且耗时。

作为对于电商发展至关重要的环节,商品运输的"最后一公里"走得有多快,决定着电商平台能够飞多高。正因如此,2014年5月,阿里菜鸟联合包括申通、圆通、中通等14家快递公司推出了标准化的公共系统,一边连接百万商家,一边连接各个快递公司,由此彻底拉开了电子面单时代的大门。

统计数据显示,问世5年后,电子面单服务了近800亿个包裹,节约资金160亿元,节约纸张3 200亿张。相比传统纸质面单,虽然电子面单增加了二维码、条形码等新形式承载个人信息,但它也并未根除用户信息暴露现象,在快递包裹上,许多收件人的信息依旧清晰可见。甚至从某种程度上说,数字化的加速发展让信息的获取变得更加容易。

2021年8月,抖音电商发布通知,宣布将全面推广自己的电子面单系统,抖音商家将无法继续使用菜鸟、拼多多等电子面单号段打印面单。无独有偶,早在2018年京东便已推出了自己的电子面单;2019年初,拼多多紧随其后,推出自有电子面单系统……

1. 为何巨头们要在小小的电子面单上做文章?

掌握了面单系统的海量数据,无异于握住了用户兴趣的"天然密码"。通过一串串数字,可以看出平台用户的消费行为、消费意向,进而推测出用户的喜好,构建出平台独有的用户画像。很多消费者或许都疑惑,为何今天家里的大米快吃完了,打开电商平台便能看见无数条有关大米商品的推荐。并非电商平台真的在你身边安装了摄像头,这或许与你以往购物包裹上所附着的电子面单有关。

2. 大数据时代需要隐私保护

大数据时代确实为我们的生活带来了日新月异的改变,但有时成功的创新也会造成破

网上开店实务

坏。比起数据交换所带来的生活便利，人们更需要的是随时可以选择关上这扇门的权利。正如自2021年11月1日起，《个人信息保护法》正式实施，该法对于以往的大数据杀熟、过度收集个人信息等现象进行了严格规制。

为了更好地保护用户信息，京东、中通等快递平台早已推出过"隐私面单"，即从包裹生成时用户的关键信息皆用特殊符号替代。但如今许多快递公司所发出的电子面单上，用户的信息依旧清晰可见，即便有"隐私面单"服务，也往往需要用户特意设置或是为此付费。

未来某一天，当保护隐私成为全行业的共同追求时，或许人们再也不需要特意购买所谓的"快递涂码笔"了。

任务 2 设计网店的门面——网店首页

知识准备

一、网店首页的构造和装修规划

1. PC端店铺首页结构

PC端店铺首页结构由以下几部分模块组成：店招、首页海报、分类导航/客服、950展示区、侧边栏、750展示区和页尾。不同类型的店铺，其页面构造是不同的。一般而言，大都按照以下顺序排列，如图2-3所示。

2. 移动端店铺首页结构

移动端店铺首页常用结构如图2-4所示。移动端店铺页面对图片文件的要求见表2-2。

图 2-3　PC端店铺首页结构　　　　　图 2-4　移动端店铺首页结构

表 2-2　　　　　　　　　　　移动端店铺首页对图片文件的要求

首页模块	尺寸规格(px)	类型	备注
店招	642×200	gif,jpeg,png	
轮播图模块	608×304	gif,jpeg,png	图片最多4个,最少1个
多图模块	248×146	gif,jpeg,png	图片最多6个,最少3个
双列图片模块	296×160	gif,jpeg,png	
单列图片模块	608×336	gif,jpeg,png	

移动端店铺的装修设计要求简洁清晰,不能太复杂,要突出卖点和重点。店铺首页主要由店招、活动区、热销区、优惠区等几个部分组成。活动区和优惠区可以放置在一个比较显眼的地方,但是不可以喧宾夺主,抢了热销区的风头。

电商加油站

移动端店铺装修的注意事项

1. 图片的尺寸要合理

移动端店铺装修时,图片大小最好控制在 620～960 px,这样在手机端的图片效果呈现比较好。

2. 文字要精简,具有引导性

要提高买家访问深度,减少跳失率。从店铺装修角度来说,重点要做好产品呈现和文案设计。

3. 页面不宜过长

要注意结合用户的浏览习惯进行设计,页面不宜过长。

3. 店铺整体装修风格

网店的装修风格一般体现在对店铺的整体色彩、色调以及图片的拍摄风格上,电商平台网站上有多种店铺风格可供选择,店家可以选择这些固定的店铺模板来进行装修,也可以根据店内商品的特点和风格来重新进行设计,使店铺独具特色,也更符合销售的定位。

(1)网店装修视觉风格的确定

店铺的整体装修风格实质上取决于店铺的主题定位,我们可以通过如图 2-5 所示的方法进行确定。首先,通过调研用户需求,确立品牌定位、品牌营销等内容,采用头脑风暴的方法充分挖掘关键词,通过对收集的素材图片提取色彩、分析质感等特征,获得视觉映射、心理映射和物化映射,最后整理、分析出店铺装修的视觉风格。

(2)选择适合网店装修的颜色

每种色彩都有各自的情感特点,不同的色彩适合不同类型的网店,颜色选择应与自己的经营内容一致,使整个网店整体色调达到调和。色彩所代表的情感及适用网店类型见表 2-3。

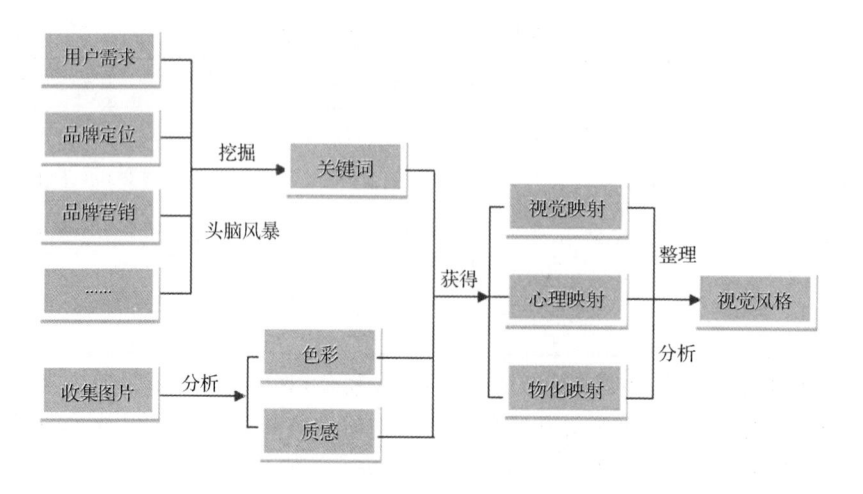

图 2-5　网店装修视觉风格的确定流程

表 2-3　　　　　　　　　色彩所代表的情感及适用网店类型

色彩	情感	适用商品的网店类型
黑色	代表权威、高雅、低调、执着、冷漠、防御	高档男装、职业正装、游戏相关产品等
灰色	代表诚恳、沉稳、考究	音乐、男士用品、汽车用品、电子产品等
蓝色	代表冷静、客观、洁净	化妆品、电子产品、高科技产品等
绿色	代表青春、健康、自然、亲切、自由、平等	食品、鲜花、化妆品、儿童用品等
粉色	代表温柔、温馨、亲切	少女装、化妆品、母婴用品、家居用品等
紫色	代表着神秘和尊贵	高品质的女装、工艺品、饰品等
红色	代表热情、权威、自信、古典	珠宝、化妆品、时尚用品、婚庆用品等
黄色	代表阳光、辉煌、轻快、纯净	儿童用品、装潢、家居用品等
橙色	代表明亮、华丽、健康、欢乐	服装、饰品、家居用品、运动品、美食等
褐色	象征典雅、安定、沉静、平和、亲切	茶、咖啡等食品类等

4. 网店首页装修内容

一般来说,网店首页应包含以下基本模块:

(1)网店招牌。网店招牌是网店的门面,营销型的网店招牌可以在此呈现店内特色商品及热销商品的信息。

(2)导航。引导买家快速查看店内信息,一般作为分类展示商品的入口。

(3)图片轮播。给人以震撼的视觉效果,是促销活动的必备模块。

(4)宝贝分类。方便买家根据不同类目查看商品。

(5)宝贝搜索。为买家提供快速通道,使其搜到店内符合自己要求的商品。

(6)宝贝推荐。对店内的商品进行推荐展示。

5. 店铺装修的准则

(1) 要能体现自己店铺的形象,有自己的风格。选择的风格要与自己的经营类目一致,不同的风格适合不同类型的网店,忌盲目跟风。

(2) 要选择合适的色调,且整体色调要统一。页面上大块的颜色最好不要超过三种,且色彩搭配要协调。作为主色调的大面积色彩要调和,其他颜色只是辅助和衬托。颜色太多、太跳跃或太过于刺眼,会影响顾客的体验。

(3) 要能突出重点。比如:热销宝贝、最新促销、折扣、新品等,要能在短短几秒内以简单、快速、精准的方式把信息传达给顾客。忌主次不分。

(4) 导航设计要思路清晰,让顾客容易找到他想找的产品。忌导航混乱。

(5) 要控制图片大小。图片太大会影响页面加载速度,增加跳失率。

二、网店的命名方法和 Logo 设计

1. 网店命名的要点和忌讳

(1) 网店命名的要点

① 简洁通俗,朗朗上口。店名一定要简洁明了,通俗易懂且读起来要响亮畅达,朗朗上口。一个既朗朗上口又简洁的名字非常容易被人们记住。

② 别具一格,充满新意。可以使用一些与众不同的字眼,使自己的店铺在名字上显示出一种特立独行的气质,体现出一种独立的品位和风格,调动顾客的好奇心,有效地吸引顾客的注意。

③ 用字吉祥,少用生僻字。注意用一些符合中国人审美观的字样,店名应该让人看起来就有一种美感。

④ 要与所经营的商品一致。让顾客通过网店的名字就能够看出你所经营的产品,并在需要该类产品的时候第一个就想到你的小店。

⑤ 让人能感受到文化底蕴。我国文化博大精深,对此可以恰当地加以利用。

(2) 网店命名的忌讳

淘宝规定淘宝店铺名中不得包含违反国家法律法规、涉嫌侵犯他人权利或干扰淘宝网运营秩序等相关信息。店铺名不能与我国或外国的国家名称、国旗、国徽、军旗、勋章相同或者近似;不能与国内、国际组织的旗帜、徽记、名称相同或者近似;不能同第三方标志相同或者近似,如中国邮政、中国电信、中国移动、中国联通、中国网通和中国铁通等;不能带有民族歧视性;不能夸大宣传并带有欺骗性;不能有害于社会主义道德风尚或者有其他不良影响;不能含有不真实内容或者误导消费者的内容;不能有其他涉嫌违反法律的内容。

> **电商加油站**
>
> **干扰淘宝网运营秩序的相关信息**
>
> 这是指擅自使用需要经过淘宝网授权或许可使用名称、标志及其他信息,或假借淘宝网及淘宝网相关机构、组织名义的信息,及使用其他淘宝网禁止使用的信息。常见情况如下:
>
> 1.未经淘宝许可,使用含有"淘宝网特许""淘宝授权"等含义的字词;
> 2.使用淘宝网或其他网站信用评价的文字和图标;
> 3.使用"淘宝网"专用文字和图形作为店铺宣传的文字和图形;
> 4.店铺名不允许命名为××商盟。非商盟的店铺不允许在店铺中使用商盟进行宣传;
> 5.如用户或店铺不具有相关资质或未参加淘宝相关活动,不允许使用与特定资质或活动相关的特定含义的词语,例如:淘宝商城、消费者保障计划、先行赔付等。

2. 制作店铺标志

店标是店铺标志的简称,是传达信息的一个重要手段。一个网店的店标可作为一个店铺的形象参考,给人的感觉是最直观的,可以代表店铺的风格,店主的经营理念,产品的特性,也可起到宣传的作用,所以店标设计不仅仅是一般的图案设计。按照其状态区分,店标分静态店标和动态店标两种形式。

(1)店标尺寸及文件大小规定

淘宝平台对店标有一定的要求,尺寸和文件大小都有规定,具体要求见表2-4。

表2-4　　　　　　　淘宝平台店标尺寸及文件大小规定

店标类型	尺寸(像素)	文件大小	文件格式
PC端店标	230×70	150 KB以内	jpeg、gif、png
移动端店标	100×100	80 KB以内	jpeg、gif、png

(2)店标可以涵盖的内容

虽然它的尺寸并不大,但是店标可以涵盖以下的内容,如品牌标志或店铺的名称、经营范围、经营理念、店铺网址。店铺的经营范围在店标中出现,会凸显店铺的主营业务,让消费者感受到这是一家专业做某个商品类目的店铺。企业的经营理念也可以出现在店标中,起强化作用,容易让消费者对店铺产生信任感,从而提升店铺的转化率。

(3)店标设计的原则

成功的店标都有标准的颜色和字体、清洁的设计版面,画面具备强烈的视觉冲击力,能清晰地告诉买家店铺的名称。另外,在制作店标时建议遵从以下原则:

①店标上的文字和背景对比色鲜明。
②店铺名称都用粗体字。
③品牌和主营业务的信息传达要准确。

④店名应以客户群体的母语作为主要文字。
⑤图案简练明确、信息表达清晰。
⑥店标整体近看精致,远看清晰醒目,有较好的识别性。

三、网店的店招及导航设计

1. 网店的店招和导航

(1)认识网店的店招和导航

店招,顾名思义,就是店铺的招牌。随着网络交易平台的发展,店招也延伸到网店中,即虚拟店铺的招牌。店招位于首页中可编辑区域的最顶端。页面导航可引导消费者浏览网页内容,一般有分类、首页、店铺活动等。如图2-6所示的是青松食品专营店的店招和导航。

图2-6 青松食品专营店的店招和导航

(2)店招和导航的作用

店招是品牌展示的窗口。店招代表了明确的品牌定位和产品定位。明确的定位可增加回头客或收藏人数,为以后转化做铺垫。店招在整个网店只有一个,它在每个页面上都会显示。通过店招也可以对店铺的装修风格进行定位。

导航位于店招的下方,导航同时肩负着引领用户在店铺不同页面中流转的重任。设置导航的目的是给买家提供清晰的指引,让其快速找到需要购买的商品位置,优惠能被买家看到。

2. 店招设计

(1)店招的尺寸

PC端店铺店招的大小默认为950 px×120 px,现在很多店铺直接将页面导航整合到店招中,总尺寸可以设计为950 px×150 px。移动端店铺店招的大小为642 px×200 px。

(2)店招包含的内容

①品牌标志或店铺名称。品牌标志或店铺名称一定要在最醒目的位置出现,如图2-7所示。

图2-7 百丽店招

②品牌诉求。品牌诉求可用一个能展现店铺特点、风格、形象的口号或广告语来表达,如图2-8所示,阿芙精油的品牌诉求是"阿芙·就是精油"。

图 2-8 品牌诉求

③促销信息和优惠信息。店招上也可放置促销和优惠券等信息。促销性的信息可以在店铺做促销的时候放上去一段时间，等店铺活动结束后，要把促销信息去掉。如图 2-9 所示，裂帛店铺在店招中放置了关于"双 11"和聚划算的促销信息，在促销结束后可去掉，或换成其他的信息。

图 2-9 促销信息

④爆款产品。店招是最优质的广告位，把要打造的爆款产品放在店招里，对引流、引导消费和增加客单价都有很大的好处。如图 2-10 所示，鸿星尔克官方旗舰店在店招中放置了要打造的爆款产品。

图 2-10 鸿星尔克官方旗舰店店招

⑤关注信息。收藏店铺、关注店铺等内容出现在店招上的频率也比较高，如图 2-9 所示，方便买家对店铺进行收藏。

3. 导航设计

(1)导航尺寸

PC 端店铺导航大小默认为 950 px×30 px。移动端店铺店招的大小为 642 px×200 px。

(2)导航包含的内容

导航主要表现店铺商品的分类。还可在导航中添加店铺活动、新品发布、秒杀专区、搭配专题、品牌故事等栏目，如图 2-10 鸿星尔克官方旗舰店店招下方的导航中放入了"新品上市""服装"等栏目。导航的内容过于简单会导致买家找不到想要的宝贝而离开。

导航模块可以采用系统提供的默认模块来编辑，打开导航编辑器，单击"添加"就可以添加导航内容了。添加导航内容(图 2-11)一般包括"宝贝分类""页面""自定义链接"等，编辑完单击"确定"按钮。对设置好的内容可以进行位置调整或删除操作。

图 2-11 导航编辑器

四、首页海报轮播图(Banner)设计

1. 首页海报及其作用

网店的首页海报位于网店导航条的下方,占据了店铺的显要位置,主要是展示店铺内的商品或者店铺的促销活动。

首页海报的主要作用就是告知顾客店铺在某个特定时间段的一些动态,帮助顾客快速掌握店铺的活动或者商品信息。

首页海报根据设计的内容可以分为新品上架、店铺动态、活动预告等,不同的内容其设计的重点也是不同的。

2. 首页海报的设计

(1)首页海报的尺寸

PC端店铺首页海报一般为宽1 920 px(重要内容显示在中部950 px区),高度一般不超过600 px。另外,不同平台的欢迎模块,如淘宝、京东等,使用不同的网店装饰版本,其尺寸的要求也是有差异的。例如,淘宝店铺就包含了专业版、标准版、天猫版等,这些版本在装修中的布局和要求都有一定的差别。

移动端店铺首页海报尺寸为608 px×304 px。

(2)首页海报的设计标准

①主题明确

主题就是告诉消费者你想干什么。好的首页海报,必须有一个明确的主题,否则就只是个空壳。促销广告图的设计是要达成品牌、产品与用户之间的沟通,而不是艺术。

主题的提炼应该简洁、高效、单刀直入,可以是价格、折扣和其他促销内容本身,这个信息应该是放在视觉焦点上的、被突出和放大的元素,如图2-12所示的促销广告图是想向消费者传达春夏新品上市五折起的信息。

图2-12 主题明确的促销广告图

②风格突出

要确定首页海报的风格,产品的目标定位要准确。不同年龄及消费能力的人群对色彩风格或能引起的注意点是不同的,在制作不同产品、不同风格的广告图时,模特、字体、颜色等方面的选择要有所不同,如图2-13所示的女装主要是面向青春少女的,在模特的选择、字体的搭配、颜色的选择上一定要彰显少女风。

③形式美观

a.色彩:色彩具有象征性,直接影响消费者的情感,因此在色彩的运用上,应根据产品信息或促销内容分别采用不同的主色调。

图 2-13 风格突出的首页海报

b. 构图:精美的构图可以提升商品的品质感,也可以利用各种构图方法突出想要表达的内容,传达出广告的真正目的,吸引用户点击,产生购买欲望。促销广告图中常见的构图方式有如下几种:

两栏式:图片文案两边分,左图右文或左文右图。

三栏式:中间文案,两边图片。

上下式:上面文案,下面图片。

斜切式:斜切式构图能让整个画面充满非常强的张力,可以让主体和需要表达的核心内容更醒目地传达。

c. 字体:字体也肩负着视觉传达的作用,有的看起来时尚、有的稳重、有的可爱,设计时对于不同风格或不同目标人群在字体的使用上应有所区别。

五、其他自定义模块设计

1. 商品展示区域设计

商品展示区主要用于展示商品,既可以通过系统自带的"特价专区""宝贝推荐"等模块进行展示,也可以使用自定义内容展示。

(1)"特价专区"模块

该区操作简单,按提示点击"特价专区"中的图标,替换为商品图片即可。

(2)"宝贝推荐"模块

"宝贝推荐"模块是展示商品的主要模块,将该模块拖到页面中,单击模块就可以设置推荐商品的方式。推荐方式有自动推荐和手工推荐两种,自动推荐可以按照排序、分类、价格、关键词等进行推荐。如图 2-14 所示为"宝贝推荐"模块设置。

2. 宝贝分类设计

商品分类是店内指引买家浏览商品的重要途径。商品分类有竖向和横向两种形式,竖向的模块尺寸为 150 像素,横向的模块尺寸为 950 像素。

宝贝分类应该放在什么位置并没有统一的要求,在网店中要让顾客能快速地找到想买的商品是设计的关键。如图 2-15 所示的宝贝分类是在店铺首页的左侧浮动显示。如图 2-16 所示的宝贝分类是放在店铺首页的底部,方便顾客在浏览完商品后再根据自己的需求进行分类选择。

图 2-14 "宝贝推荐"模块设置　　　图 2-15 竖向分类

图 2-16 横向分类

3. 促销活动模块区域设计

(1) 促销活动区及其作用

店内促销活动区主要用于展示满减、包邮、红包、优惠券、抽奖等促销活动,对提升店铺流量有一定帮助。促销活动区一般放置在首页上方比较醒目的位置,能够有效地吸引浏览者的视线。

(2) 促销活动区的设计

在促销活动区可以添加红包、满返、购物券等模块,这些模块必须先设置相关活动,才可以在客户端中展示。

电商加油站

在首页添加优惠券信息的步骤提示

(1) 制作优惠券图片,写清楚优惠券的面值和应用范围。

(2) 为这张图片添加热点,地址可以通过依次单击"卖家中心"→"营销中心"→"店铺营销工具"→"优惠券"→"店铺优惠券"中的各优惠券的链接获取,设置好之后将其生成代码并复制。

(3) 将"自定义内容"模块拖到装修页面中,单击"编辑"打开编辑窗口,在代码编辑状态下将复制的代码粘贴过去。

六、页尾设计

1. 页尾及其作用

页尾位于店铺最底部,在首页、列表页、详情页等页面都显示。通常会将常用的内容规划在该模块内,如客服中心、导航、返回首页、收藏按钮、发货须知、友情链接、店铺信息、买家必读和其他内容等。

页尾的作用:它让店铺页面的结构更加完整;利用好页尾能为店铺起到很好的分流作用;页头和页尾属于共同展示页面,无论打开哪个详情页都会显示。

2. 页尾设计内容

(1)放置客服联系方式。

(2)放置购物保障、发货、物流和售后须知等提示。

(3)放置返回顶部、返回首页等按钮。

(4)友情链接。

(5)关于我们。

(6)放置购物流程等内容。

(7)放置微信、微淘、微博等链接(二维码)。

(8)放置收藏按钮。

3. 案例展示

朗仕灯具店铺的页尾(图 2-17)放置了正品保证、如实描述、七天退换、金牌客服等内容,全方位为买家提供保障,增强买家的信心。收藏店铺功能方便买家进行店铺收藏,同时在页尾提供了分类导航,方便买家继续进行分类浏览。

图 2-17 朗仕灯具店铺的页尾

实战指引

使用本项目所给定的素材,根据要求完成店铺首页的设计任务。

(1)浏览所提供的服装商品素材,拟定一个店铺名称,并设计两个店铺 Logo,尺寸等要求参看表 2-4。

(2)设计 PC 端店铺店招及导航栏,尺寸为 950 px×150 px(含导航)。

(3)设计 PC 端店铺三张轮播图,主题分别为店铺促销活动、新品推荐、爆款打造。

(4)设计 PC 端店铺竖向商品分类模块,尺寸为 150 px 宽,高度不限。设计其他自定义模块。

(5)设计 PC 端店铺页尾,要求包括店铺信息、客服中心、售后服务、返回首页、收藏按钮等内容。

实训任务拓展

使用本项目所给定的素材,完成移动端店铺首页设计任务。

思政专题 电商眼看中国——直播时代,别再让音乐人们辛苦维权

《中国互联网发展报告(2021)》显示,2020年,中国数字音乐产业市场规模达732亿元,同比增长10%,数字音乐、在线K歌及音乐直播等多元(新消费)模式持续加速整体商业化进程,未来有望形成千亿级蓝海市场。但音乐市场的版权保护还要继续完善。

1. 音乐市场迈向千亿,音乐人还在和侵权做斗争

自2000年数字音乐在中国开始发展以来,侵权案例越来越多。2015年7月,国家版权局发布《关于责令网络音乐服务商停止未经授权传播音乐作品的通知》,盗版歌曲被大规模下架后,音乐版权市场得到了初步的规范,社会初步形成了打击盗版、维护正版的意识。

其实在短视频、直播赛道上,音乐作品也是侵权的"重灾区"。中国互联网络信息中心发布的《中国互联网络发展状况统计报告》显示,截至2021年6月,我国网络直播用户规模已经达到了6.38亿,占整个网民规模的63.1%。另外,《2020年中国网络表演(直播)行业发展报告》中指出,截至2020年末,我国直播行业主播账号数量已经累计超过1.3亿,可谓是"6亿人在看直播,1亿多人在直播"。

直播浪潮汹涌,也催生出消费者的多元化娱乐需求,连麦、点唱、音乐直播等新鲜玩法相继诞生。无论是直接翻唱歌曲,还是使用歌曲作为背景音乐,音乐早已成为主播的刚需,这些新的玩法,让更多的音乐作品得以为观众所熟知,但是许多行为也构成了侵权。

新《著作权法》的实施,不仅提高了侵权的法定赔偿数额,从之前的最高50万元提高到500万元,引入惩罚性赔偿制度等条款;还回应了当前较为突出的网络直播著作权侵权问题,以后网络主播未经许可翻唱、挂播他人作品,将纳入权利人广播权的规制范围。

在新《著作权法》的"撑腰"下,未来不论什么演艺形式,整个音乐链条上的人,都可守护好自己的劳动产出。

2. 直播音乐正版化的痛点

其一,管理和治理的难度比较大。对于一个MCN机构来说,主播人数多、在直播时玩法多样,例如有的主播会翻唱完整歌曲,有的主播只唱歌曲节选部分,有的主播是随意唱几句歌词,甚至"串烧"后向大家要打赏,机构本身就难以管理。如果要进行侵权的界定和治理,各个版权方只能实行监控录屏,对大公司来说还能抽出些许人手,但是对于独立音乐人、小工作室来说基本不可能,管理、监控成本太高。

其二,许多主播、公会、MCN机构甚至行业都对于商业音乐的认识不够,市场链条缺失,缺少便捷的途径进行版权采购,规避侵权问题。新《著作权法》实施以后,直播平台运营人员会私下提醒秀场类主播在直播翻唱时注意版权问题,但是要解决这个问题也很难,主播的音乐需求多种多样,音乐版权系统庞杂,加上按年付费的授权方式相对古板,音乐版权成本高昂,这也给想要获得直播音乐版权的直播平台带来不小的挑战。所以让大众认可付费,让创作者拿到应得的收益,这才是行业未来发展的方向。

一个行业的健康发展，需要国家政策的引导和扶持，新《著作权法》等一系列法律法规的出现充分说明我国在保护著作人权利方面正在做出极大的努力，也使各领域有了更大的发展空间。

任务 3　拍摄商品图片

知识准备

网店每上架一款新品，就需要开展相应的商品信息采编工作，其中商品拍摄是商品信息采编的第一步。在拍摄前商品信息采编人员需要掌握拍摄器材、拍摄原则、拍摄构图、拍摄布光等专业知识。在学习商品拍摄专业知识之前，我们先了解一下商品拍摄工作流程，如图 2-18 所示。

分析商品的特点 → 制订拍摄方案 → 拍摄商品

图 2-18　商品拍摄工作流程

一、商品图片拍摄准备

1. 相机选择与参数设置

在拍摄商品时，首先需要选择一款具有手动设置功能的数码相机，商品信息采编人员可手动设置光圈大小、快门速度与感光度等拍摄参数，以对光线进行灵活的控制，拍摄出更清晰、真实、完美的商品图片。关键拍摄参数解释如下：

(1)光圈：光圈是用来控制光线透过镜头，进入机身内感光面的光量的装置。

(2)快门：快门用于控制光线照射感光元件的时间，即曝光时间的长短。

(3)感光度：感光度一般用 ISO 表示，指感光组件对进入机身光线的敏感程度。

光圈、快门、感光度(ISO)的合理组合可以让你拍出曝光正常的照片。

2. 辅助配件器材的选择

要完成商品的拍摄，不仅需要相机，还需要很多辅助配件器材，包括遮光罩、柔光箱、三脚架、静物台、闪光灯、无线引闪器、照明灯、反光伞、反光板、背景纸等，如图 2-19 所示。

图 2-19　商品拍摄辅助配件器材

3. 需要掌握的拍摄原则

拍摄商品图片之前，应该了解一下如图 2-20 所示的商品拍摄原则，并设计好拍摄方案，以便提高商品图片的拍摄质量，且不会遗漏拍摄内容。

图 2-20　商品图片的拍摄原则

二、拍摄的方位、角度

1. 拍摄的方位

在拍摄商品图片时，常用的拍摄方位有商品的正面、背面、侧面和底部等，结合商品结构特点从多个方位进行拍摄，以便对商品进行全方位的展示，从而帮助消费者了解商品外观。如图 2-21 所示为多方位展示的商品图片。

图 2-21　多方位展示的商品图片

2. 拍摄的角度

采用不同的拍摄角度也会得到不同的拍摄效果。常见的拍摄角度有 3 种：俯拍、平拍和仰拍，如图 2-22 所示。

(1)俯拍：俯拍适合体积比较小、结构比较平的商品。

(2)平拍：平拍可以还原商品的真实外观。

(3)仰拍：仰拍会使拍摄的商品底部显大，顶部显小，使商品更加立体、美观。

(a)俯拍 　　　　　　　　　(b)平拍 　　　　　　　　　(c)仰拍

图 2-22　商品拍摄的 3 种角度

三、商品拍摄的构图技巧

1. 常见的构图方式

优秀的构图、精巧的摆放与搭配可以更好地展现商品的特点，是商品拍摄很重要的一部分。常见的构图方式有以下 7 种，如图 2-23 所示。

(a)中心平衡构图 　　　　　　　　　　　(b)横向构图

(c)竖向构图 　　　　(d)斜线构图 　　　　(e)井字构图

(f)对称式构图 　　　　　　(g)三角形构图

图 2-23　商品拍摄的构图方式

2. 商品的摆放技巧和需要注意的问题

要想在一堆琳琅满目的商品之间,让买家一眼就能发现商家想要表达的主题,需要拍摄者具有一定的陈列水平。要达到理想的拍摄效果,应注意以下几方面的问题。

(1)巧妙留白:巧妙的留白可以使整个画面变得干净整洁,更具美观度,如图 2-24 所示。

图 2-24 商品摆放巧妙留白

(2)商品的二次设计和美化:在拍摄前应充分发挥想象力,通过摆放、折叠等手段变换构图方式,使商品具备独特的设计感。

(3)搭配与点缀:拍摄商品时,可添加一些饰品来对商品进行点缀,烘托氛围,如图 2-25 所示。

(4)商品摆放的疏密和序列感:摆放多件商品时,不仅要考虑造型的美感,还要符合构图的合理性,如图 2-26 所示。

图 2-25 拍摄商品时的搭配与点缀

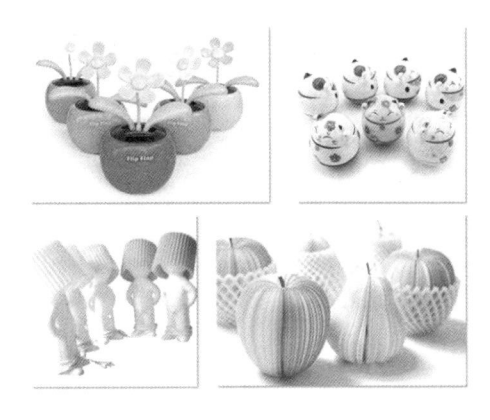

图 2-26 商品摆放的疏密和序列感

四、商品拍摄的布光方式

合理的布光能使拍摄的效果更立体,展现的效果更真实。常见的布光方式有以下 5 种:

1. 顺光

顺光是最常用的照明光线,因为顺光照明均匀、阴影面少,可完整地表现出被摄物的色彩和表面细节,如图 2-27 所示。正面两侧布光要求室内光源均衡,光照的强度够大。

2. 逆光

逆光即后方布光,指从被摄物后面打光,被摄物与背景存在着极大的明暗反差,光源会在被摄物的边缘勾画出一条明亮的轮廓线,如图 2-28 所示。

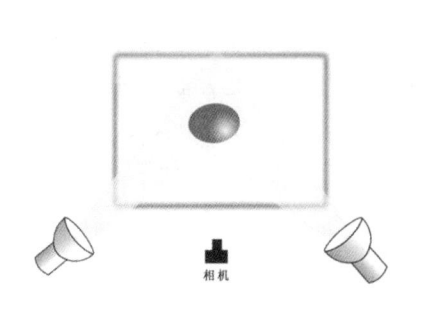

图 2-27 正面两侧布光方式及拍摄效果

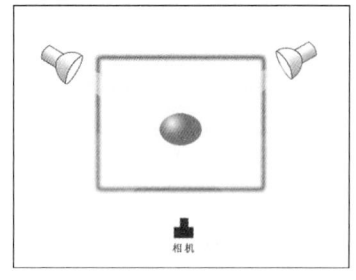

图 2-28 后方两侧/后方布光方式及拍摄效果

3. 侧光

侧光指在被摄物的左侧或右侧打光。侧光在被摄物上形成明显的受光面、阴影面和投影,如图 2-29 所示。侧光的布光方式有以下 3 种:

(1)前后交叉布光:前后交叉布光是前侧光与后侧光的组合。

(2)两侧 45°角布光:两侧 45°角布光拍摄时,被摄物的受光面在顶部,正面并未完全受光。

(3)单侧 45°角布光:是在另一侧使用反光板或白色泡沫板将光线反射到阴影面上。

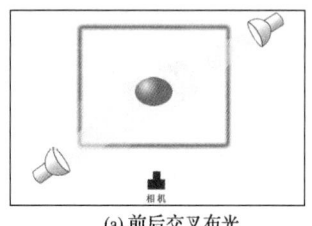

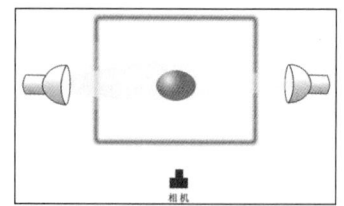

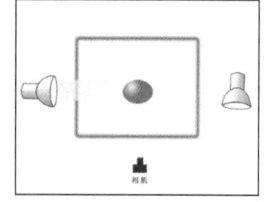

(a) 前后交叉布光　　(b) 两侧45°角布光　　(c) 单侧45°角布光

图 2-29 侧面布光的 3 种方式

4. 顶光

顶光指从被摄物的上方打光,与相机成 90°角的光线。用顶光进行拍摄,被摄物的下方会产生较重的投影,且投影很短,如图 2-30 所示。在摄影棚拍摄人像时一般不单独使用顶光作为主要的照明光源,常将顶光用作修饰光。

5. 底光

底光指从被摄物下方打光,如图 2-31 所示。由于不同商品材质对光线的反射情况不同,其光线的性质也不同。根据光线的性质特点,可将光线分为直射光、散射光和反射光 3 种。

图 2-30　顶光拍摄效果　　　　　　　　图 2-31　散射柔和底光拍摄效果

五、商品拍摄的环境要求

商品拍摄的环境分为室外与室内两种,下面分别进行介绍。

1. 室外拍摄

在布光方式上主要采用自然光加反光板补光的方式进行拍摄,这样拍摄的图片更加自然。

2. 室内拍摄

对拍摄场地的面积、背景布置、灯光环境等都有要求,同时需要准备辅助器材。

实战指引

(1)每组至少 3 人,分拍摄小组,进行组内分工,如模特、摄影师、布光人员等。
(2)选一款服装,分析其特点,设计详尽的拍摄方案,包括拍摄内容、场景、角度等。
(3)组内成员配合,按拍摄方案完成商品的图片和视频素材拍摄。
(4)从相机导出拍摄图片和视频素材到电脑磁盘保存。
(5)检查拍摄的图片效果,如果不理想或漏拍,优化方案进行补拍。

实训任务拓展

选择一款电子产品,按实战指引思路完成拍摄。

思政专题　电商眼看中国——被颠覆的"人""货""场",虚拟主播上线

说起直播带货,必然绕不开"人""货""场"三个要素。

所谓"人",包括带货主播与其背后的 MCN 机构。

所谓"货",则是品牌方与供应链。真正决定直播间的消费者是否下单的关键性因素在于,有没有物美价廉的好货,实际上拼的是品牌与供应链。

网上开店实务

所谓"场",更多指的是直播间的场景搭建与场观,用户打开一千个直播间便能看到一千种场景,背景、气氛、画质都影响着用户的观感体验。

然而,伴随着电商直播的飞速发展,这些被人们默认的刻板印象正在一次次被行业的"后来者"颠覆。

"穿上××羽绒服,跟我们一起在海拔6 965米的冰川前面玩耍吧!"今年9月,一个名为"××登山服饰旗舰店"的抖音带货账号的背后团队做出了一个令人震惊的举动,他们把直播间搬上了6 000米雪山。离开了堆满货物的样板间,没有了写满价格的背景板,皑皑白雪成了主播们肆意发挥的天地,毕竟比起一句"绝对保暖",零下9摄氏度的环境显然更有说服力。凭借"场"的改变,该直播间的羽绒服销售额也从1.4万元飙升至35.5万元。

如今越来越多的品牌开始谋求常态化自播,数据显示,2020年淘宝直播诞生近1 000个破亿直播间,其中商家直播间数量超55%。而2020年第二季度的商家自播GMV占比达到60%,达人直播占比为40%。同时,2020年"双11"期间,淘宝直播GMV占比6成来源于商家自播。

但商家自播需要面临两大问题:如何获客?如何提高用户留存率?

对于这些问题的答案,不少品牌选择了从"人"身上下手。AI虚拟主播成为直播间的新选择。

相比真人主播,AI虚拟主播可以24小时高韧性直播,这会让直播的效率得到大幅度提升,即便是深夜,它们也能为前来的顾客提供贴心、准时的购物指引。除了能够减轻商家直播的门槛与人力成本,拥有一个为品牌而生的虚拟主播,也能更好地固化品牌形象,增强与粉丝的互动感。

不过,现实与虚拟世界终究存在壁垒。走进直播间的虚拟人物可以为你答疑解惑,却不能为你展示产品的使用效果。因此,如今"虚拟+真人"的双主播模式更受直播间欢迎,比如,虚拟主播可以在半夜12点"上岗",到了早上再由品牌的真人主播"接力",实现24小时无缝切换。

电子商务发展的过程中总会有各种创新的尝试,这些新的尝试总会根据市场的需求和导向被筛选、重塑,未来还会有新的业态不断出现。

任务 4　编写设计商品文案

知识准备

一、常用的文案字体

在商品视觉营销过程中,商品文案和图片一样,都担负着视觉传达的作用,运用恰当的字体来展现商品的特点和卖点,会起到画龙点睛的作用,使店铺及宝贝更具有吸引力。对于初学电商美工的人员,设计时如何针对不同装修风格或不同目标人群选择字体似乎成了一个"大问题",因此,需要了解字体相关知识和使用技巧。

1. 字体分类及粗细变化

(1) 字体分类

根据字形笔画末端有无装饰细节部分，可将字体分为衬线体（有衬线字体）和非衬线体（无衬线字体），如图 2-32 所示。

图 2-32　衬线体和非衬线体

① 衬线体：有衬线字体，顾名思义，就是字形较为复杂的，带有一定转折装饰的字体。在中文里，一般以宋体为代表。

用法：由于字体末尾有粗细变化，一般要体现风格时使用。

② 非衬线体：没有粗细变化，是中立的，不体现感情色彩。

相对于衬线体，非衬线体是一种更简洁有力的字体，这类字体完全抛弃了装饰衬线，只剩下字体主干，拥有更高的现代感。在中文里以黑体为代表。

用法：这类字体一般用于标题、导语、广告文案的部分，以其干练直接的特征给人以直观的视觉感受。

(2) 字体粗细变化

除了字体的衬线特征，字体的粗细变化往往也会影响给人带来的感受。同一款字体整体上的粗细变化，会影响观看者的视觉体验，比如笔画较粗且均匀无变化的字体，往往给人以"权威""正义""公正""冷静""稳重"的视觉观感；但与之相对的，随着整体笔画的变细，字体则会越来越呈现出"柔和""轻便""现代感""明亮跳跃"的感受。如图 2-33 所示为字体的粗细变化。

哪些文字需要被放大和加粗？大家可以按读音来进行设置，字体大小、粗细相当于音强，字体越大相当于声音越大，因此，对于想重点突出的信息，可进行放大、加粗处理，如图 2-34 所示，卖家最想突出的是 4 折的信息，所以在整个广告上它是被放大、加粗处理的。

图 2-33　字体的粗细变化　　　　图 2-34　字体放大、加粗突出重要信息

2. 常用的文案字体

字体也像人一样，有着这样或那样的性格特征，每款字体都有着自己特殊的情绪，而不同的字体往往也会给人不同的感觉。常用的字体及特征如下：

宋体：客观，雅致，大标宋古风犹存，给人古色古香的视觉效果。

黑体：时尚、厚重、抢眼，多用于标题制作，有强调的效果。
仿宋：常用于观点提示、阐述等。
楷体：古朴秀美、字体温和。
隶书：字体略扁近乎于方，笔画生动，造型优美，可用来做标题。
　　如图 2-35 所示，上面的图面向的目标用户是年轻女性，选择活泼可爱的字体更加符合目标人群的审美特征，下面的图面向的目标用户是成熟女性，在字体选择上也要庄重大气。

3. 字体的高级使用技巧

（1）男性字体：硬朗、粗犷、沉稳、大气。
使用范围：家电、办公、男性鞋服、电子产品、户外工具等，如图 2-36 所示。

图 2-35　字体的选择要符合目标人群 　　　　图 2-36　字体的选择要符合男性目标人群

（2）女性字体：柔软、飘逸、纤细、秀美、气质、时尚。
使用范围：化妆品、日用品、轻纺、女性鞋服、各类背包、母婴用品，如图 2-37 所示。
（3）促销型字体：粗、大、突出、醒目、吸引、倾斜，一般用方正粗黑等。
使用范围：店庆、促销等活动，如图 2-38 所示。

图 2-37　字体的选择要符合女性目标人群 　　　　图 2-38　字体具有视觉冲击力

（4）高端型字体：纤细、优美、简洁、小，通过留白体现奢侈，给人感觉有品位。一般用笔画细的字体，如幼圆、等线体等。
使用范围：高端、奢侈商品，多用英文搭配。
（5）文艺民族风字体：字体优美清新，线条流畅。符合这一特征的字体有硬笔书法体、宋体和等线体三种，常用于复古风、文艺风等服装详情页设计、传统佳节活动广告，如图 2-39

所示。

图 2-39 文艺民族风字体

二、常见的文案排版

网店装修页面或广告设计要达到形式美观的效果,文案排版也非常重要。在排版过程中文字的对齐方式、间距及文字的变化等,也会使视觉效果产生很大的变化。

文字排列的表现方式多种多样,常见的文字对齐方式有如下几种:

1. 左对齐

左对齐就是将文字的左侧边缘对齐,如图 2-40 所示,这种对齐方式是较为常用的一种方式。左对齐排列通常呈现出一种整齐利落的感觉,并且具有相当强的协调感,如果合理调整文字的大小,可以轻松地制作出层次感。

图 2-40 文字左对齐

2. 居中对齐

居中对齐就是将每行文字的中间对齐到一个垂直线上,如图 2-41 所示。这种对齐方式可以将视线集中起来,减少周围元素对文字的影响程度,也是文字排版中常用的一种对齐方式。

图 2-41 文字居中对齐

3. 右对齐

右对齐与左对齐的效果相反,它是将每行文字的右侧边缘对齐,如图 2-42 所示,这种对齐方式可以让买家的视觉集中到文字的右侧,并且利用每行文字的长短在左侧形成一定的波形,从而产生流动感。

图 2-42　文字右对齐

4. 两端对齐

设置文本内容两端对齐,调整文字的水平间距,使其均匀分布在左右宽度之间。两端对齐使多行文字具有整齐的边缘,如图 2-43 所示。

图 2-43　文字两端对齐

5. 自由对齐

自由对齐就是文字自由地组合在一起,没有固定的方向或者位置,如图 2-44 所示,这种方式排列的文字表现形式较为自由,给人活泼、自然的感觉,表现出不拘一格的效果。

图 2-44　文字自由对齐

三、店铺文案内容与视觉策划

1. 店铺文案内容策划

(1) 促销营销文案

将促销活动设计成文案来吸引消费者。

(2) 商品营销文案

将文案与图片相结合,其内容重在直接突出商品的特点。

(3) 痛点营销文案

创作痛点营销文案,必须要站在消费者的角度去想问题,先罗列出消费者会面临的问题,然后从这些问题入手,将解决问题的办法和商品融入文案,这样才能写出一个比较好的痛点营销文案。大家可从以下几个方面进行痛点挖掘:

①爱情和亲情

爱情和亲情是人类最大的需求和欲望,如要将商品与亲情相结合,可以从亲人逐渐老去入手。

②针对群体

可以通过划分带有标签的群体让消费者"对号入座",比如可以将消费者划分为成功人士、时尚青年、文艺青年等群体。

③安全感

安全感是消费者基本的心理需求,因此将商品的功用和安全感结合起来,更能让消费者感到舒心,直击消费者的"痛"处。

④掌控感

随着时代的进步,人们越来越向往自己掌控自己的生活方式,这种掌控感不仅是对自己生活的一种支配,也是对生活的自信。

(4) 活动营销文案

对于电商企业来说,营销活动是打响品牌和提升销售量的重要方法之一,所以,在制作活动营销文案时,不要太过仔细地描述活动内容,只要提及核心内容即可。

(5) 卖点营销文案

卖点营销文案,就是利用卖点来吸引消费者,使消费者在看到具有卖点的图片后,能迅速找到购买这个商品的理由。

①利用反向思维

不随波逐流,通过反向思维去诠释商品的卖点。

②制造励志语句

人们总是习惯性地去关注一些成功人士的故事,或者对一些不寻常、不可思议的事件产生兴趣,如果电商企业能制造一些励志文案,则会很容易引起消费者的关注。

③利用修辞手法

电商企业可以运用比喻、夸张、拟人等修辞手法,将某一事物的特点与另一事物自然地关联起来,打造一种全新的视觉效果。

④设问式自答

选取人们熟悉的话题进行发问,通过引发消费者的思考来激发其对品牌或商品的共鸣,这样能给人留下深刻印象。

(6) 利用热点话题

热点话题往往是一段时间内大多数人关心的焦点,通过某种方式将卖点文案与当下流行的热点话题联系起来,可以借助热点话题的关注度,吸引消费者的眼球。

2. 店铺文案视觉策划

(1) 使用色块

衬底色块是最简单的明度对比方式,如图 2-45 所示。

(2)使用独立封装区域

在背景较为复杂或背景有较多产品等元素的情况下,把文案放在一个相对独立的区域或色块中,更便于阅读,也能让文案的视觉焦点加强,如图2-46所示。

图 2-45　文案衬底色块

图 2-46　文案放在独立区域

(3)使用半透明内容背景

透明可以在将背景与文案分割的同时,获得一定的背景可见和连续性。要注意的是,文字颜色与背景颜色的对比度要合适,并且背景不要太过透明。必须在半透明背景上找到良好的平衡点,主背景的图片可以清晰地看到,同时也能提高文字的可读性,如图2-47所示。

图 2-47　文案衬有半透明背景

(4)变换文案部分字体

根据时间和主题变换文案中的部分字体,使设计更能突出重点信息,营造气氛,如图2-48所示。

图 2-48　变换文案部分字体

(5)字体的创意设计

3D或浮雕文字效果十分常见,在视觉上非常有冲击力,如图2-49所示。

图2-49 字体的创意设计

(6)使用标签、箭头封装文案

标签能将重要的信息封装在独立的区域集中显示,简洁明快的标签更加醒目,标签的内容可以是包邮等文字信息,也可以是商品价格,如图2-50所示。

箭头也会对买家产生心理暗示,一定要注意箭头的指向和引导作用,如图2-51所示。

图2-50 使用标签封装文案　　　　图2-51 使用箭头封装文案

实战指引

按照如图2-52所示的商品详情页文案策划思路,结合本项目给定的商品图片和文案素材,在其中选择一款商品,挖掘其特点和卖点,撰写商品主图及详情页文案。

实训任务拓展

针对自己拍摄的商品,分析其特点和卖点以及消费者的痛点等,撰写该商品主图及详情页文案。

交易行为完成的递进过程

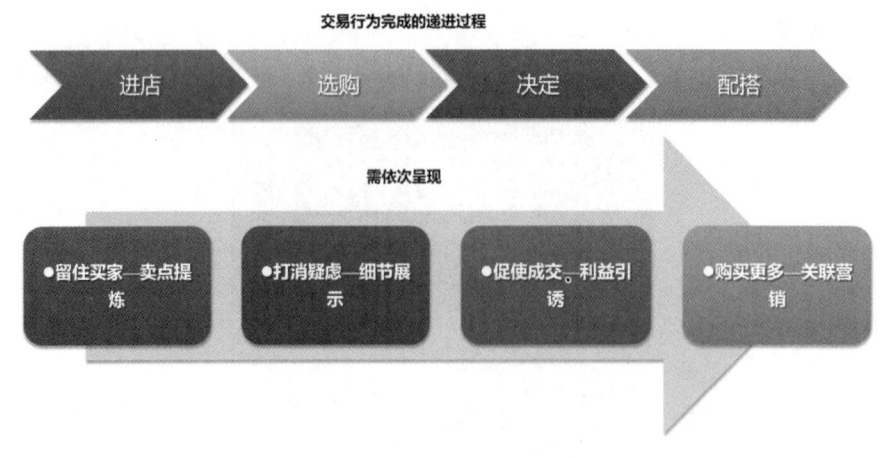

进店 → 选购 → 决定 → 配搭

需依次呈现

- 留住买家—卖点提炼
- 打消疑虑—细节展示
- 促使成交—利益引诱
- 购买更多—关联营销

图 2-52　商品详情页文案策划思路

思政专题　电商眼看中国——"互联网＋老行当"更易传承"工匠精神"

在我们的固有认知里,老行当代表着传统;而互联网则代表着时尚,两者很难产生交集,甚至说也没有必要产生交集。但是随着"东家""拾翠""老字号"等一批手机 APP 的出现,包括景德镇官窑、工艺铸剑、缂丝蝴蝶团扇等传统手工艺纷纷"触网",并且与互联网发生了微妙的化学反应,让我们看到了无比新奇的效果。

通过手机 APP 或者是其他互联网平台,网友不但可以直接购买这些传统手工艺品,同时还能以图文并茂、现场视频的方式看到这些手工艺品制作的过程,看到这些具备"工匠精神"的传统手工艺人,是如何一针一线、一刀一刻地制作出这些精美绝伦的手工艺品。当然,如果你愿意,或者是有兴趣,还可以直接和这些手工艺人进行沟通与交流,向他们请教,给他们提出自己的意见和建议。

所以说,"互联网＋老行当"不但赋予了这些传统的手工艺以全新的生命,而且对于传承与弘扬"工匠精神"同样大有裨益。说到传统手工艺人,说到匠人,我们脑海里下意识地就会浮现出那些不问世事,甚至不食人间烟火,只顾埋头于自己手中的活计或作品的形象。但这多少都有些误解,匠人自有匠人的情操,但匠人也有商人的属性,他们同样需要穿衣吃饭,养家糊口,所以他们也必须通过出售、贩卖自己制作的手工艺品来换取钱财。

而"互联网＋老行当"的模式,无疑从市场与商业的角度,给了这些传统手工艺人,也给了传统手工艺行业以更多的机会,可以让他们能够通过自己制作的手工艺品维持自己或一家人的生计,如果某种手工艺品受到了市场的欢迎,借此发家致富也未必没有可能。而这也恰恰是为了让这些传统手工艺后继有人,得到传承。

传统手工艺无法排斥,也不能排斥市场与商业,不管是公众还是传统手工艺人,都应该改变固有认识,明白买卖是最好的保护,使用是最好的传承,分享是最好的传播的道理。尤其是身处互联网时代,传统手工艺行业也应该具备"互联网＋"的思维,让传统手工艺人从幕后走向台前,让传统手工艺品从小圈子走向大市场,让更多人认识、了解、喜欢。而作为传统手工艺人,需要做的是不要轻易丧失了"工匠精神",不要因为市场需求的扩大而放弃了对品质、技艺的追求。

项目 2　网店视觉设计及装修

任务 5　设计商品主图和详情页

知识准备

微课：视觉优化

如前所述，由于网店本身的特点，买家无法现场体验产品或服务，只能通过图片及文案描述了解产品。因此，店铺详情页面呈现内容就成了买家是否购买的决定因素。如何提高商品的转化率，主图和详情页的设计和优化效果起着非常关键的作用。作为电商运营部门的美工人员，采集好商品图片和文案信息后，接下来的重点工作就是进行商品主图及详情页的设计，最后，再完成商品详情页面的装修。

一、商品主图的作用及设计

1. 商品主图及其作用

（1）商品主图

商品主图是打开详情页后首先进入消费者视角的第一组概略性商品信息图，位于详情页的左上角，对商品的促销起到关键性的作用，如图 2-53 所示。

图 2-53　裂帛旗舰店商品详情页主图

在大部分电商平台中，商品主图一组为 5 幅，第一张主图为首图，首图非常重要。淘宝平台要求主图最少一张，最多五张。缩略图是淘宝自动产生的。

（2）主图的作用

宝贝详情页中最重要也是首先吸引买家的就是宝贝主图。宝贝主图如果做得好、具有

61

吸引力,那么就能吸引买家继续关注。

2. 商品主图设计

(1)主图素材的选取与优化处理

主图必须为实物拍摄图。在选择主图时应站在消费者的角度换位思考,分析买家会关注产品的哪些方面,选择哪些素材图片来呈现消费者所关心的商品特点和卖点。如果前期图片拍摄时已经充分考虑卖点,并有针对性地对拍摄角度、场景、风格等进行图片素材的规划,那么图片选择目标性将更强。在选择主图素材时一定要选择拍摄得比较清晰,分辨率较高的图片,建议素材图片尺寸不小于1 200×1 200像素。

采集的商品素材图片往往存在污点、曝光度不足、背景不恰当以及变形、大小不合适等现象,所以,还需要对素材图片做优化处理才能用于制作主图。实际中经常会用到Photoshop软件中的以下工具或命令:

①裁剪工具

可以使图片处理到最佳角度。如校正角度倾斜的图片,进行重新构图,放大突出细节,改变商品信息的关注点,透视变形等。

②修图工具

污点修复画笔工具、修补工具、仿制图章工具均可用于修图。如修去图片中不想要的污点或内容。

③调色命令

"图像"菜单下"调整"命令组中的色阶、曲线、饱和度、滤镜等均可用于调色。

④图片抠图

快速蒙版、钢笔工具、选框工具、魔棒工具等都可用于抠图。可将抠好的图片放到其他背景中。

(2)主图的设计要点

①主图尺寸及文件格式。淘宝店铺要求主图达到700×700像素以上才有自动放大镜功能。一般淘宝店铺主图尺寸为750×750像素以上,天猫店铺主图尺寸为800×800像素以上。

淘宝店铺主图图片格式可为JPG、GIF、PNG等(不支持PSD格式),文件大小不超过500 KB。但建议做好PSD格式文件的保存工作,以备修改。

②主图的首图应为展示实物正面概貌的图。设计要主题鲜明、图片醒目、营销准确。

③一组主图描述的是同一款商品。

④每一张主图只放一件商品,图片要饱满、清晰,不得拉伸变形。

⑤主图背景不能太花哨和复杂。切记商品本身才是重点,背景不能喧宾夺主。

⑥每一张主图都应主题鲜明,注意区分商品属性、促销动态。构思应层次分明,最忌文本信息放在图片之上和杂乱无主题的信息泛滥。

⑦不要使用过度夸张的销售词语。

⑧主图制作要干净、利落,不得拖泥带水。应将主要特点、卖点展示在主图中,切记要将商品细节添加其中。

3. 主图设计案例

(1) 主图背景设计

我们都知道,输入一个商品关键词后,展现出来的同类商品主图非常多,如图2-54所示。怎么能让自己店铺宝贝主图与搜索出来的众多宝贝主图形成鲜明对比,能够第一眼就让别人注意到你的宝贝主图？那就得让你的宝贝主图背景明显区别于他人。

在视觉营销的时代,多吸引一分注意力,就会增加点击的概率。如果宝贝主图能够吸引消费者的注意力,那就取得了初步的成功。当然,宝贝的主图背景要与产品本身相符合。如图2-55所示为一款空气净化器的直通车主图,其背景设计就比较成功。

图2-54 "空气净化器"关键词的搜索结果页　　　　2-55 空气净化器的直通车主图

(2) 主图文案设计

如果宝贝的背景成功地赢得了顾客的注意,那么接下来顾客就会认真地看主图了。此时,如何打动用户点击主图而进入宝贝的详情页面？这就需要有足够的卖点吸引用户的购买欲。用户购买这个产品最关注的是什么？价格、质量还是性能等其他因素,必须弄清楚,还有你的宝贝主打性能、特点等,把客户的需求和宝贝的优势完美地结合起来,要直击顾客的痛点,这就是卖点。如果能有相对于其他产品的独一无二的卖点更好。

如图2-56所示为两款空气净化器主图的文案设计。顾客比较关注价格和除甲醛的效果,结合公司产品特点和顾客需求,推出了"去除甲醛有我就行"的最大卖点,直击用户的痛点。另外,标明了宝贝活动价格,很好地满足了用户的需求。

二、商品详情页设计

人们在购买商品时,都会先浏览商品详情页,再决定是否购买该商品。为了设计出排版美观、卖点突出、吸引力强的商品详情页,商品信息采编人员还需要掌握详情页的文案排版方式、色彩搭配方式、构图方式等知识。

网上开店实务

图 2-56　空气净化器主图的文案设计

为了更好地完成商品详情页的设计与制作，在设计前商品信息采编人员需要编辑商品详情页文案，选择商品详情页的主色调并进行色彩搭配，以及选择合适的结构对商品图片和文案进行排版。

1. PC 端商品详情页的结构

如图 5-57 所示为 PC 端商品详情页示意图。

2. 规划详情页分区

通常所说的详情页设计主要是对图 2-57 中"宝贝详情"部分的规划与设计。一般规划为如图 2-58 所示的六个板块，每个板块的内容及作用如图中所述。当然不同的商品，其详情页的规划不尽相同，可以根据具体商品特点进行板块的增减，以及布局的改变。

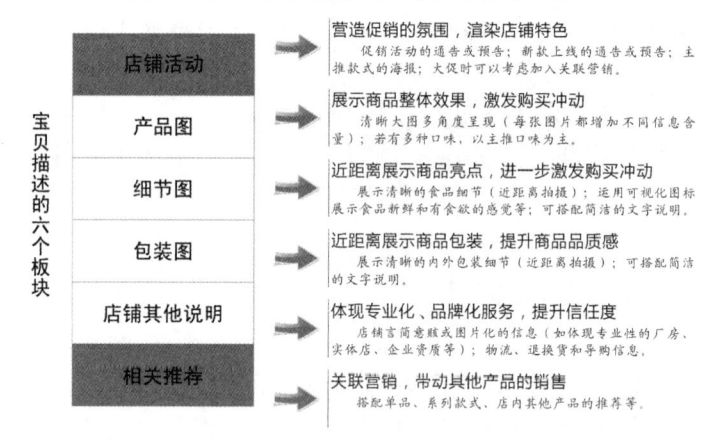

图 2-57　PC 端商品详情页示意图　　　　图 2-58　商品详情页分区、内容及作用示例

3. 详情页设计尺寸及参数

(1) 淘宝网规定，店铺宝贝描述图最大宽度为 750 像素（天猫商城店铺宽度为 790 像素）。

(2) 其他参数建议：分辨率 72 像素/英寸，颜色模式选择 RGB，颜色位数为 8 位。

4. 商品详情页的设计要点

(1) 逻辑清晰：一个完整的商品详情页往往由多个模块组成，模块划分与布局应该逻辑清晰。

(2) 风格统一：商品详情页的排版方式等应具有协调统一性，各个模块之间的版式分割、标题格式要统一。

(3) 创意文案：在商品详情页中编写商品文案需要有创意，差异化的设计才能使自己的宝贝从众多商品中脱颖而出。

（4）忌过度夸张：商品详情页要与主图、商品标题相契合，商品详情页必须真实地介绍商品的属性。

（5）在设计过程中，建议充分利用"标尺"和"参考线"进行页面分区设计的控制。

（6）注意保存 PSD 格式文件。

5. 详情页设计案例

如图 2-59 所示为女装详情页设计。如图 2-60 所示为周至猕猴桃详情页设计。

图 2-59　女装详情页设计　　　　图 2-60　周至猕猴桃详情页设计

三、商品详情页装修

用 Photoshop 软件将商品详情页设计好后，如果将整张长图上传淘宝网店进行装修的话，用户打开网页会较慢，很可能造成客户在等待加载图片的时候丧失耐心而离去（跳失率增加）。而 Photoshop 软件的图片切割功能（切片工具）可以将详情页长图按设计模块切成小的片段并分片保存，再按切片编号以小文件上传进行装修，从而加快图片的下载速度。操作步骤如下：

【步骤一】在 Photoshop 软件上打开详情页设计图，确认图片宽度为需要的宽度。

【步骤二】将文件另存为 JPEG 格式。

【步骤三】利用水平参考线将详情页合理划分为小片段，即多个小模块。

【步骤四】使用如图 2-61 所示的"切片工具"，选取"基于参考线的切片"，如图 2-62 所示。

图 2-61　切片工具　　　　　　　　　　图 2-62　基于参考线的切片

【步骤五】选择"文件"→"存储为 WEB 所用格式"→"仅限图像"→"存储"图片（可反复试验比较切片后的效果，选取网页打开速度快、画质好的参数设置）。

【步骤六】上传图片，进行详情页装修。

> **电商加油站**
>
> ### 详情页切片与装修
>
> 1.切片大小：淘宝规定宝贝描述区域图像宽度为 750 像素。同时，根据 PC 屏幕分辨率等综合考虑，切片的高度最好小于 750 像素。
>
> 2.切片图片的保存格式：
>
> （1）色彩丰富的实物照片，保存为 JPG 格式的图片，可以达到品质好、图像小的效果。
>
> （2）颜色数少（如 256 色）的图片，保存为 GIF 或 PNG 格式的图片，可以达到品质好、图像小的效果。
>
> 3.网店装修：在淘宝、有啊、拍拍等网店平台允许的结构范围内，尽量通过图片、程序模板等装饰，让店铺更加丰富美观，以提升网店的转化率。
>
> 网店装修需要掌握的软件工具有如下几种：
>
> （1）Photoshop 图片处理工具。
>
> （2）Dreamweaver 等网页制作软件。
>
> 4.装修工作的实施：网店经营企业在主图、宝贝描述图等图片上传（网店装修）时，有由美工或客服完成等方式。如果由客服完成，则图片切割完成后美工只需要将各类图片上传到图片空间（以淘宝为例）或指定的文件夹即可。
>
> 5.详情页的切割与优化注意事项：
>
> （1）单张切片不要超过 300 KB。
>
> （2）所有切片最好不要超过 25 张。
>
> （3）切片存储为 WEB 所用格式时，可选择 GIF、JPEG、PNG 等三种不同的文件格式存储切片。一般使用 JPEG 格式。
>
> （4）选用 JPEG 格式保存切片时，品质为 60 是画质好、体积又小的临界点。

实战指引

在本项目所给定的素材中,选定一款商品,按照要求完成设计任务。

(1)浏览商品图片素材,选择能展示概貌和特点的图片,设计五张宝贝主图,尺寸为 750 px×750 px。第 1 张为首图,应选择宝贝正面全貌的图片素材,并设计出有竞争力的文案。

(2)按 PC 端店铺要求设计宝贝的详情页,宽度尺寸为 750 px,高度不限。

(3)将文件另存为 JPEG 格式,然后利用 Photoshop 切片工具,对详情页进行合理切片并保存切片。

(4)选择合适的实训平台,上传图片,进行详情页装修。

实训任务拓展

1. 按移动端店铺的尺寸要求,对前面按 PC 端店铺设计完成的宝贝主图和详情页的尺寸及布局进行适当调整,完成移动端店铺宝贝主图及详情页的制作。

2. 利用本项目任务 3 中拍摄好的商品图片素材,任务 4 中编辑的商品文案素材,完成该商品的主图及详情页设计,移动端和 PC 端不限。

思政专题 电商眼看中国——只要用心,纸箱也能玩出新花样

浙江嘉兴老板温长奇把平平无奇的纸箱玩出了花,从一个纸箱厂的小学徒,一步步成为如今年销 4 000 万元的纸箱厂老板,手握几十项生产和产品专利,这条路他走了 28 年。1 个 100% 全木浆的纸箱,可以循环利用 20 次;装猫粮的箱子,可以摇身变成一个猫窝;几十块纸板相互拼接,可以变成承重 1 吨的托盘和货架……

1. 从学徒到厂长

2021 年 10 月初,温长奇把工厂搬到了嘉兴市东北角的一个一万多平方米的厂房,他的办公室里配置了展示间,用纸板做成蜂窝形状的展示架,会议室里则有各式各样的纸板猫窝和猫别墅。温长奇从 1993 年开始在纸箱厂当学徒到 2010 年和弟弟开了自己的纸箱厂,十多年间,他辗转多个工厂,从小组长、车间主任,干到经理、总经理。因为为人实诚,客户也愿意跟着温长奇的厂子走。

2. 纸箱也分三六九等

温长奇的纸箱厂属于三级工厂。一家三级纸箱工厂,入局的门槛并不高,有时候只需要一两台机器,三个人就能搭成一个小作坊。温长奇知道,如果不做出点儿自己的新意,很快就会被淘汰。

很多商家对纸箱品质的要求不高,只要是个箱子就能发,而一些大的商家,对纸箱的品质要求很高,温厂长发现纸的成败,就是纸箱好坏最关键的一环,因此,控制上游造纸厂的品质,就成了温长奇的关键环节之一。想简单判断纸箱好坏,用指甲掐一下就知道,如果一掐就破的就一定不好,掐不破的就是好纸箱,有的纸箱包装还会和内部缓冲带自成一体,中间不再需要泡沫棉做缓冲,再比如装旗袍的纸箱,展开以后会变成一个衣架,防止褶皱,这些设

67

计既增强了用户体验，又符合环保的趋势。

3. 减碳成了他的风口

近年来，因为全球范围一再升级的"最严"禁塑令和低碳减排，原本的塑料托盘改用纸质的，超市的木展架改成了纸质货架，泡棉的护角改为纸护角，而瓦楞纸板不仅质轻、性能坚固，价格较一般材料更低，而且制作工艺简单，不仅是可回收环保型材料，同时还能被重复利用而不影响其性能。

温长奇的纸箱厂因此成了香饽饽，厂里有自己的设计师，从外形到结构都是工厂自己设计，温长奇十分清楚纸箱用什么板组合结构更强，用什么结构能承受更多的重量，用什么波纹，用两层瓦楞还是三层。他还会自己设计改良生产线，将纸护角生产过程当中多余的玉米淀粉胶自动循环使用，不但环保，而且控制了产品价格。

2020年新冠疫情暴发，全球经济受挫，温长奇也没能例外。疫情期间他闲着在家，陪孩子玩纸箱，搭成各种各样的形状，他心想为什么不能设计成玩具？有了新想法的温长奇像打开新世界，他用瓦楞纸板穿插、拼接成各种动物，最早做了一只麋鹿，随后就是拼装城堡、野餐式的桌椅板凳、纸质猫窝和猫别墅，温长奇打算和教育夏令营合作，由此拓宽销路。

除了小玩具，他还给皇家猫粮做纸箱包装，这些纸箱完成物流的使命后，可以通过拆卸改装成一个猫窝，这种纸箱猫窝一度刷屏短视频平台，猫喜欢，被扔掉后可以回收处理，环保对别人来说是增加成本，对温长奇来说，却成了可乘势的利好。

也许温长奇的工厂产值和体量对比其他大型纸箱厂来说并不大，但他与时俱进的进步和玩转纸箱的创意，是他不停思考用户需求的结果，就像那一片瓦楞纸板一样，有一些弯弯曲曲转变，就能承受几倍于己的重量。

项目总结

在网店运营中，影响买家做出购买决定的主要因素除了商品的质量和服务之外，店铺的装修质量也是一个非常关键的因素。一个页面杂乱无章的店铺是无法给买家留下好印象的，而一个页面井然有序、图片美观大气、文案精心设计的店铺会给买家带来强烈的视觉冲击，让买家心情愉悦、流连忘返。当然，买家留恋的结果往往就是给店铺带来更大的销量。做好网店的视觉设计和装修对于网店的良好经营有极大的益处。

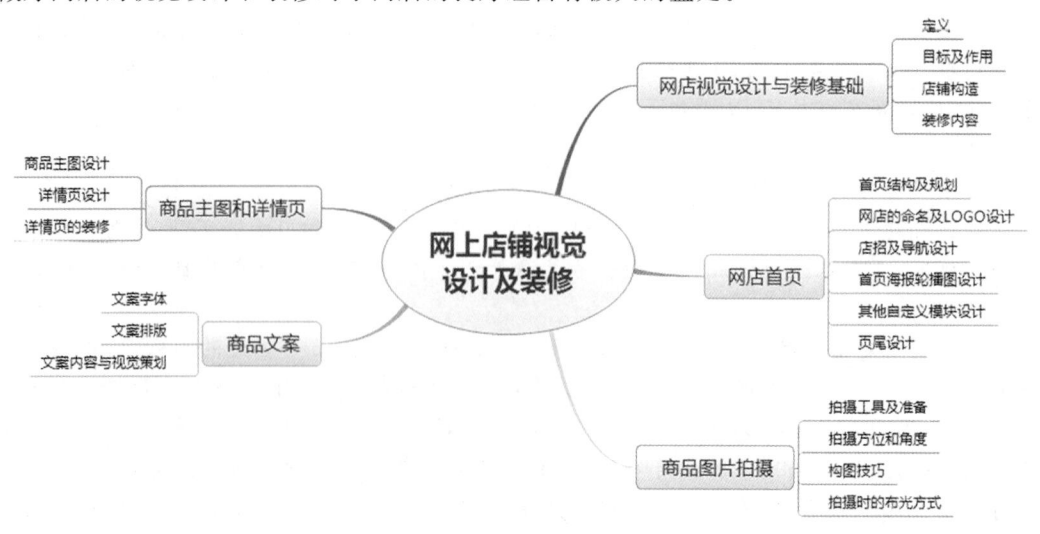

课后习题

1. 简述为店铺命名的方法。

2. 店铺装修色彩设计应该遵循什么原则？在淘宝上搜索一个店铺，并对其店铺装修进行分析，说明其装修存在哪些优缺点。

3. 在店铺文案设计中，选择字体应该遵循什么原则？如何增加字体的艺术感？

4. 商品详情页主要由哪些部分构成？在网上搜索一款商品，进入其商品详情页，分析详情页的设计效果。

5. 根据自己的兴趣选择一个行业的商品，设计其商品图片拍摄方案和店铺装修方案。

项目 3

店铺商品管理

店铺正式运营后,卖家只有将商品准确、完美地上传到店铺之中,才能让买家搜索到并进行购买,才能真正地实现盈利。在商品上架的过程中,卖家需要合理规划店铺内的商品结构,设置并优化商品标题,为商品设定合理的价格,提炼与设计商品卖点等。

知识目标

1. 了解店铺商品的类型及合理搭配。
2. 了解商品发布和上架的相关技巧。
3. 掌握设置与优化商品标题的技巧。
4. 掌握设定商品价格的原则和基本方法。
5. 掌握提炼与设计商品卖点的方法。

技能目标

1. 能够为店铺规划合理的商品结构。
2. 能够熟练完成商品信息填写、上架等基本操作。
3. 能够为商品设置高展现量的标题,并能够对其进行优化。
4. 能够提炼商品卖点并合理地进行商品定价。
5. 能够熟练使用卖家千牛工作台管理店铺和商品。

项目 3　店铺商品管理

职业素养

1. 具有较强的团队意识,能够与他人合作完成本职工作。
2. 能够制订合理的工作计划并组织实施,确保完成工作任务。
3. 具有严谨认真的工作作风、吃苦耐劳的工作态度。
4. 能够通过各类媒体资源查找所需信息,具备自主学习、更新知识、解决问题的能力。

项目描述

对店铺中的商品展开科学管理是树立店铺良好形象的关键环节,无论是店铺中各类型商品的种类、搭配,还是店铺中商品信息的规范录入和陈列都代表着店铺专业度,影响着消费者对店铺的第一印象。除了基础信息以外,在商品管理中还要利用商品发布和上下架的小技巧提升商品搜索排名,通过贴切且高热度的商品标题提升商品的点击率、转化率,因此卖家对网店商品进行精心管理是后期店铺持续和有序发展的保障。

本项目的主要任务是完成商品的发布和管理工作,准备正式开始销售前的最后工序,这项工作具体包括商品标题的设置、商品基本信息及属性的录入、商品价格的确定、商品上下架工作等。

项目情境

小钟团队的店铺自上线以来,团队的工作积极性高涨。店铺经营的商品图片已经处理好待用,当务之急是要尽快让商品在店铺中进行展示,尽快为店铺带来访客和成交。

团队中有的成员认为店铺商品的管理最为简单,只要将商品图片上传,填写好必要的商品介绍就可以直接发布商品了,但是有的成员却认为商品的发布和上架过程可能对后续商品的展现、搜索排名甚至销售量构成影响,应该了解其中的关键环节和技巧,谨慎处理,力求使商品管理工作事半功倍。最终团队决定先了解平台对店铺商品管理的相关规则,同时探访行业内有经验商家,向他们取经,力争出色地完成店铺商品管理工作。

项目实施

网上商品销售不同于线下实体店的商品销售,卖家只能通过文字、图片等信息来打动买家,因此,商品图片是否夺人眼球,商品信息是否具体翔实,商品价格是否具有吸引力都会成为商品是否受到买家关注的关键因素。

通常网上店铺商品的管理工作可以分解成以下几个任务进行:

任务 1　规划店铺商品结构

任务 2　确定和优化商品标题

任务 3　制定商品价格,提炼商品卖点

任务 4　完成商品上架

任务 1　规划店铺商品结构

知识准备

微课：打造爆款

在网店运营过程中，合理的店铺商品结构规划是保证后续提升流量、顺利开展推广促销等工作的基础。卖家在组织商品的时候，应该根据店铺经营的不同目的对商品进行合理的规划与分类，确定好哪些商品是为店铺带来高流量、带动人气的，哪些商品是为店铺带来利润的，哪些商品是为营造店铺形象的，后期卖家应该对不同性质的商品采取不同的营销和推广策略。

一、引流款

店铺的流量是指进店查看的或浏览产品的点击量，在一定程度上可以代表某个产品或店铺的受欢迎程度。流量越大，在搜索同类产品的时候排名越靠前，越有利于产品销售，因此，流量对网店的重要性不言而喻。店铺必须由每天销量较高的单品来带动人气，帮助提升搜索排名，以抢占更优质的流量入口。拥有这样功能的商品就称之为引流款，扮演着为店铺吸引流量的角色。

引流款的主要作用是带动店铺整体流量和人气，提升店铺销量，也就是我们通常所说的"爆款"。一般来说，一个店铺至少要有一个引流款，也可以打造组合型爆款群，商家要综合考虑自身实力来确定引流款的数量和打造方式等。目前除了店铺，平台的各专题活动或频道也可以打造自己的爆款，如图 3-1 所示。

引流款通常都是在过去一段时间内销量较好、顾客认可度较高的产品，小众商品不适宜作为店铺爆款。一般而言，引流款具有如图 3-2 所示的特点。

在选择引流款时，卖家需要对店铺内的商品进行筛选和测试。通过一段时间对比和分析后，从商品中选择转化率较高、地域限制较小的商品作为店铺引流款，帮助店铺增强吸引力，提升店铺访问量和转化率。

图 3-1　天猫国际爆款推荐

图 3-2　店铺引流款商品的特点

> **电商加油站**
>
> **爆款文案怎么写？**
>
> 引流款的主要作用是为店铺引入流量，从而整体带动店铺的销售。如果引流款的文案足够引人注意，那么引流将达到事半功倍的效果。在编写爆款文案时可以遵循以下原则：
>
> （1）找外部流量——蹭热点，让名人或热点话题成为商品代言人。
>
> （2）直击痛点——给出解决方案。
>
> （3）使用简单句式，言简义丰。

二、形象款

形象款代表的是店铺传递给消费者的整体形象，主要是由能够提升店铺整体品牌格调的商品来充当。通过塑造店铺的形象款商品，可以让潜在买家感觉这是一家专业性强、有品位、有格调、有高端商品的店铺。形象款的主要作用是满足对商品有较高要求的消费人群，这类人群对价格的敏感度不高，但是对商品的品质、时尚度要求较高，他们清楚地知道自己需要什么样的商品。因此，形象款要在质量、做工、包装、展示等方面区别于店铺其他类型的普通商品。

在选择形象款时，卖家可以确定一些高品质、高格调、高客单价的小众商品，保证形象款商品在买家心中的稀缺性，如图 3-3 所示。例如，某国产运动品牌就将采用全新氮速科技开发的跑鞋作为店铺形象款，形象款商品的价格、整体视觉效果和主图视频、图片都与其他商品有很大区别，成功营造出"大牌"的感觉。

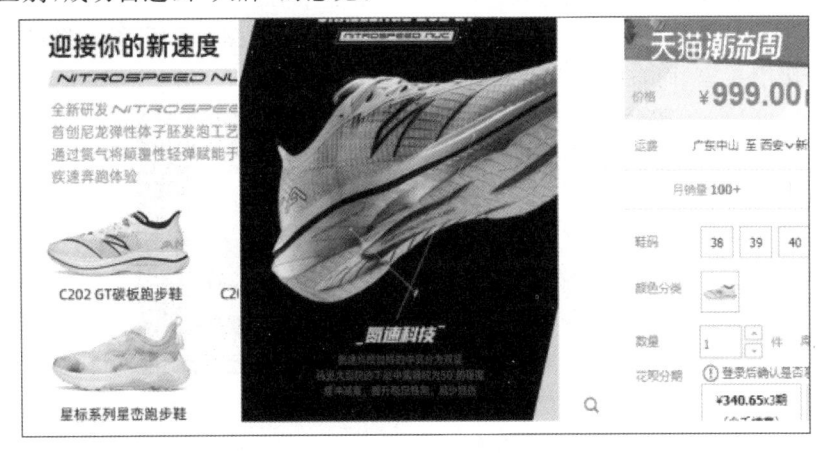

图 3-3 某国产运动品牌的形象款商品

三、活动款

活动款就是用于店铺各种促销活动的商品。电商平台在各大电商购物节、换季等时间段都会有平台促销活动，而店铺也可以自行组织小型的商品推广促销。在确定活动款商品前，卖家首先要根据预期参加的促销活动明确开展活动的目的，有针对性地制定促销策略。

活动款商品可以分为以下三种情况：

1. 以清库存为目的的活动款

此类活动款主体应选择款式陈旧、型号不全、销量不高的商品，以折扣较低的抢购活动吸引买家的目光，如图3-4所示，要注意的是，不能因为清理库存而降低商品品质，否则可能会影响店铺其他商品的销售。

图3-4 以清库存为目的的活动款展示

2. 以冲击销量为目的的活动款

销量与店铺业绩紧密相关，以冲击销量为目的的活动款需要选择有爆款属性、市场热度高的商品，这样才能成功引起买家对商品的关注。此类商品的活动定价应略低于市场同类型、同品质的商品，提升买家购物体验。

不同价位和等级的产品可采取不同的形式展开推广，如图3-5所示，左图的商品以买赠和低价活动吸引买家，而右图则以满减活动提升销量。

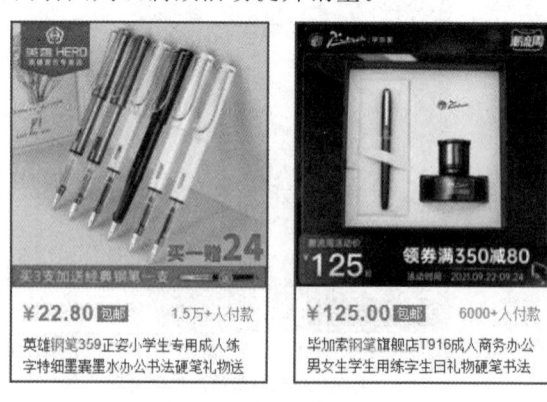

图3-5 以冲击销量为目的的活动款展示

3. 以品牌体验为目的的活动款

品牌推广和价值提升是活动款最重要的作用。卖家在选择活动款时应该从大众款入手，且在价格上能够为买家提供一定的优惠。品牌是商品和企业的形象，品牌活动款是店铺中具有代表性的商品，如图3-6所示。

图 3-6　以品牌体验为目的的活动款展示

　　一般而言，活动款无法为卖家带来巨额利润，卖家如果希望通过活动款赚大钱，商品就失去了价格优势，销售就可能陷入"有活动却无销量"的窘境。卖家应该让活动成为买家感知品牌的一个渠道，在活动期间适当放弃商品的利润，用过关的商品质量和服务留住买家，做好后续的售后跟踪，这样更有利于提高活动后的复购率。

四、利润款

　　利润款是借助引流款等商品带回来的流量进行二次转化，形成新的销量和获利，其主要作用是帮助店铺提高盈利。这种类型的商品在店铺中相对多一些，尤其是一些大品牌会以丰富的商品线，让买家有更多的选择，如图 3-7 所示。

图 3-7　品牌产品线中的利润款展示

　　利润款要拥有较高的性价比，这样即便这些商品的价格比引流款高，只要性价比高，高出的这部分价格也不会影响买家的购买决定。店铺要根据对目标客户的精准分析，选择款式、设计风格、价格、卖点符合真实需求的商品作为利润款的备选，并根据销售数据进行调整。

实战指引

1. 商品结构规划分析

（1）一家刚上线的店铺，其首要任务就是尽快让店铺拥有访客，并且能够在较短时间内稳步提升访客流量,这就需要店铺拥有引流款。此时的引流款主要以商品的市场认可度、吸引人的文案和较低的价格来吸引买家,使店铺获得首批访客。为了向访客展现店铺档次,店铺需要同时拥有价格较高、面向中高端用户的形象款。

(2)一家淘宝老店则需要根据近期的经营情况对店铺商品结构做出调整。店铺销量最好、买家评价最高的商品可适当调低价格,打造成为爆款,为店铺引流。同时要准备2~3件价格处于中档的利润款商品。活动款商品可结合当前平台或店铺的促销活动进行配置。

(3)店铺并非要在同一时间准备好全部四种类型的商品,而是要根据店铺当前的实际情况有重点地、有目的地进行规划。

2. 规划店铺宝贝结构

(1)店铺引流款至少1件,但不宜在同一时间拥有多个引流款,卖家可根据市场变化分时间段地将不同商品打造成为引流款。

(2)形象款1~2件。形象款在小型店铺里的作用并不明显,但对于一些企业店铺和品牌店铺来说,形象款显得尤为重要。

(3)除了引流款和形象款外的商品都可以归类到利润款,这类商品数量不定。利润款一般也由店铺里比较受欢迎、性价比高的商品来充当。

(4)活动款主要在各种促销活动中发挥作用,它与引流款一样具有价格优势。如果店铺规模较小,商品数量有限,活动款也可与引流款相同。活动款的数量根据不同的活动类型而定。

3. 任务评价

规划商品结构任务的目的在于明确店铺中每件商品在运营中的角色,不同的商品类型对于店铺经营有着不同的意义。合理的商品结构规划能够为店铺带来流量、转化、利润,让店铺在买家心里留下美好的形象,相反,如果店铺商品结构不合理,引流不充分、跳失率增加等都会给店铺后期经营造成困难。

> **实训任务拓展**
>
> 1. 以淘宝平台为背景,找到一家店铺分析其中的商品结构,找出店铺的引流款、形象款、活动款和利润款。
>
> 2. 为某网店规划商品结构。根据引流款、形象款、活动款和利润款的特征,在同一商品类目下选择几件商品,以此为依据合理规划,并说说你做出这个规划的理由。

思政专题 电商眼看中国——从"亚马逊封号"事件看电商诚信经营

有关数据显示,自2021年5月以来,亚马逊平台上被封店的中国卖家超出5万户,预计损失金额已逾千亿元。

这次亚马逊封号的依据是平台的《卖家行为准则》等格式条款,其中重点强调:不得以任何形式操纵买家评论,包括直接或间接提供虚假、误导性或不真实的内容。

封号事件始于2021年6月13日,海外媒体《华尔街日报》报道了中国内地某电商旗下有一种常年拥有五颗星好评的快速充电产品,消费者在收到该产品后,会发现包装里有一张小的橙色插页,插页上则有一张35美元的礼品卡,大约是产品价格的一半,插页的图片内容则显示:"恭喜你成为我们的幸运客户,你将获得35美元的亚马逊礼品卡。"

而卡片背后则详细写着礼品兑换说明:"通过电子邮件可以联系到我们,并发送您的订单ID(屏幕截图)以及有关您对产品评论的相关截图。"

华尔街这篇报道在电商界掀起不小波澜。根据亚马逊的市场法则,无论哪种形式,只要存在"威逼利诱"消费者评价的行为,就是对市场法则的严肃违反。亚马逊认为评价意味着消费者对平台的一种信赖,而高评价又反过来吸引越来越多消费者青睐,背后的质量责任,变相传递到了亚马逊身上。

冰冻三尺非一日之寒。事实上,最早在2021年5月20日,亚马逊在一封《致亚马逊全体卖家信》的公开信中就明确指出,一直以来,亚马逊的政策明要求卖家不可以滥用评论。而据亚马逊的《销售政策和卖家行为准则》,通过支付费用或提供奖励(如优惠券或免费商品)请求买家提供或删除反馈或评论、要求买家只编写正面评论或要求他们删除或更改评论、仅向获得良好体验的买家征集评论等操控评论的行为,均属于违反政策行列,都应该是被禁止的。

这一次,亚马逊进一步强调了对虚假评论与奖励性评论的抵制态度,按照他们的规则,操纵用户评论的行为,导致大量的"不真实评价"出现,可能会误导其他用户,而这无疑违反了公平竞争的基本市场原则。

放眼全球范围,近几年来,虚假宣传、变相刷单的现象得到了法律与消费者的重视。2019年7月,英国消费者权益机构"Which?"就通过在Facebook的调查,发现了多个有关"有奖虚假评论"的群组,涉及数万名成员,成员被要求在亚马逊购买商品且留下好评,随后将会通过PayPal获得报酬。

我国最新修订的《反不正当竞争法》,也对网络刷单进行了明确规定,不正当竞争行为指"经营者在生产经营活动中,违反本法规定,扰乱市场竞争秩序,损害其他经营者或者消费者的合法权益的行为"。经营者帮助其他经营者进行虚假或者引人误解的商业宣传、组织刷单者,最高可被判处100万元以上200万元以下的罚款。

据市场监管总局消息,截至2021年上半年,全国各级市场监管部门共查办各类不正当竞争案件3 128件,罚款金额高达2.06亿元。

任务2 确定和优化商品标题

知识准备

一、选择标题关键词

关键词是组成商品标题的最小单元,选择合适的关键词能够提高商品和网店的访问量,所以关键词的重要性不言而喻。卖家只有掌握关键词的类型和挖掘方法,才能更好地了解行业和市场,设置出高质量的商品标题。

1. 关键词的类型

每一件商品可以使用的关键词都非常多,一般将常见的关键词分为以下四类:

(1)核心词

核心词是商品的名称,能够清晰地向买家表明你所卖的是什么商品。核心词多半为常规词。例如,衣服、鞋子、帽子、文具等都属于核心词,如图 3-8 所示。

图 3-8　搜索关键词"毛衣"的结果展示

电商加油站

何为性价比高的核心词?

一个好的核心词必须同时具备以下条件:

1. 自身的相关词多。
2. 相关词和宝贝能够高度匹配,转化率较高。
3. 相关词具有较高的搜索人气。
4. 在其他条件都类似的情况下,竞争较小。

(2)类目词

类目词指的是卖家商品所在的类目。每个商品都有自己匹配的类目,如图 3-9 所示,淘宝上的类目词展示在网站首页左侧的主题市场中。

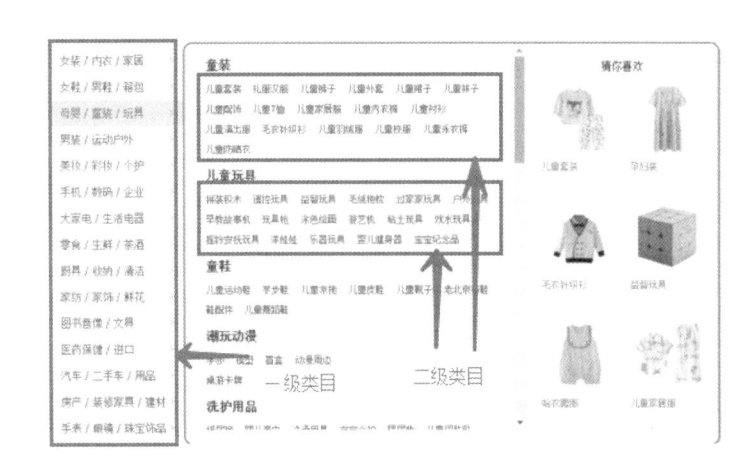

图 3-9　电商平台的商品类目展示

(3) 属性词

属性词则是描述商品相关属性的词语，这类词数量较多，能够充分展示商品特点，细分商品分类。如图 3-10 展示了商品连衣裙的部分属性词。

图 3-10　商品标题中的属性词展示

属性词不是独立存在的，是和其他词（核心词、类目词）共同搭配来组合使用的。绝大多数情况下，属性词只做定语和状语，描述或者表达产品的材质、颜色、风格、大小、尺码、季节、规格、等级等。

(4) 长尾词

长尾词通常由两到三个属性词和核心词组成，是能够给宝贝带来搜索量且转化率较高的关键词。长尾词不是核心词，因此它带来的搜索量比较少，而且不稳定，但是长尾词的精准性能够准确定位小众买家的需求。如图 3-11 所示，这款女鞋的长尾词就包括"减震运动休闲鞋女鞋"和"新款秋季厚底软底轻便透气鞋子"。

此外，还有以下类型的关键词也常在商品标题中出现，见表 3-1。

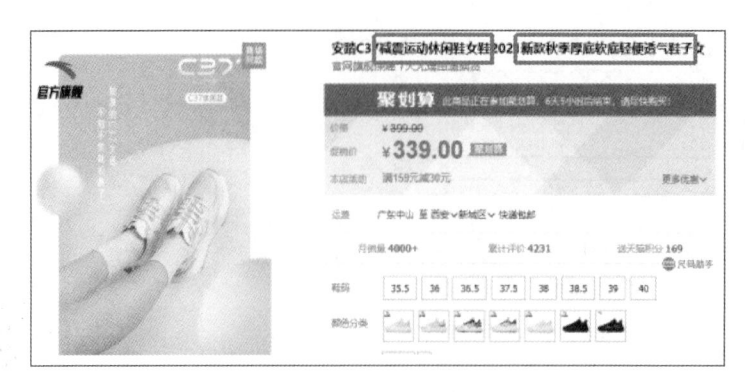

图 3-11　商品标题中的长尾词

表 3-1　其余常见关键词类型

关键词类型	说明	示例
热搜词	在某一段时间内搜索量特别大的词。热搜词会随着热点事件的变化而变化	以"衬衫外套"为例,防晒、显瘦、简约等都是热搜词
营销词	带有促销性质的关键词,能够提升商品的关注度	包邮、特价等
卖点词	能够描述商品有与众不同特点的关键词。卖点词也可能是属性词	修身、收腰、直筒等
黄金词	淘宝搜索量小一点儿,但是竞争程度却小很多的词	以"水下相机"为例,水下、保护罩、潜水壳、双重防抖等都是黄金词

2. 关键词的来源

卖家可以通过多种途径获取自己需要的关键词。

(1) 来自淘宝网搜索栏下拉列表

选择关键词的一个重要技巧是选取买家在搜索时经常使用的关键词。进入淘宝网首页,在搜索栏输入商品核心关键词,系统会自动匹配最近搜索量大的关键词,有时买家也会选择搜索下拉列表推荐的词语。例如,在搜索栏中输入"连衣裙",会自动弹出一个下拉表,如图 3-12 所示,"连衣裙"为核心关键词,"连衣裙长袖"为二级关键词,"连衣裙夏显瘦小个子"为长尾关键词。

图 3-12　关键词"连衣裙"的搜索下拉列表

同时,系统在搜索栏下方也会筛选近期买家关注的热门关键词推荐给卖家,如图 3-13 所示,这些关键词也可以作为商品标题的来源。

图 3-13　淘宝平台近期热门关键词

(2) 来自搜索结果页"您是不是想找"

在淘宝首页搜索栏输入商品核心关键词后,在搜索结果显示页有"您是不是想找"选项提供若干搜索热词,卖家可以适当借鉴其中的词加以提炼,用在商品的标题中。

图 3-14　"您是不是想找"的关键词展示

(3) 来自生意参谋

生意参谋分为免费版和专业版,是集数据作战室、市场行情、装修分析、来源分析、竞争情报等数据产品于一体,商家统一数据产品平台,也是大数据时代下赋能商家的重要平台。

进入生意参谋首页后,依次单击"流量"→"选词助手",可以打开如图 3-15 所示的页面。

图 3-15　生意参谋的选词助手

微课:标题优化

除此之外,从热销的商品标题、直通车系统推荐词中都可以挖掘优质的关键词,供拟定商品标题使用。

二、设置商品标题

淘宝平台规定商品标题的长度为30个汉字、60个字符，一般是由若干关键词组合而成。

设置商品标题时，要能够体现商品特征，传达商品的有效信息，最重要的就是把商品最核心的卖点用精炼的语言表达出来。

1. 商品标题设置原则

卖家为商品设置标题可以择优而用，从商品的卖点和典型特征出发选择相关性高的关键词组成标题，同时卖家还应遵循以下原则：

(1)充分利用标题字数，不浪费

商品标题应在清晰、准确、重点突出的前提下，尽可能地充分利用这30个汉字，使其包含更多的关键词，这样有助于提高被买家搜到的概率。例如，在搜索栏中搜索"女童鞋"，搜索结果排名前列的商品标题字数均在28~30个，最大限度地发挥了商品标题的作用。

图 3-16 搜索结果排名前列的标题

(2)按权重组合商品标题

淘宝后台在筛选关键词时对其顺序并没有特殊要求，但实际上关键词处于商品标题中的不同位置有着不同的权重。一般来说，标题头尾关键词的权重高于中间关键词的权重，因此为了提升商品标题质量，可以将热度高、搜索量大的关键词放在标题的头尾，其他关键词放在标题的中部，如图 3-17 所示。

图 3-17 关键词的权重与排序

(3)标题描述要真实

商品标题中的所有描述要客观、真实，不能含有虚假信息。如果商品标题中出现了与商品不符的描述，或者不符合淘宝网的相关规定，卖家就很容易受到处罚。

> **电商加油站**
>
> **那些不能碰的"违禁词"**
>
> 《中华人民共和国广告法》规定不管是发布线上广告还是线下宣传材料,违禁词都是不能碰的红线,否则可能面临宝贝被删除,店铺被罚款的严重后果。那么,哪些词属于"违禁词"呢?
>
> (1)与"最"有关:最高级、最高档、最奢侈、最低价、最受欢迎、最时尚……
>
> (2)与"一"有关:中国第一、全网第一、销量第一、排名第一、唯一、NO.1、TOP.1、独一无二、最后一波……
>
> (3)与"级/极"有关:国家级产品、全球级、宇宙级、世界级、顶级(顶尖/尖端)、极品、终极、极致……
>
> (4)与品牌有关:王牌、领袖品牌、世界领先、领导者、缔造者、创领品牌、领先上市、至尊、巅峰、领袖之王、王者、冠军……
>
> (5)与虚假宣传有关:史无前例、前无古人、永久、万能、祖传、特效、无敌、纯天然、100%……

2. 撰写商品标题的技巧

商品标题由若干关键词组成,任何一个商品标题的撰写都不可能一蹴而就,撰写一个合格的关键词可参考以下步骤:

(1)挖掘关键词

挖掘关键词的过程就是挖掘买家需求的过程,目的是了解买家在使用关键词时的搜索习惯,为买家提供与关键词匹配的优质内容。

卖家可以使用数据分析工具、各电商平台的搜索引擎和生意参谋等工具挖掘几类重要的关键词。

(2)建立关键词库

卖家将利用各种工具和方法挖掘到的、与店铺商品相关的关键词集合起来,形成店铺的关键词库,以便后续利用这些关键词形成不同的组合作为商品的标题。

(3)按公式组合标题

商品标题并没有严格的公式,而是要按照关键词热度、阅读习惯、权重等来确定各关键词在商品标题中的位置。可以按照"品牌+属性+营销+类目+长尾词"的公式来撰写商品标题。

三、优化商品标题

商品标题是店铺搜索流量的切入口,做好标题有助于店铺后期更好发展。当商品在一段时间内出现搜索量低、排名低、转化率低等情况,卖家就要考虑是否有必要进行商品标题优化。

商品标题优化基本的前提是符合买家的搜索习惯,同时为了增加被搜索的概率,卖家可以尽可能地组合各种与商品相符的长尾关键词。

1. 商品标题优化时尽可能挖掘高搜索、低竞争的精准词和长尾词

在使用相关推荐词、系统推荐词进行搜索时,有些商品虽然在售数量不多,但是搜索量和点击率都比较高。这类高搜索、低竞争的关键词通常能为网店引来不少流量,所以卖家要经常主动挖掘这些长尾关键词并将其应用到商品标题优化中。

2. 商品标题要尽量体现商品卖点

商品标题要直观展示买家需要和关注的商品特色信息,否则无法吸引其继续查看,错失商品展示和被点击的机会,从而无法转化店铺的成交和销量。

3. 不宜频繁地、大幅度地修改标题

宝贝上架一段时间后会产生点击和转化数据,标题优化可以以七天为一个周期,在宝贝重发后第二天进行。通过生意参谋的数据分析,保留点击和转化率高的关键词,其他关键词可以根据表现数据进行替换或位置移动。标题优化后系统会刷新商品数据,刷新期间可能会因为店铺综合数据波动导致短期搜索排名的变化。店铺正在热卖的商品最好不要轻易改动标题。

任何商品的标题都不能一成不变,需要不断完善和调整,特别是季节和流行趋势变化的时候要定期对店铺热销款的标题及关键词进行检查,不断优化,才能保持流量的持续引入。

电商加油站

关键词位置的秘密

单从淘宝搜索引擎的功能来看,标题中关键词位置的改变并不改变宝贝的搜索权重,但是符合人们阅读习惯的标题和关键词排序往往能够在搜索中占据更为靠前的位置,这是因为买家在搜索时输入的是符合大多数人习惯的组合词,如果标题中关键词的顺序与之一致,那么就更容易得到优先展现。

这就给我们一个启示:在设置商品标题时,要让标题更通顺,更符合大多数人的习惯。

实战指引

1. 收集宝贝关键词

(1)确定宝贝的核心关键词

只要卖家确定了自己要卖什么商品,宝贝的核心关键词基本就确定了,所以宝贝的核心关键词能直接体现出这件商品是什么。一般而言,核心关键词数量较少,但在商品标题中出现的概率非常大。

(2)收集和宝贝相关的属性词

属性词是关键词中数量最多的类型,因为每一件宝贝都可以利用不同的属性词从不同的侧面去描述。可以把卖家利用各种渠道收集到的属性词集合到一起备用。

(3)组合获得长尾词

将属性词和核心词按照不同的方式、顺序组合在一起,可以得到宝贝的长尾词。长尾词的组合并不是毫无章法,卖家可以利用数据分析工具找到搜索和成交较高的关键词作为参考,以此组合自己商品的长尾词。

(4)形成商品关键词库

将执行上述三步后得到的关键词集中在一起,形成商品关键词库,供设置和优化宝贝标题使用。在实际操作中,卖家可以从生意参谋里的热词榜中找到商品相关的热门词,然后从中筛选搜索人气和转化率都较高的性价比最优的关键词直接使用。

2. 设置宝贝标题

(1)查看并分析同类商品标题

查看淘宝平台或其他电商平台中同类商品的标题命名形式,分析其结构、属性词的排列、营销词的应用、近期热门关键词在标题中的体现等,为标题设置做好准备。

(2)按照用词需要从关键词库挑选出备用关键词

根据标题组合公式将关键词组合起来,并酌情进行调整。

可参考的标题组合公式有:

标题=核心关键词+营销词+属性卖点词+相关度加强词

标题=营销关键词+意向性关键词+属性卖点词+类目关键词+长尾关键词

3. 优化宝贝标题

优化宝贝本质上就是关键词的增减和位置的调整。

(1)判断商品标题是否需要优化

情形一:当商品在一段时间内没有任何访客和流量或商品没有任何的搜索排名时,就需要优化商品标题了。

情形二:当宝贝的排名、访客、订单都相对稳定,但是卖家想加大访客量时需要优化标题。

情形三:在一段时间内宝贝排名下降得很厉害,也需要优化标题。

(2)把握优化方法和时机

宝贝面临的市场情况不同或卖家有不同的优化目的时,需要注意不同的优化方法。如果宝贝新上线没有任何权重,在后续的一段时间里权重也无变化,这时卖家需要及时优化标题,尽快提升宝贝权重;如果宝贝本身权重还不错,卖家只是为了提升宝贝销量,就需要根据数据优化标题,每次优化的关键词不宜过多,最好在1~2个。优化频率不能太高,两次优化之间至少相隔7天。如果宝贝排名和权重下降得很厉害,先不要急于优化标题,等待7天,如果情况没有任何改变,再着手优化标题。这种情况下,只靠标题优化很难迅速提升商品搜索排名,还需要借助其他手段(如直通车)来配合提升宝贝权重。

> **电商加油站**
>
> 宝贝权重的影响因素
>
> 1. 关键词。核心关键词应放在标题最靠前的位置。
> 2. 商品标题。标题应通顺并与买家搜索习惯相符。
> 3. 目标人群定位。根据销售人群数据做出精准推送,迅速提高转化。
> 4. 宝贝价格。

4. 任务评价

商品标题是买家认识商品的主要途径,商品标题的贴切与否会影响宝贝的搜索排名、权重,并进一步对店铺的访客量、成交转化构成影响,因此,商品标题的设定和优化是卖家在店铺运营初期必须重视的问题。

> **实训任务拓展**
>
> 1. 以"连衣裙"和"墙纸"为关键词展开搜索,选择排名前几位和一百名以外的几个标题,分析其核心关键词、属性关键词、营销词等。通过对比,从关键词构成角度谈谈你认为这些标题产生排名差异的原因。
> 2. 在淘宝网所涵盖的类目中,找一个你感兴趣的关键词,以它作为核心关键词设置一个标题。向同学介绍和分析这个标题的结构和用词,并和他们展开讨论,优化标题。

思政专题　电商眼看中国:电商二手市场

1. 电商二手市场的崛起

"一款游戏电子设备,官方预售价4 000多元,二手平台上只要1 300元,产品的寿命和质量也是有保证的,这差距就出来了。"每天都有无数的像小贤这样的消费者,他们在闲鱼、转转上寻找二手商品。

像闲鱼、转转这类二手电商平台的崛起,很大原因是消费者的心态发生了改变。消费者热衷于在有限的收入下寻找优质的商品,他们在消费过程中寻找愉悦感,是否为新款、是否是名牌不再是他们首要考虑的因素。

在二手电商交易平台上,用户既是买家也是卖家,可以淘到自己心仪的二手商品,也能转手将闲置物品卖出去。二手渠道成为过剩消费的出口,消费者在冲动消费之后能够找到"后悔药"吃了,行业规模的扩大正在滋养这个资本市场。

2. 京东的二手电商梦

如今这个市场又迎来了一名新的入局者,那就是京东旗下的鲸置APP。

京东关于二手市场的布局可以追溯到2014年,那一年,京东从腾讯手里接下了拍拍网。鲸置目前只允许带有京东订单的商品上架转卖,表面上的确限制了假货问题,但随之迎来的就是商品种类少的新问题。

如果用户不能在二手商品市场上找到自己想要的物品,或者不能转卖在别的平台上买的物品,这将可能会导致鲸置损失部分潜在用户。目前鲸置APP的发展还没有走向完整,聊天还不能发送图片,商品信息有些过于简单,商品配图只有原链接的宣传图等,说明鲸置还有很长的一段路要走。

任务3 制定商品价格,提炼商品卖点

知识准备

商品具有价格优势可以吸引买家,商品卖点的捕捉和提炼是加强店铺竞争优势的重要手段,两者都是值得每个卖家深入思考和探讨的现实问题。在网店运营中,卖家可以通过为商品进行合理定价和卖点提炼,提升商品的竞争力,为店铺盈利带来积极影响。

一、商品定价的原则

对新手卖家来说,商品定价是个令人头痛的问题,因为商品定价是影响店铺转化的重要因素之一。价格定高了会导致客户流失,价格定低了又没有利润。如图3-18所示,同款产品的价格差异很大。

图3-18 同款商品存在价格差异

因此,卖家在为商品定价时,需要着重考虑以下因素:

1. 商品成本因素

成本是商品生产和流通过程中的物资消耗以及支付的劳动报酬的总和,是影响商品定价的基本因素。简而言之,商品定价如果低于成本价,就会亏损,定价高于成本价才能有盈利。卖家应以成本价为底线,合理地为商品定价。

2. 市场竞争和供需因素

商品是否具有价格优势,对买家的购买意愿有着直接的、决定性的影响。如果商品价格具有较大的吸引力,那么买家就多,销量就好;如果商品价格过高,且特色不明显,那么就无法赢得买家的关注。因此,卖家要参考市场上同类商品的价格水平为店铺宝贝定价,并结合

商品质量和市场供需情况对价格进行适时、适当的调整。

3. 目标客户及营销策略因素

卖家在为商品定价前还要精准细分店铺的目标客户，了解客户群体消费习惯并预估商品市场容量，有针对性地制定营销策略，如图3-19所示，褚橙数量少、品质优良，营销上走高端路线，偏高的定价才能凸显它的与众不同。总之，要仔细分析、权衡客户与营销的各种因素才能得出合理的价格区间，从而实现科学定价。

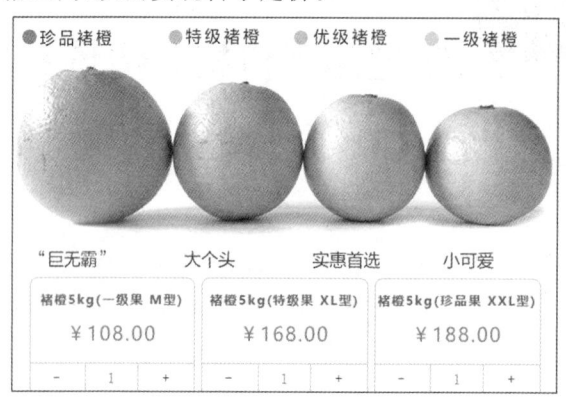

图3-19 走高端路线的褚橙

4. 商品形象因素

对于一些商品品质优良，有历史积淀，大众认可度高的品牌店铺来说，可以适当提高商品定价，凭借过硬的商品质量和周到的店铺服务，吸引买家购买。如图3-20所示，万宝龙的商品定价就普遍高于其他同类型商品。

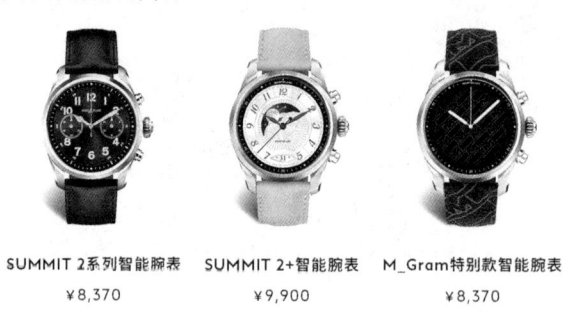

图3-20 万宝龙手表系列的定价

二、商品定价策略

商品定价与店铺的盈亏息息相关，因此，给商品定价也要讲究策略，这样才能借助巧妙的定价来吸引买家，提高转化率。常见的定价策略包括组合定价法、阶段定价法、心理定价法等。

1. 组合定价法

组合定价指将店铺中相互关联的商品组合在一起来定价。商品属于同一个大类目，有互补关联性的最适合用该定价方法。例如，女装就是一个大类别，在它下面又有许多品类群，包括连衣裙、衬衣、裤子、T恤等，可以将这些品类群组合在一起定价。

2. 阶段定价法

阶段定价法是根据商品所处市场周期的不同阶段来进行定价。由于商品在不同阶段得到的市场关注度不同，一般可分为新品上市定价、商品成长期定价、商品成熟期定价和商品衰退期定价，如图 3-21 所示。

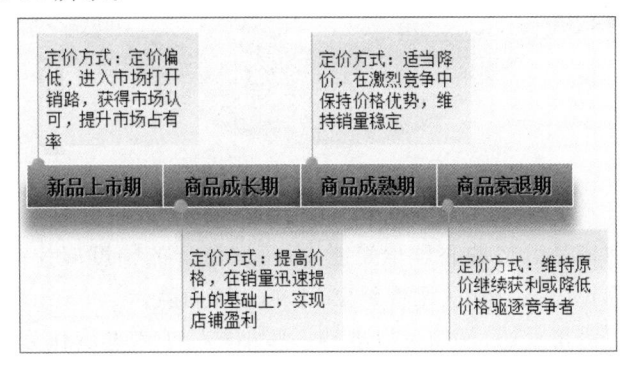

图 3-21 阶段定价法

3. 心理定价法

在定价过程中，卖家还要抓住买家在购物过程中存在的某些特殊心理，从而激发他们的购买欲望，达到提升商品销量的目的。例如，利用较小的单位为商品定价，会让买家产生"商品很便宜"的感觉，一斤 398 元的茶叶，用 50 克为单位的价格只要 39.8 元。有时利用数字也能影响买家对商品价格的体验和感知，例如一件价格为 100 元的商品，如果定价改为 99.9 元，买家就会产生一种"便宜"的感觉。

三、商品价格调整

商品在市场销售期间会受到成本、市场供求关系变化等影响，价格浮动是这些影响最直观的体现。涨价与降价是卖家调整价格的主要手段，某些时候商品涨价或降价并不是卖家故意为之，而是由市场决定的。

1. 商品的涨价

商品涨价可能会使买家产生抵触心理，进而影响商品的销量，因此卖家在涨价时都比较谨慎。卖家必须能根据不同发展时期、不同的商品及买家不同的心理需求，灵活地运用涨价技巧。

(1) 说明涨价的真实原因

当店铺经营成本或商品成本上涨时，涨价是卖家保持利润的手段之一。此时，为了降低买家的抵触心理，卖家可以向买家公开说明本次涨价的真实原因。

(2) 把握涨价时机和幅度

卖家懂得在合适的时机涨价，买家就会比较容易接受。一般来说，卖家可以利用以下几个机会为商品涨价，如图 3-22 所示。

网上开店实务

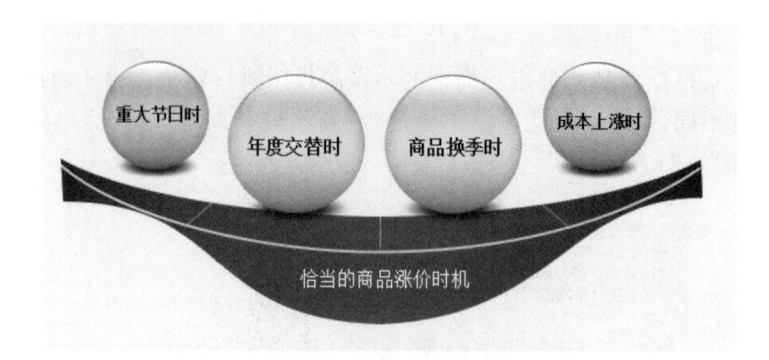

图 3-22　商品涨价的时机

为了兼顾买家对商品价格的心理承受能力，每次涨价的幅度应控制在 10% 以内，对于成本增长较快的商品也应该分几次调价到位，不能一蹴而就。

如果担心买家对涨价反感，卖家可以准备一些小礼物或者礼券作为赠品，缓解商品涨价给买家带来的不良心理变化，让买家感觉自己并没有因为涨价而吃亏。

2. 商品的降价

造成商品降价的原因有很多，常见的原因如图 3-23 所示。

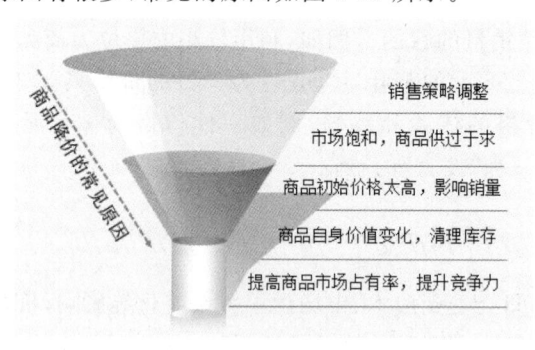

图 3-23　商品降价的原因

由于商品降价可能会提升销量，但也可能引发商品滞销，所以卖家要掌握一些商品降价的技巧。

(1) 巧用降价理由

卖家要利用商品降价让买家认为这是一次难得的让利机会，这样才能刺激买家的购买欲望，所以，为降价找一个合适的理由非常重要，通常节日促销回馈老客户、店庆活动都是不错的降价理由，千万不能让买家认为商品滞销或质量不好才降价。

(2) 控制降价幅度和频率

降价是一种营销策略，卖家不能盲目降价，要控制好降价的幅度。降价幅度太小，无法引起买家的注意；降价幅度太大，又会让买家对商品的质量和卖家降价动机产生怀疑，同样对提高销量没有帮助。

> **电商加油站**
>
> **降价不能太随意**
>
> 一般来说,降价幅度在10%~20%会产生比较好的效果。如果降价超过40%,则要充分说明大幅度降价的理由,以打消买家的疑虑。注意,降价的幅度不宜超过50%。

四、提炼商品的卖点

每件商品的独特之处就是其与众不同的卖点,可以帮助商品从众多竞争者中脱颖而出。所谓卖点,指商品那些具有辨识度的、别出心裁的特点或特色。卖点是买家购买商品的理由,因此,寻找、挖掘并提炼商品的卖点,是每个卖家必须仔细研究的问题。

卖家在分析商品卖点时,可以从以下三方面入手,见表3-2。

表 3-2　　　　　　　　　　　商品卖点的分析

卖点分析关注点	分析角度	分析内容
竞争对手分析	竞争商品分析	对竞争对手的商品主图、商品描述、买家评价进行分析
	差异化分析	寻找自身商品与竞争商品间的差异,找出与众不同之处,形成卖点和优势
目标客户群分析	需求分析	梳理不同类目标人群的需求,找到他们的痛点
	特点分析	针对目标人群的年龄、性别和消费心理等展开分析,有针对性地挖掘商品卖点
自身商品分析	商品优势	着重关注:风格、款式、颜色、品质、功能、规格、结构等
		寻找商品创新之处
	店铺定位	符合店铺的档次
		符合店铺的风格

商品的卖点一定要能体现出商品的使用价值和体验价值,因此应该从商品本身、服务层面和商品概念3个方面,提炼商品卖点的切入点。

1. 商品本身

来自商品本身的特点是提炼商品卖点的第一个切入点,例如商品会因制作材料、材质独特而形成卖点,也可以从商品的某种特殊功能上挖掘卖点,商品背后的品牌故事也能引起买家共鸣形成大家关注的卖点……因此,只要多关注和分析商品本身,就能够与其他店铺的竞争商品区别开来。

2. 服务层面

在实际操作中,标准化商品的特点不多,卖家很难从商品本身寻找卖点,这时可以换个角度以服务层面作为切入点来寻找卖点。在一些价格较昂贵的商品中,买家最关注商品是否是正品、售前与售后服务、商品质量、包装、配送速度等,这些也都是寻找商品卖点的切入点。

3. 商品概念

如果从商品本身、服务层面都不容易找到卖点,那么卖家可以自己创造一种独特的概念,例如某卖家向买家展示了其励志、坎坷的传奇故事,很好地树立了商品卖点,立刻将自己与竞争对手区分开来。

当然,卖家还可以从其他方面挖掘卖点,只要用心比较和观察,卖家有很大的可发挥的余地。

实战指引

1. 分析宝贝定价及卖点

(1)查找几个主流电商平台同类型的相似商品的价格,大致确定商品的价格区间。

(2)分析这些商品定价存在差异的原因。

(3)对比分析同类商品的卖点,关注卖家提炼卖点时的切入点。

2. 制定商品价格,提炼商品卖点

(1)分析店铺商品的优势和劣势,列出商品成本、访客、销量等关键数据。

(2)将商品价格定于同类商品价格区间内,不宜低于最低价,也不要高于最高价;在经营过程中,根据店铺发展和促销要求可以对商品价格做出临时调整。

(3)根据商品特性、目标人群的需求等提炼商品卖点。商品卖点要体现出对需求人群痛点的解决方案,这样才能获得买家的认可。

3. 任务评价

商品卖点是买家关注商品的基础,卖点的提炼必须要和买家的需求一致才能引起共鸣。商品定价与店铺销售额和利润密切相关,合理的定价不但能够为店铺带来客源,还能带来可观的收益。找准商品卖点,做好商品定价是保证店铺顺利经营的前提。

实训任务拓展

1. 利用思维导图表示出制定商品价格的方法。

2. 在淘宝平台找到一家店铺,分析店铺商品价格的制定策略。

思政专题　电商眼看中国——农村电商,乡村振兴的"新奋点"

时下,电子商务正悄然走进农民的日常生活,改变着他们的消费习惯,农村电商凭借便捷、高效、成本低、覆盖面广等优势,将进一步推动农村产业转型升级,助力乡村振兴,让农业经济"活起来""火起来"。

众所周知,乡村振兴是一项系统性、整体性、综合性的大工程,产业是发展的根基,是乡村振兴可持续发展的关键。农村电商吸引了大批具有才能的年轻人返乡创业,孕育出更多的职业农民和技能型人才,这为乡村产业增强了"造血能力",给农村经济带来新气象;同时,农村产业发展关键是要构建"产、供、销"链条式产业发展体系,发展农村电商有利于推动传统农业生产模式与现代信息技术全面融合,交织成可流通的农村电商运营网,推动农业升级、农村发展、农民增收,让乡村的产业后劲更足。

不过在农村电商的发展过程中,尚有诸多问题亟待解决。比如,很多偏远地方交通、物流不发达,如何"运得出"是制约产业发展的重要问题。再比如,农村人才匮乏的困境,需要强化农村电商发展的人才技术支撑。另外就是很多农产品没有一个统一的质量标准,并且缺乏品牌意识。

对此,陕西某农村电商专家提出了建议:一是源头产品标准化,通过科学制定标准,引导农民把农产品变成合格的网货;二是补上初加工短板,通过技术手段打通预冷、冷链等环节,打通全程供应链;三是改进产品包装设计,向专用化方向发展;四是加强人才培养,建立科学的人才培养体系。

当然,农村电商的发展还需要政策的配合,需要从完善交通物流基础设施、保障农产品质量、推进品牌化和标准化生产等多方面发力。

2021年11月3日,《陕西省商务厅等17部门关于加强县域商业体系建设促进农村消费的实施意见》(以下简称《实施意见》)正式印发,从健全农村现代流通网络、加强市场主体培育等10个方面提出32条具体措施。《实施意见》明确,陕西将提升农产品供给质量,提高农产品商品化处理能力,加强农业品牌培育和地理标志等农产品销售。"十四五"期间,全省打造100个知名农产品区域公用品牌,带动1 000个企业品牌和产品品牌发展,同时完善农产品市场网络,充分保障市场供应。

与此同时,在陕西省人民政府新闻办公室2021年11月3日举行的新闻发布会上,陕西省供销合作社党组成员、监事会主任表示:"2022年计划支持仓储保鲜冷链物流配送网络项目9个,建设冷库容量1.1万吨,发展农村物流配送终端90个。"

相信这些政策措施的实施将逐步解决陕西农村电商中货、场、人之间的供需矛盾,同时,随着陕西乡村基础设施建设的进一步提升,农村电商势必会成为赋能乡村振兴的"新奋点"。

任务4 完成商品上架

知识准备

一、确定商品类目

商品发布的第一步就是确定商品类目,类目选择不容小觑,它会影响宝贝搜索和展现。在选择的时候,一定要看好商品,选对精确类目,不要盲选,不要乱选。

目前最常见的类目选择方法为按步骤选择类目。卖家可以根据商品的属性,从淘宝提供的类目中一级级选择下去,直到最后一级类目为止,如图3-24所示。除此之外,还可以按类目搜索或点击最近使用的类目等方法选择待发布商品的类目。

商品是店铺的核心,类目是商品的灵魂。正确的宝贝类目就像航行中的灯塔,方向对了,才更有利于商品和店铺未来的发展。

微课:商品发布与上架

图 3-24　商品发布类目选择

二、确定商品上下架时间

在淘宝网店铺的运营中,商品的搜索排名与店铺流量和转化率有密切联系,而商品上下架时间是影响商品搜索排名的因素之一。

商品第一次上架后,需要选择上下架周期,一般是 7 天或 14 天。两件权重、属性、价格等相似的商品相比,越接近下架时间的那件商品,其搜索展现排名就越会靠前。对小卖家或新店铺来说,由于运营成本和店铺等级的限制,很多官方推广活动都无法参加,在这种情况下,科学、合理地设置商品上下架时间就成了一种非常有效的获取流量的方法。

1. 分析商品上下架时间

按照淘宝网的规定,商品的上下架周期交替时会有一次虚拟下架、自动上架的过程,即从商品上架开始计算时间,7 天或 14 天后商品下架,而后再重新上架。在设置商品上下架时间时,卖家需要对买家的消费时间段和同行业商品上下架情况进行分析,为自己的商品选择最佳的上下架时间。

卖家应该通过分析买家的消费时间、行业的上下架时间和分析访客来访规律等方法,安排店铺宝贝的最佳上下架时间。

> **电商加油站**
>
> **宝贝上架数量影响搜索流量吗?**
>
> 1. 宝贝上架数量并非越大越好,卖家要考虑通过什么样的方式保证新品上架后能尽快产生销售量。
>
> 2. 收藏、加购及转化等数据越好的商品能获取更多的搜索流量,说明只有深受买家喜欢和认可的商品排名才能更靠前。

2. 设置商品上下架时间的技巧

为尽可能多地获得流量,卖家可以采用一定的技巧来设置商品的上下架时间。

(1)选择最小上下架周期

上下架周期越短,出现高峰流量展示的机会就越大,效率也就越高,店铺商品销售的效果就越好。所以,将商品上架周期设置为 7 天而不是 14 天,这样卖家就多了一次发布商品的机会。

(2)确定最佳上架时间

卖家应该将商品的上架时间选择在互联网的流量高峰期,即互联网用户上网高峰期,如 7:00~11:00、12:00~15:00、19:00~23:00。当然,具体的时间段应该进一步分析店铺商品目标客户群体的网购活跃时间来细分。

(3)商品分批上架

如果将商品设置在一天内全部上架,那么一周之内,店铺只会有一天是排名靠前的。卖家可以把商品分成 7 天,在 7 天的不同时间段内分批上架。这样能让买家觉得你的网店里面每天都有新的商品上架,买家就会时刻关注你的网店,也有利于稳定店铺的搜索排名。

卖家设置好店铺宝贝的上下架时间后,还需要持续监控商品的搜索流量变化情况,做出有针对性的阶段性调整,让宝贝达到流量和效果最大化。

实战指引

1. 商品发布

(1)第一步,登录千牛工作台,单击"宝贝管理"→"发布宝贝",如图 3-25 所示。

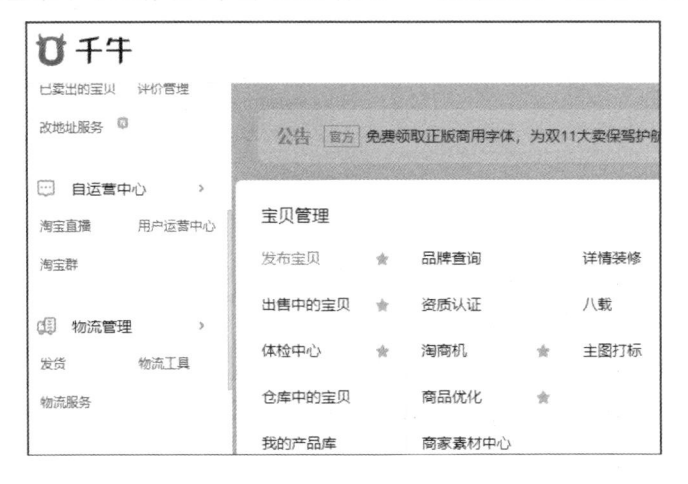

图 3-25 "发布宝贝"初始界面

(2)第二步,"上传商品主图"→"确认商品类目",如图3-26所示。上传商品条形码可以大幅度提高商品识别准确率,也可以选择商品品牌,让商品信息更细化。

图3-26 上传商品主图及确认商品类目

注意:所有带＊的项目为必填项,商品主图中的第1张和第5张要符合平台要求,商品类目要准确,否则商品发布可能失败。

(3)第三步,完善商品基础信息,如图3-27所示。这一阶段要确定宝贝标题,填写宝贝类目属性。宝贝类目属性填写错误,可能会引起宝贝下架或搜索流量减少,影响宝贝正常销售,因此,需要卖家正确对待。

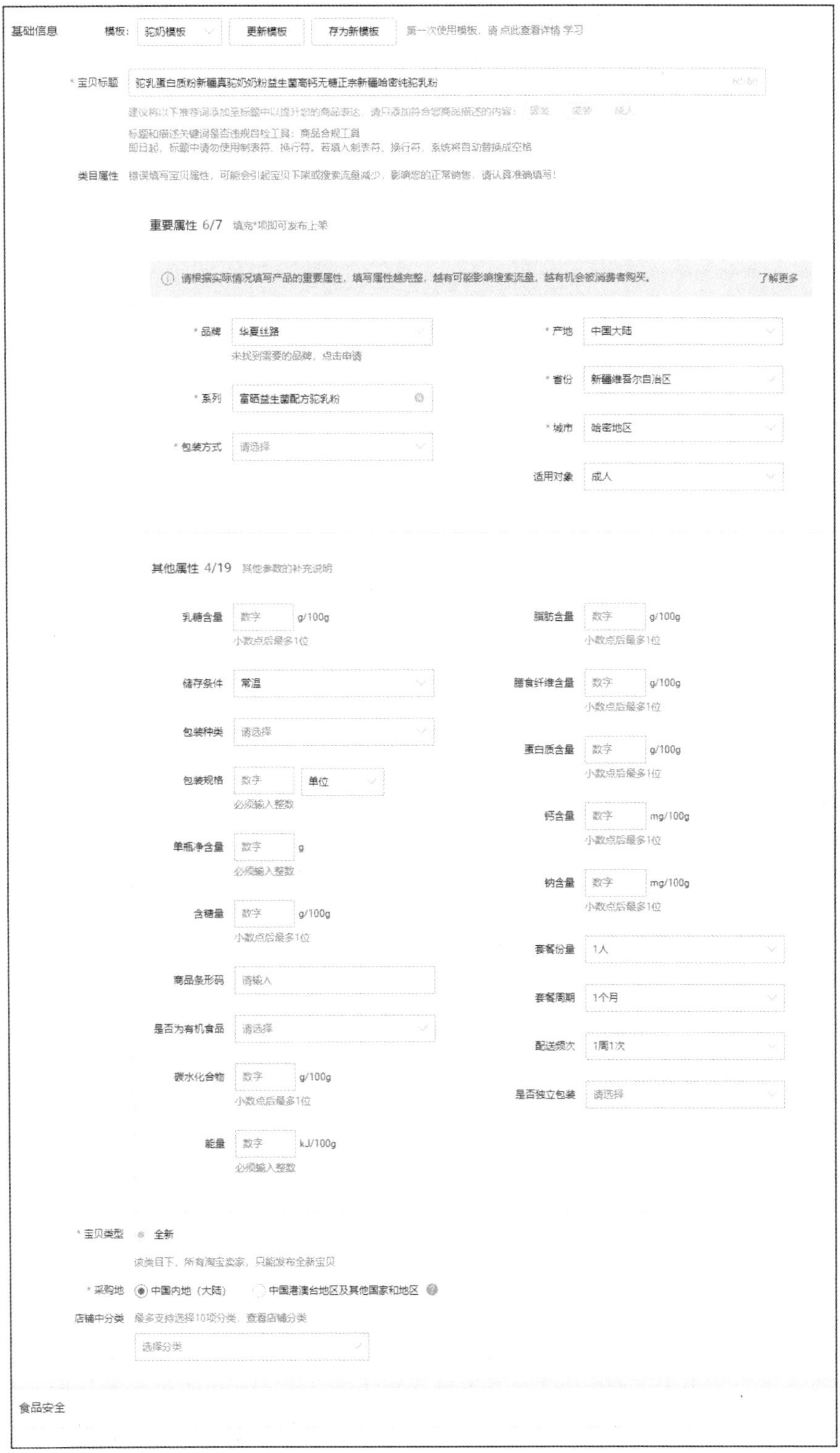
基础信息
模板：驼奶模板
更新模板
存为新模板
第一次使用模板，请点此查看详情 学习
宝贝标题
驼乳蛋白质粉新疆真驼奶奶粉益生菌高钙无糖正宗新疆哈密纯驼乳粉
类目属性
错误填写宝贝属性，可能会引起宝贝下架或搜索流量减少，影响您的正常销售，请认真准确填写！
重要属性 6/7
请根据实际情况填写产品的重要属性，填写属性越完整，越有可能影响搜索流量，越有机会被消费者购买。
了解更多
品牌
华夏丝路
未找到需要的品牌，点击申请
系列
富硒益生菌配方驼乳粉
包装方式
请选择
产地
中国大陆
省份
新疆维吾尔自治区
城市
哈密地区
适用对象
成人
其他属性 4/19
其他参数的补充说明
乳糖含量
g/100g
储存条件
常温
包装种类
包装规格
单瓶净含量
含糖量
商品条形码
是否为有机食品
碳水化合物
能量
kJ/100g
脂肪含量
膳食纤维含量
蛋白质含量
钙含量
mg/100g
钠含量
套餐份量
1人
套餐周期
1个月
配送频次
1周1次
是否独立包装
宝贝类型
全新
该类目下，所有淘宝卖家，只能发布全新宝贝
采购地
中国内地（大陆）
中国港澳台地区及其他国家和地区
店铺中分类
选择分类
食品安全

图 3-27　商品基础信息

（4）第四步，完善商品相关的食品安全信息，如图 3-28 所示。食品安全信息并非所有商品都需要填写，在商品发布时按照实际情况确定。

图 3-28　食品安全信息

（5）第五步，完善商品销售信息，如图 3-29 所示。

图 3-29　商品销售信息

（6）第六步，填写商品支付和物流信息，如图 3-30 所示。支付信息中的"售后服务"要勾选"退换货承诺"，代表"凡使用支付宝服务付款购买本店商品，若存在质量问题或与描述不符，本店将主动提供退换货服务并承担来回邮费"；在"物流信息"中要提前根据各地物流成本设置好运费模板，发布商品时可以直接使用。

（7）第七步，进一步完善商品图文描述，如图 3-31 所示。宝贝的主图视频、PC 端和手机端详情页都在这一步上传。

项目 3　店铺商品管理

图 3-30　商品支付和物流信息

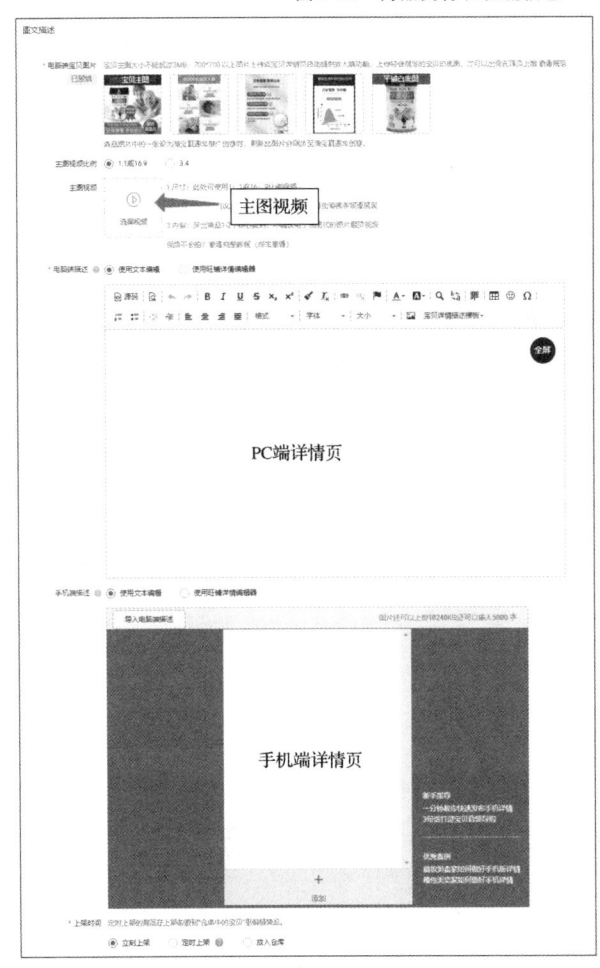

图 3-31　商品图文描述

微课：订单管理

> **电商加油站**
>
> 巧用商品模板发布商品
>
> 商品模板是为了方便店铺同类商品的快速发布,在商品基础信息和销售信息中可将同类型的内容保存为模板,在发布近似商品的时候选择用模板,则不需要重复操作。目前该功能仅在 PC 端官方发布工具中应用。

2. 宝贝上架规划

（1）上架时间

发布商品时有三种上架选择,包括立即上架、定时上架和放入仓库,如图 3-32 所示。卖家可将商品分类、分阶段、多批次定时上架,保证店铺始终有商品能够得到靠前的展现机会。

```
* 上架时间   定时上架的商品在上架前请到"仓库中的宝贝"里编辑商品。
  ○ 立刻上架    ○ 定时上架 ?    ○ 放入仓库
```

图 3-32 商品上架时间选择

（2）上架方式

利用商品上架时间的控制可以为卖家赢得更多的自然搜索流量,但是现在市场竞争十分激烈,卖家在把握上架时间的同时,还要配合相应的营销推广活动(如直通车、智钻推广等),才能达到理想的运营效果。

3. 任务评价

商品的发布和上架过程看似简单,但是在实际操作中有很多值得卖家思考和关注的细节和技巧问题。如果商品发布和上架不是冲着提升流量和成交的目的去的,那么商家发布的宝贝可能成为滞销品,反而会拉低宝贝的权重和评分。

因此,本任务要求大家在完成过程中多思考、多比较,用最优策略来完成店铺商品的发布和上架。

> **实训任务拓展**
>
> 1. 独立完成一个商品的发布过程,关注操作过程,力求做好每一个细节。
> 2. 根据自己感兴趣的行业选择一款商品,谈谈你会如何设计它的上下架时间,并说明原因。

思政专题　电商眼看中国——数字人民币来了!

2020 年 4 月 16 日,央行宣布:法定数字货币 DCEP 率先在苏州相城区落地应用,另外还会在深圳、雄安新区、成都以及未来冬奥场景进行封闭试点测试。人民币史无前例地升级为 3.0 版本,中国成为全球第一个推出法定数字货币的国家!

1. 数字人民币的形式

目前,数字货币钱包中主要包含了扫码支付、汇款、收付款和碰一碰四项应用,可以实现数字货币兑换、钱包管理、交易记录查询以及基本的付款接收和收集功能。

在试点的过程中,苏州相城区各区级机关和企事业单位,工资通过工、农、中、建四大国有银行代发的工作人员,将在4月份完成央行数字货币钱包的安装工作,其5月工资中的交通补贴的50%将以数字货币的形式发放。

2. 数字人民币和移动支付工具的区别

(1)性质不同。数字货币的范围其实非常宽泛,像比特币这种加密货币、Q币这种虚拟货币都属于数字货币。但是移动支付软件只能算作对货币的一种数字化使用方式,并不是货币形态。

(2)担保不同,安全性不同。央行的数字货币属于法币性质,具有法偿性,而我们常用的移动支付只是一种支付的方式,还是需要依赖商业银行信用和互联网大型企业的信用担保,它们之间的效力不在一个等级上,安全性也是不同的。

(3)使用环境不同。目前扫码支付的重要条件之一就是需要在网络条件良好的环境下使用,但是数字货币是不需要网络就可以进行支付的,钱包中的"碰一碰"就是克服这个问题的应用。

(4)银行卡条件不同。一般我们在使用移动支付时,需要绑定已经开户的银行卡。但是数字货币使用的电子钱包可以直接刷电子现金支付,不再需要去银行办理卡制的银行卡了,对不少消费者来说省去了很多麻烦。

(5)可追溯性不同。在有关机关严格依照程序出具相应法律文书的情况下,进行相应的数据验证和交叉比对,为打击违法犯罪提供了信息支持。即使腐败分子通过化整为零等手段,也难以逃避监管。

3. 数字人民币对世界金融格局的影响

在未来的数字化社会中,谁掌控了数据就掌控了一切。中国互联网产业非常发达,大数据涵盖几乎所有领域,国家从政策和资金层面支持企业对大数据的研发,无论是"一带一路"的顺利推进还是数字人民币的顺利落地,都意味着中国在这个全新的时代已经掌控了主动权。

项目总结

经过确定商品标题、价格,提炼商品卖点,完成商品发布和上架,小钟团队意识到原来看似简单的事情,在实践过程中也碰到了诸多问题。整个团队边做边学边问,向高年级有网店运营经验的学长请教,利用各种新型媒体查找最新资料,齐心协力克服了困难,顺利完成了对店铺商品的初步管理工作。

店铺商品管理的工作将贯穿网店运营的始终,后期小钟团队还需要密切关注店铺经营

网上开店实务

的数据,适时地优化商品标题,升级商品卖点,及时调整店铺商品结构,使网店始终保持良好的经营态势。

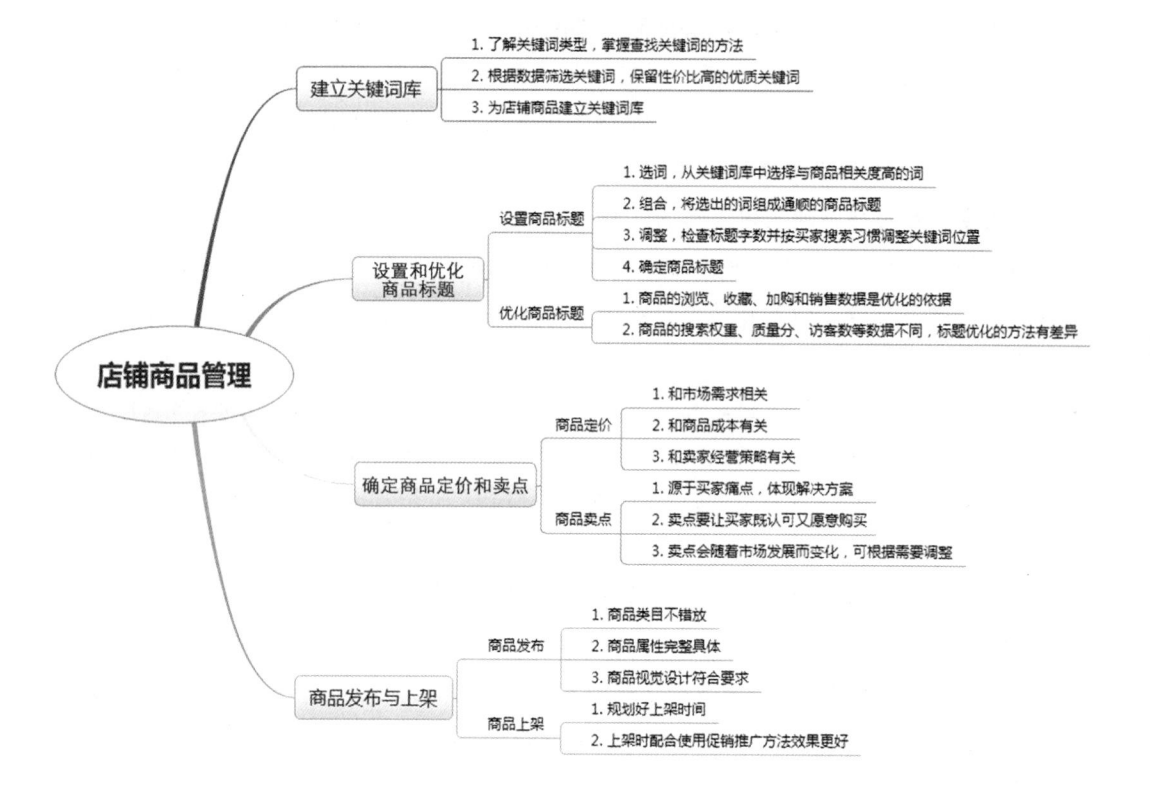

```
店铺商品管理
├─ 建立关键词库
│   ├─ 1. 了解关键词类型,掌握查找关键词的方法
│   ├─ 2. 根据数据筛选关键词,保留性价比高的优质关键词
│   └─ 3. 为店铺商品建立关键词库
├─ 设置和优化商品标题
│   ├─ 设置商品标题
│   │   ├─ 1. 选词,从关键词库中选择与商品相关度高的词
│   │   ├─ 2. 组合,将选出的词组成通顺的商品标题
│   │   ├─ 3. 调整,检查标题字数并按买家搜索习惯调整关键词位置
│   │   └─ 4. 确定商品标题
│   └─ 优化商品标题
│       ├─ 1. 商品的浏览、收藏、加购和销售数据是优化的依据
│       └─ 2. 商品的搜索权重、质量分、访客数等数据不同,标题优化的方法有差异
├─ 确定商品定价和卖点
│   ├─ 商品定价
│   │   ├─ 1. 和市场需求相关
│   │   ├─ 2. 和商品成本有关
│   │   └─ 3. 和卖家经营策略有关
│   └─ 商品卖点
│       ├─ 1. 源于买家痛点,体现解决方案
│       ├─ 2. 卖点要让买家既认可又愿意购买
│       └─ 3. 卖点会随着市场发展而变化,可根据需要调整
└─ 商品发布与上架
    ├─ 商品发布
    │   ├─ 1. 商品类目不错放
    │   ├─ 2. 商品属性完整具体
    │   └─ 3. 商品视觉设计符合要求
    └─ 商品上架
        ├─ 1. 规划好上架时间
        └─ 2. 上架时配合使用促销推广方法效果更好
```

课后习题

1. 简述商品发布的流程及发布过程中的关键要素。
2. 简述商品主图的发布要求。
3. 简述商品标题优化的方法和注意事项。

项目 4

网店活动与促销

近几年来中国的网购人群数量持续增加,但是与此同时各电商平台的卖家们却在感叹"生意越来越难做了",有很多小规模的店铺难以经营下去,都纷纷关闭了。除了市场竞争和运营成本因素外,网店卖家们营销技能的缺乏也是网店关停的主要原因之一。网店与传统的商店一样,都需要卖家的精心打理,所以卖家需要懂得运用一些必要的促销工具帮助店铺吸引流量,提升店铺的人气。

网店活动与促销是提高店铺转化率,提升买家购买欲望的主要手段,在合适的时间策划合适的促销活动能够达到吸引买家下单的目的。

知识目标

1. 了解常见的促销活动和各自特点,掌握参加促销活动的技巧。
2. 掌握参加平台大促活动的技巧。
3. 掌握开展微淘和直播营销的技巧。
4. 理解引流对店铺的重要作用,掌握常见的站内和站外引流方法。

技能目标

1. 能够根据店铺实际情况，单独或搭配使用不同促销形式提升店铺的人气。
2. 能够完成平台大促活动的报名并进行相关设置。
3. 能够为店铺和商品开展微淘和直播营销。
4. 能够利用引流为店铺带来访客，提高转化率。

职业素养

1. 具有熟练的计算机操作能力和灵活的思维。
2. 具有较强的团队意识，能够与他人配合完成工作。
3. 善于观察思考，能够根据市场变化为店铺发展出谋划策。
4. 具有严谨认真的工作作风、吃苦耐劳的工作态度。
5. 具备自主学习、更新知识、解决问题的能力。

项目描述

网店活动与促销是指通过有效的宣传手段进行网店传播的活动，目的是促成交易。简单来说，就是要让买家"知道我们"并愿意"选择我们"。网店的促销活动和方式多种多样，卖家要根据销售场景差异、商品差异、促销目标差异等进行灵活选择。

项目情境

小钟团队筹备了一个多月的网店终于开起来了，在大家的努力下网店的装修和商品发布上架工作相继完成。大家心里都清楚，从现在开始就进入了店铺正式而关键的运营时期了。在这一时期，店铺的经营效果就将正式用数据说话，店铺里的商品要正式与市场上的同类商品展开激烈竞争。小钟知道团队必须制定一套行之有效的营销策略，充分利用店铺促销工具为店铺营造热卖气氛，制造超高人气，同时利用平台每年覆盖面很广的大促活动持续扩大店铺的影响力。在店铺开展促销活动过程中还有很多东西要学，有很多工作要做，小钟团队又继续忙碌了起来……

项目实施

网店促销活动是网店经营者经常使用的一种营销方法，有力的促销措施不仅能提高商品的曝光率，还能有效地提高商品的订单量。以淘宝网为例，淘宝平台为卖家提供了多种促销工具和平台活动，有效地利用这些资源能够帮助店铺提升销量。小钟网店经营团队从了解工具入手，逐步地认识和学习它们的使用方法，最终利用它们帮助自己的店铺提高转化率，赢得更多的忠诚客户。学会网店的促销方法，积极参与平台活动可分解为以下几个任务展开：

项目4 网店活动与促销

任务1 设置店内自主促销
任务2 平台活动报名
任务3 站内引流
任务4 站外引流

微课：店内促销

任务1 设置店内自主促销

知识准备

网店运营过程中首先面临的就是流量问题，网店的流量即网店的访问量，它直接影响着网店的销量。卖家可以通过店铺营销的相关工具开展店内自主促销。

一、引流工具——优惠券

优惠券是一种虚拟的电子券，卖家可以设置不同类型、不同功能和优惠面额的优惠券，向不同等级的买家会员或新买家发放，让买家在购买过程中享受到实惠。卖家还可以通过优惠券向买家提供一些优惠措施，如包邮等。淘宝平台的优惠券包括店铺优惠券、商品优惠券和包邮券三种类型，见表4-1。

表4-1　　　　　　　　　　　优惠券分类

优惠券类型	使用范围及方法
店铺优惠券	全店通用，买家在选购完成、下单支付前可凭优惠券抵扣现金
商品优惠券	定向优惠，通常用于卖家有目的性地对店铺里的特定商品进行推广，买家可凭商品优惠券在购买特定商品时享受现金抵扣
包邮券	特色服务，买家购买全店商品可凭券享受包邮权益

以店铺优惠券为例，其设置路径为"千牛工作台"→"营销中心"→"店铺营销工具"→"店铺优惠券"。

1. 确定推广渠道

淘宝平台的优惠券有三种推广方式，分别为全网自动推广、官方渠道推广和自有渠道推广。

（1）全网自动推广。这类店铺优惠券会在宝贝详情页、购物车、天猫工具栏页面展示，领取方法简单。

（2）官方渠道推广。设置官方渠道推广优惠券要先选择一个特定的推广渠道。

设置好的优惠券会根据卖家的渠道选择在不同的区域推广，如卖家设置的阿里妈妈优惠券会自动同步到淘宝联盟平台，用于淘宝客推广，如图4-1所示。

（3）自有渠道推广。自有渠道推广有"通用领券链

图4-1 阿里妈妈优惠券

105

接"和"一次性链接"两种选择。"通用领券链接"也称为不公开优惠券,淘宝卖家可以将链接发送给买家或者放在店铺固定的页面供访客领取,该链接能复制、传播,可多次重复使用。"一次性链接"也用于站外、旺旺等自有渠道传播,但是这类链接不能复制和传播,一个链接只能供一个顾客领取优惠券,之后便失效了。

2. 完善优惠券信息

推广渠道确定了卖家设置的优惠券会在哪些渠道投放,买家可以通过哪些方式领取到优惠券,但是优惠券的具体优惠信息才是它能给卖家带来多少成交和收益的关键。

卖家可以通过"增加新面额"来设置多张优惠券,满足店铺不同的活动目标。活动目标不同,在优惠券的优惠金额、使用门槛和每人限领张数上会体现出具体差异。

> **电商加油站**
>
> **什么是低价提醒?**
>
> 有时店铺商品会同时叠加多个优惠活动,如果每个活动都优惠一定的金额,最终商品就算销售出去,也会因为到手价过低,而使店铺产生资产损失。
>
> 低价提醒就是在卖家设置活动时,系统会按他填写的低价折扣来抓取出存在风险的商品,并及时提醒卖家止损。

3. 其他优惠券设置

商品优惠券的创建方式与店铺优惠券一致,但商品优惠券只针对有限的一件或几件商品,且仅支持在无线商品详情页展示,如图 4-2 所示。若存在多张商品优惠券,则最多展示 3 张,优先展示优惠力度较大的券。

图 4-2 无线端商品优惠券

优惠券可降低商品的价格,是一种常见的消费者营业推广工具。通过设置优惠券,商家让利给消费者,刺激消费者在浏览过程中的下单,帮助商家提高消费者的下单率,从而提升店铺的 GMV。

二、提升商品转化率——单品宝

单品宝是对单个或多个商品进行促销的打折工具,它能为卖家提供更多的优惠级别、更多的展示标签,可随时暂停与重启活动,可支持库存量单位(Stock Keeping Unit,SKU)级的打折、减钱和促销价设置。

项目4　网店活动与促销

单品宝活动的设置路径为"千牛工作台"→"营销中心"→"店铺营销工具"→"单品宝"。

1. 创建活动,填写基本信息

如图 4-3 所示,活动名称只能从热门标签池中选择,如果没有合适的标签则必须提交新的标签成功后,选择使用。

图 4-3　单品宝基本信息内容

> **电商加油站**
>
>
>
> **认识 SKU**
>
>
>
> SKU 即库存保有单位,是物理上不可分割的最小存货单元。件、盒、托盘等为常见的 SKU 单位。
>
> SKU 常运用于电商行业,在服装、鞋类商品中应用最为普遍。简单来说,SKU 就是卖家产品库里的身份证号码。例如:一双鞋有五种颜色,每种颜色有三个尺码,那么这款商品就有 15 个 SKU。

2. 选择活动商品

同一个商品(同一个 SKU)最多可参加 15 个活动,但是各个活动时间不能有交集,因此本时间段已经参加了其他活动的商品就无法再参加本次活动。

3. 设置商品优惠方式

单品宝中有三种优惠方式:打折、减钱和促销价。优惠方式十分灵活。

> **电商加油站**
>
>
>
> **单品宝可以和其他优惠活动叠加使用吗?**
>
>
>
> 单品宝属于单品级营销工具,可以和店铺级(如店铺优惠)、卡券级(如优惠券、购物券)叠加使用。

4. 单品宝活动展示及效果评价

商品单品宝设置好后,在商品详情页就会体现活动价,如图 4-4 所示。优惠力度越大,

107

就越能吸引买家，从而促进商品转化率的提高。

图 4-4 单品宝活动展示

三、提升客单价，实现整体盈利

1. 满额优惠——店铺宝

店铺宝是店铺级营销工具，可针对全店商品及自选商品开展满件打折、满元减现、包邮、送赠品、送权益、送优惠券等促销活动，提供多层的优惠级别、优惠内容。店铺宝可以与单品级（如单品宝）、卡券级（优惠券、红包、淘金币等）叠加使用，创建成功后店铺宝优惠信息默认在 PC 端和无线端宝贝详情页展示。

（1）创建店铺宝活动，完善活动基本信息，如图 4-5 所示。

图 4-5 店铺宝活动设置界面

（2）设置优惠门槛及内容。如图 4-6 所示，优惠条件主要包括满件（打折）和满元（减钱），可为不同的优惠条件设置不同的折扣和减钱数额。在打折和减钱的同时还可以送给顾客优惠券、赠品和各种权益。

（3）选择活动商品和推广渠道。选择指定商品参与活动，在全店商品活动生效期内店铺新发布的商品将自动参与活动。

（4）店铺宝设置完成并展示，如图 4-7 所示。

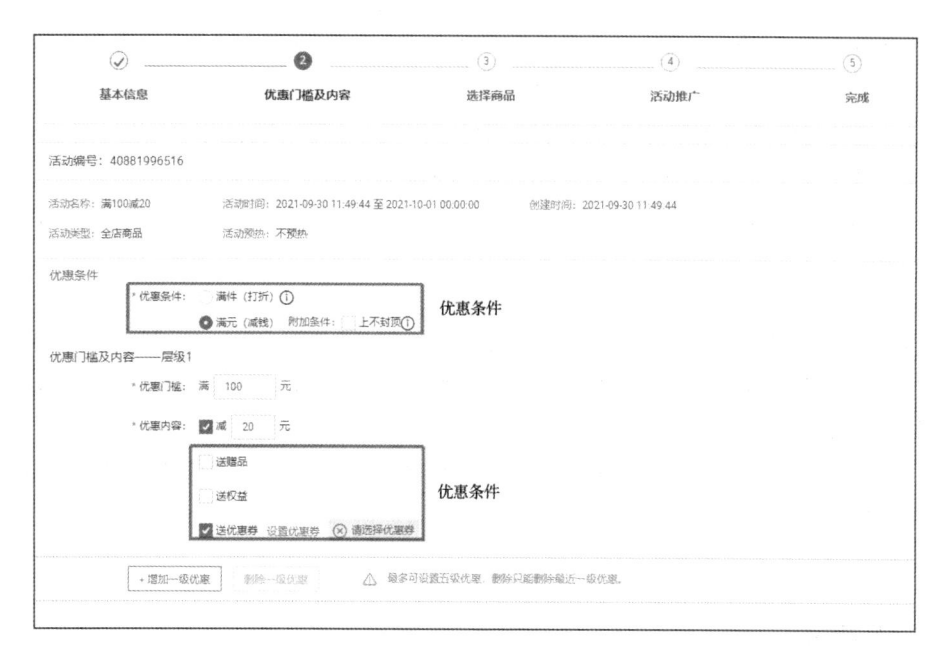

图 4-6 优惠门槛及内容

图 4-7 店铺宝活动在商品详情页展示

2. 商品导流利器——搭配宝

搭配宝是淘宝店铺内的商品关联搭配工具,它的智能算法可以为顾客推荐适合的搭配商品,提升客单价和转化率。搭配套餐是将几种商品组合在一起设置成套餐来销售,通过促销套餐可以让买家一次性购买更多的商品,提升店铺销售业绩,提高店铺购买转化率,提升销售笔数,增加商品曝光力度,节约人力成本。

搭配宝设置路径为:"千牛工作台"→"营销中心"→"店铺营销工具"→"搭配宝"。单击"立即创建"后,经过"选择商品""设置套餐""设置优惠"三个步骤完成设置并最终投放。搭配宝默认在 PC 端和无线端的商品详情页显示,如图 4-8 所示是 PC 端的展示效果。

图 4-8 搭配宝活动 PC 端展示效果

使用淘宝搭配宝需要注意以下问题:

(1)数量限制。商品最多可以设置 50 个搭配促销套餐。

(2)定价问题。搭配套餐的总定价要低于单个宝贝原价的总和。如果搭配总价高于单个宝贝原价总和,系统将自动按原价总和销售。

(3)搭配套餐的商品关联性要强。搭配商品时要注意商品结构,关联性一定要强,否则强制搭配套餐不仅不会带来有利的结果,反而可能会降低买家的购物热情。

利用搭配套餐可以让订单量和店铺人气双重增加,事半功倍。利用搭配套餐组合商品的价格优势,可以让更多进店的人购买店铺商品。

除了以上详细介绍的店铺优惠券、商品优惠券、单品宝、店铺宝和搭配宝等,平台还准备了其他丰富的促销工具,如购物车营销、心选、裂变优惠券等,卖家可以根据促销目的、店铺经营、商品性质等的不同有针对性地选择,从而实现店铺和商品的推广,提升商品整体交易额,帮助卖家盈利。

每个营销工具的侧重点都是不一样的。无论用哪种促销方法都要关注活动数据,合理科学地评价促销活动的开展效果。店铺的营销方法也需要多样化,这样才能吸引流量,提升店铺的综合实力。

实战指引

网店促销对于卖家们而言是一种非常快速获得流量和客户的方式,因此,市场上为卖家提供的促销工具让人眼花缭乱。那么,卖家如何能够合理地利用这些工具为自己带来最大的收益,实现更高的性价比呢?

1. 分析店铺现状

店铺经营现状是确定使用何种促销活动的基础和关键,店铺经营的商品类别不同,开店时间长短不同,在经营中碰到的问题不同,在促销活动中的方法和技巧一定有区别。

为了更好地了解店铺的经营现状,可以从以下几方面对店铺进行分析:

(1)展现量

展现量是一段时间内宝贝获得的展现次数,即宝贝发布完成后,当顾客搜索商品关键词时,宝贝展现出来被客户看到的次数。一般来说,宝贝的自然搜索排名越靠前,宝贝得到展现的机会就越大。

提升展现量是店铺后续提高点击率和支付转化率的基础,做好宝贝标题、优化提高自然搜索、规划时间持续进行商品发布和上架等都是提高展现量的好方法。

(2)点击率

点击率是一定时间内宝贝被点击的次数占宝贝展现总次数的百分比(点击率=点击量/展现量)。将展现量转化为点击量的要诀是宝贝主图和商品选款有足够的吸引力,只要卖家在宝贝展现中能够勾起顾客的好奇心,那么就有希望收获高点击率。如果宝贝有展现但是没有点击,就会导致点击率过低,就要在宝贝的优势、差异化卖点、营销活动定价和主图视觉呈现上找原因了。

(3)转化率

转化率是所有到达店铺并产生购买行为的人数占所有到达店铺的人数的比率。计算方法为:转化率＝产生购买行为的客户人数/所有到达店铺的访客人数×100％。影响转化率的因素有宝贝描述、销售目标、宝贝评价、客户服务等,它已经不仅是一个数据指标,其本质是用户体验的真实反映。

转化率过低会使店铺现金流短缺,因此要利用优惠活动、关联营销和做好落地页等方式引导顾客消费,提升转化率。

> **电商加油站**
>
> **什么是落地页?**
>
> 落地页,顾名思义就是当访客来访时第一个见到的页面,其目的十分单纯,那就是提高转化率。落地页是帮助卖家将访客转化为顾客的高效工具。通过使用落地页,可以促成一笔交易,传播促销活动,提供信息并获取访客联系方式。
>
> 体现和了解客户真正的需求是落地页设计的真谛。

(4)纠纷率

纠纷率是售后产生的利益损失或潜在损失占销售收入的百分比,它在一定程度上表现为买家的满意度。店铺的 DSR 评分、退换货流程、客户投诉处理都会在客户满意度中体现。纠纷率过高,则说明店铺在这几个方面都有改进的空间。

(5)复购率

复购率指之前已经在店铺有过交易记录的老客户再次进店购买商品的比率。老客户的正面口碑传播能够极大地降低卖家的获客成本。卖家可以通过运营社群的方式进一步增强客户的黏性。

从以上几个维度分析后,找到店铺或商品的问题,才能有针对性地制定策略来解决问题。

2. 制定促销策略

制定促销策略前要了解常见促销活动的功能和具体做法,才能按照店铺的需求灵活搭配使用,让促销工具发挥最大作用。如表 4-2 所示就是遇到店铺常见问题时可以参考的解决办法。

表 4-2　　　　　　　　　　店铺促销策略

店铺类型	常见问题	促销目的	参考方法
初创店铺	展现量低,访客少	提高宝贝搜索排名和展现量,拉新增加访客量	优化主图呈现 优化关键词和标题 免费试用活动口碑宣传和新人折扣活动等
老店	新客少,复购率低、转化率偏低等	增加新客户,提升老客户的复购率,提升店铺整体销售额	设置店铺拉新活动,如新人折扣、裂变优惠券等 发放老客户关怀优惠券,提供专属优惠 单品宝、店铺宝、优惠券活动等

以上策略仅供大家参考,实际中要根据分析结果进行精准的促销策略制定。

3. 效果评价

无论卖家设置多少个促销活动,只有活动产生效果才能帮助店铺提升,因此,卖家在促销活动开展后一段时间内要查看相关数据,如图4-9所示。促销活动进行中或结束后,卖家均可以查看活动数据来评估活动效果,如果不妥要及时做出调整。

图4-9 某单品宝活动数据

实训任务拓展

1. 为店铺的宝贝设置一个单品宝活动:SKU级6折优惠的日常活动,商品包邮。
2. 找到一家淘宝店铺,从访客量、宝贝销量、收藏人数、买家评价等你能获取的信息入手分析店铺的现状和问题,推荐适合的促销活动,帮助店铺解决问题。

思政专题　电商眼看中国——《中华人民共和国个人信息保护法》通过,新时代来临!

2021年8月20日,广受中外关注的《中华人民共和国个人信息保护法》(以下简称《个人信息保护法》)由第十三届全国人大常委会第三十次会议正式通过,于2021年11月1日起施行。这标志着翻开了我国个人信息立法保护的历史新篇章,也是全球个人信息法治发展的重大里程碑。这也意味着,个人信息安全自此有了法律安全锁。

1.《个人信息保护法》的关注点

(1)禁止大数据杀熟。相关法律条文规定,个人信息处理者利用个人信息进行自动化决策,应当保证决策的透明度和结果公平、公正,不得对个人在交易价格等交易条件上实行不合理的差别待遇。

(2)拒绝推送个性化广告。相关法律条文规定,通过自动化决策方式向个人进行信息推送、商业营销,应当同时提供不针对其个人特质的选项,或者向个人提供便捷的拒绝方式。

(3)过度收集个人信息违法。相关法律条文规定,任何个人不得非法收集、使用、加工、传输他人个人信息,不得非法买卖、提供或者公开他人个人信息。

(4)公共场所人脸信息规范采集。相关法律条文规定,在公共场所安装图像采集、个人身份识别设备,应当为维护公共安全所必需,遵守国家相关规定,并设置显著的提示标识。

所收集的个人图像、身份识别信息只能用于维护公共安全的目的,不得用于其他目的;取得个人单独同意的除外。

(5)禁止不同意提供个人信息就拒绝服务。相关法律条文规定,个人信息处理者不得以个人不同意处理其个人信息或者撤回同意为由,拒绝提供产品和服务;处理个人信息属于提供产品或者服务所需的除外。

以上列举的五点,与我们的现实生活息息相关。随着《个人信息保护法》的施行,个人信息安全将会迈上一个新台阶!

2.《个人信息保护法》实施后的变化

对个人来说,此前遇到的种种信息安全问题,都会随着《个人信息保护法》的实施而慢慢被缓解乃至消除。对很多互联网企业来说,也将进入一个全新的阶段。其中影响最大的一点,便是千人千面算法机制功能被削弱。

千人千面不仅适用于电商平台、短视频平台,而且很多资讯、工具类平台,也会根据用户习惯设置相应的个性化推荐,进而增加用户的使用和停留时间。

3.浙江等电商发达省份积极响应

浙江省十三届人大常委会第三十一次会议审议了《浙江省电子商务条例(草案)》(以下简称《条例》草案),自2022年3月1日起施行。

(1)拒绝大数据杀熟。同样的交易,为什么有的人显示的价格高,有的价格低?可能是经营者通过技术手段,实行了大数据杀熟。

《条例》草案明确,电子商务经营者不得利用大数据分析、算法等,对交易条件相同的消费者在交易价格等方面实行不合理待遇。违反规定,构成滥用市场支配地位行为的,将依照《反垄断法》等有关法律、行政法规处罚。根据《反垄断法》,滥用市场支配地位的,不仅要没收违法所得,还要处上一年度销售额最高10%的罚款。

(2)不得恶意拦截、覆盖内容或屏蔽链接。聊天时,收到的购买链接怎么打不开,被屏蔽了?

《条例》草案指出,经营者在电子商务相关活动中不得单独或者会同他人,从事不正当竞争行为。比如通过恶意拦截、过滤、覆盖内容或者屏蔽链接等方式,破坏、妨碍其他电子商务经营者合法提供的网络产品或者服务正常运行的均属不正当竞争行为,都要依据《条例》草案进行处罚。

(3)网络餐饮视频化,外卖需封口。外卖需求一直都有,而如何保证饮食安全,一直是大家关注的话题。

《条例》草案明确,以后经营者信息页面的显著位置应以视频形式实时公开食品加工制作现场,并使用封签对配送的食品予以封口。没有封口或者封口损坏的,外卖配送员有权拒绝配送,消费者有权拒绝签收。

(4)直播带货,谁负责审核?社交电商、直播带货已成趋势,很多人会选择在看直播时买东西。直播内容是否合规,链接商品是否合格,也是大家首要关心的,《条例》草案对此做出了规范。

《条例》草案规定,直播间运营者、直播营销人员应当对电子商务经营者提供的直播内容予以审核,并对直播内容与所链接的商品或者服务是否相符予以核验。直播间运营者、直播营销人员对违反法律规定、违背公序良俗以及与所链接的商品不符的,不得进行直播。否则将被处以最高 10 万元罚款;情节严重的停业整顿,最高罚款 50 万元。

电商行业的出现丰富了购物体验,但是电商卖家在规范性经营意识上还有待提高。近年来,《电子商务法》《个人信息保护法》等的颁布和实施对电商行业有了示范性的引导作用,对行业合法合规发展大有裨益。

任务 2　平台活动报名

知识准备

微课：平台活动

随着电子商务的持续发展,活动大促已经形成常态化。活动大促不仅能够满足买家的购物需求,还能扩大品牌宣传,帮助店铺创造营销数据,提高店铺的营销业绩。

一、认识平台活动

平台活动已成为各电子商务平台竞争的重要手段,当前电商大促活动主要有年中大促("618"年中大促)、"双 11"大促、"双 12"大促、年货节等。

1. 官方大促

淘宝网每年的官方活动不少于 20 次,几乎每个月都有活动。活动根据力度和折扣不同而有不同的分级。

(1)超级促销

淘宝每年有三次超级促销,折扣力度全年较大,分别是"618"年中大促、"双 11"、"双 12"购物节,如图 4-10 所示。

图 4-10　淘宝平台超级促销

三次大促已经成为各大电商网站的重要节日,活动从商家报名、活动预热到活动开启前后会延续大概一个月时间,平台和商家折扣较大,参与活动的商品涵盖各行各业。"618"年中大促是电商行业上半年重要的活动,"双 12"活动最初是"双 11"活动的返场,在这一段时间里经常都会制造"全民抢购"的局面。

(2)其余官方大促活动

除了三次超级促销,电商还会根据日常生活中的节日活动或季节更替等,配合开展很多官方促销,促销力度与相关节日和商品类别相关。例如,中秋节属于我国的传统节日,大家在中秋佳节都要食用月饼等传统食品,这时食品礼盒类商品促销力度较大。常见的官方大促活动见表4-3。

表 4-3　　　　　　　　　　常见的官方大促活动

活动名称	活动时间	促销范围
年货节	1~2月	全品类促销,具有传统民俗文化特点的各种特色年货促销力度大
开学季	2月	文具类商品打折力度大
春季新风尚	3月	春季新风尚主要是换季上新活动,以促销春、夏新品为主
出游季	4月	与春游有关的服装、用具有较大折扣,其他品类也会参与活动
母亲节、父亲节	5月	促销以送给父母或长辈的礼品类为主,涉及的品类有服装、食品、健康类体检项目等
端午节	6月	为中国传统节日而设的购物节,端午礼盒优惠力度大,其他品类也不同程度参与活动
游泳节、运动会	7月	促销商品大多和运动有关
七夕情人节、秋冬上新	8月	促销力度最大的为女装、鞋包、化妆品等 准备秋、冬季的新品优惠活动
结婚季、99品牌聚惠	9月	婚礼用品有低折扣促销 相关的品牌都会加入促销活动中
国庆大惠战	10月	国庆期间的大型促销活动全品类商品都会参与
火锅节	11月	与火锅或秋冬季饮食相关的商品促销力度大
滑雪节	12月	健康是多数人的诉求,冬季运动也成了大家关注的焦点,本月有和冬季冰雪运动相关的促销

大促活动的时间会早于节日到来的时间,所以,卖家需要提前了解并做好充分的准备,参与活动并利用活动为自己的店铺和商品造势。

2. 平台营销活动

大促活动的促销力度较大,虽然能吸引众多客户和流量,但未必适合所有卖家,因此除了官方相对固定的大促活动以外,还有很多参与方式比较灵活的营销活动作为补充。

(1)聚划算

聚划算是淘宝打造的一个区域化团购运营平台,以限时特惠的体验式营销,聚焦热点消费,挖掘源头高性价比好货,打造品类爆款,推动品牌创新提效,吸引着众多卖家、买家的目光。聚划算的团购频道有城市团购、聚定制、品牌团、整点聚、聚名品、聚家装和生活汇等,其优势在于不仅有淘宝网庞大的购物群体为基础,而且有淘宝网平台的商家支持。通过聚划算购买商品能够享受非常优惠的活动价,如图4-11所示。

网上开店实务

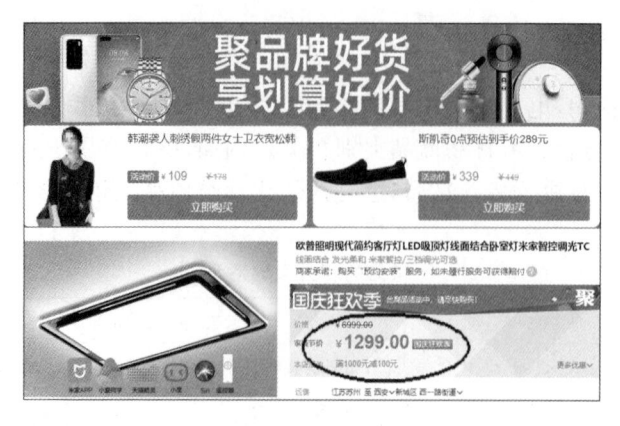

图 4-11 聚划算活动

卖家要参与聚划算活动必须满足以下条件：

对店铺的要求：

①集市店（C店）必须为三钻以上并加入消费者保障服务的店铺（化妆品店铺必须加入假一赔三），好评率＞98%。

②商城店（B店）综合动态评分为4.5分及以上，宝贝与描述相符项为4.5分及以上。

③店铺不得在处罚期，不得涉嫌信用或交易炒作。

④店铺有较强运营能力，承诺遵守聚划算活动卖家服务规则。

对宝贝的要求：

①原则上要求单个报名宝贝的库存数量在1 000件及以上（部分情况可酌情降低）。

②报名团购价需是非营利性体验价，需在同等商品中达到最大限度的低折扣。

③报名团购价根据类目不同有不同的折扣要求。

④宝贝一个月内销售记录需在10个及以上。

(2) 天天特卖

天天特卖是以扶持中小卖家为宗旨的官方平台，扶持对象为淘宝网集市店铺，为它们提供营销渠道，通过低价实惠获得流量。天天特卖频道目前有类目活动、主题活动、底价清仓、10元包邮4大块招商。天天特卖类目活动为日常招商，每周还会有不同的主题活动，如图4-12所示。

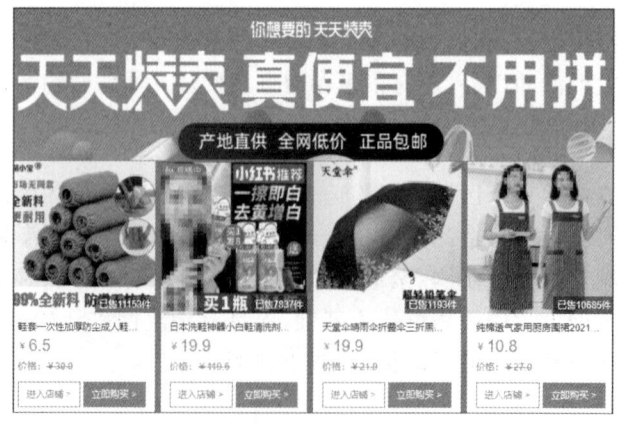

图 4-12 天天特卖活动

天天特卖致力于为消费者提供更具性价比的商品和更便捷安心的购买体验,参加天天特卖的活动商品可在全渠道享受面向目标人群的流量扶持。报名参加天天特卖的店铺只要加入淘宝消费者保障服务,信用等级为一钻及以上,近半年店铺动态评分三项指标均不低于4.6分,店铺开店时间在90天及以上即可。由于天天特卖的价格低、销量大,所以报名商品的库存数量下限为500件,近30天的销售件数必须在10件及以上,卖家需要将该商品的全部SKU报名活动,同时商品必须包邮。

与其他活动相比,天天特卖的招商门槛是比较低的,对于中小卖家来说非常友好。如果店铺能够参与天天特卖,那么店铺的销量和权重会飞速提高,所以卖家应该积极报名参与天天特卖活动。

3. 行业活动

行业活动是针对同一行业开展的行业频道和行业主题活动。每个一级类目都有属于自己的行业频道,频道内会有固定的频道活动及不定期的主题活动,如图4-13所示。

图 4-13 行业活动

报名行业活动的规则相对灵活,会根据本次活动涉及的行业和商品对商家的DSR(Detail Seller Rating)评分、店铺扣分情况、虚假交易扣分、有无严重违规等做出相应的要求,只要符合活动的要求即可报名参加行业活动。

> **电商加油站**
>
> ### 店铺 DSR 评分
>
> 店铺DSR评分不是一个简单的分值,而是通过宝贝与描述相符、卖家的服务态度、物流服务的质量组合而来,每项店铺评分取连续六个月内所有买家给予评分的算术平均值。
>
> ①宝贝与描述相符反映的是店铺的产品质量是否过关,主图和详情描述是否和实物相符等。
>
> ②卖家的服务态度反映的是团队的综合服务水平及客户的满意度。
>
> ③物流服务的质量反映的是物流的整体水平,包括发货速度、到货时长、客服服务态度、物流人员的服务能力和服务态度等。

一般卖家不会一次参与所有活动,要想取得好的效果必须有步骤、有层次地进行,具体要根据网店实际情况来决定。刚开始,卖家可以积极参与行业类目活动,提高网店基础销量,因为这类活动主题和引入人群相对精准,前期参与行业活动可以带来较好的转化,网店基础销量、店铺动态评分都可以得到很大的提升。然后,卖家可以关注有效的营销活动(如天天特卖、聚划算)来提升销售额,打造爆款,引入多样化流量,使网店流量稳定增长。最后,如果前两个类别已经为店铺积累了很好的人气和条件,那么后续店铺就可以参与平台重要的官方大促活动,使店铺取得更大的流量、更高的销售额和更长远的发展动力。

二、报名参加活动

1. 活动报名的基本流程

平台为不同等级和不同规模的卖家提供多种活动,帮助它们实现不同的促销目的。活动报名的基本流程如图 4-14 所示。

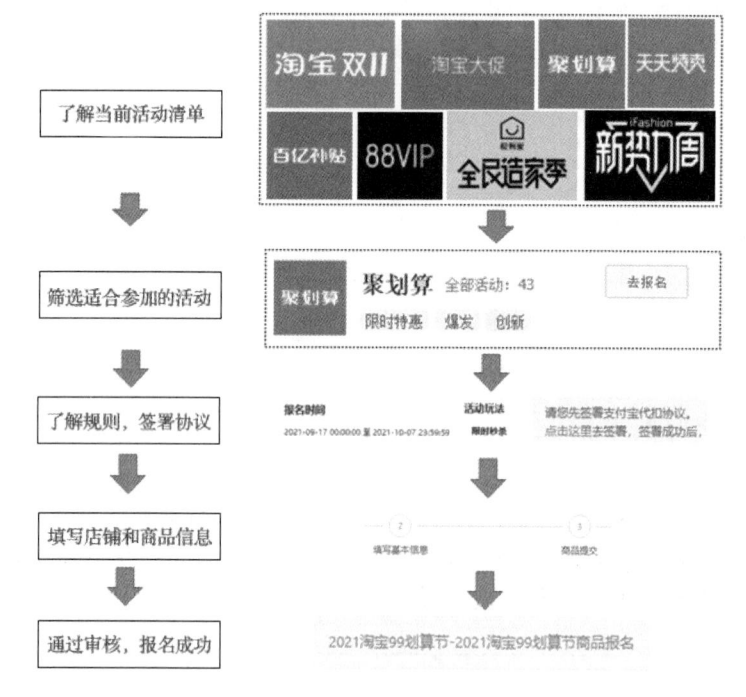

图 4-14　活动报名的基本流程

(1)登录千牛工作台,进入活动报名入口。在官方营销中心显示的是当前平台正在进行或已经结束的所有活动。由于每类活动对参与的类目和店铺有具体的要求,因此不是每一项活动都能参加。

(2)在搜索栏搜索店铺商品所属的类目,就会筛选出符合店铺参加的活动了。卖家再从中选择适合店铺参加的活动,点击"去报名",就能进入报名页面。

(3)详细了解活动规则、参加条件、活动玩法等,并与平台签订支付宝代扣协议。

(4)填写相应的店铺报名信息,按页面要求提交相应的信息和标志、图片等;进入商品报名页面,选择系统推荐商品,从可报名本次活动的商品中做出选择,填写好相应的信息及图片,提交,等待审核。

(5)平台审核店铺资质和报名商品条件无误后,就显示通过审核。在"已报名活动"中可以看到已报名成功的活动,卖家根据活动要求进一步编辑商品信息。

2. 做好大促活动的技巧

大促活动看似简单,但要做好大促活动是一件复杂又琐碎的事情。降价、打折、清仓这些也只是大促的一种手段,任何一次电商活动都不是单纯的促销,要想做好一次大促活动,卖家需要做好多个方面的工作。

(1)活动前——明确目标,做好规划

首先,在店铺报名参加活动后要及时确定参加活动的商品。卖家可以从5个维度来进行大促活动选品,如图4-15所示。通过分析行业数据、竞争对手店铺相关数据,再结合自己店铺内的数据,卖家自然而然地就能生成自己的选品。当然,卖家也可以通过大促活动来推广新品,但要提前准备上新,为新品集聚流量,制订销售计划,千万不要浪费活动的流量,争取实现在活动中带动新品破零。

其次,做好活动期间商品及店铺的视觉设计和优化,包括制作活动推广图、活动入口图、活动商品主图、活动

图 4-15 活动商品的选品特征

商品详情页等,完成这些工作后还要对视觉优化的效果进行审查,以免出现少图或视觉效果不佳等情况。当整体页面设计好之后,需要对页面上的所有信息进行核对,方案里提及的活动是否有展示出来,活动信息的利益点、注意事项是否有充分展示,让人一目了然。在视觉设计上每个细节都不能忽略,细节处理得好,自然页面也就会更加丰富多彩,因为有亮点可看,不会乏味。

最后,大型活动要保证库存量充足,以免出现活动当天因为备货量少、商品脱销而无法发货、退款率上升等情况。此外,卖家要提前做好客服培训,客服人员必须了解大促活动的各项规则和细节,明确整个活动的概况和需要注意的地方,以便更好地完成客服工作。

电商加油站

参加大促要注意的问题

1. 商品会有跨店满减,一定要控制好成本,不要亏本。
2. 有叠加优惠的,记得活动开始前一定要反复检查活动价格和优惠设置。
3. 活动可以撤销,要先撤销活动商品再撤销活动。
4. 大促开始前不要放松对活动商品的推广。

(2)活动中——监测活动数据,积极应对意外状况

对中小卖家来说,大促活动期间需要做的就是两件事:一是实时监测活动数据变化;二是针对活动中出现的一些意外状况,立即做出恰当的反应。

由于大促活动的实时数据涉及范围比较广,因此卖家需要在活动进行过程中根据店铺

具体情况做出调整行动。活动中可能会出现的意外状况,通常来说主要有三种:一是流量高,但转化率低;二是转化率高,但流量低;三是活动商品销量高,但关联商品销量不理想。针对这三种状况,卖家可以从不同的角度来应对,见表4-4。

表 4-4　　　　　　　　　　　大促活动中的意外状况及应对措施

意外状况	应对措施
流量高,但转化率低	查看其他卖家同类型商品的销售情况,分析整个市场的行情走向。分析是否自己商品的质量、定价不具备优势
转化率高,但流量低	考虑是否自己的营销策略或商品视觉呈现存在不当之处。如果不能排在页面靠前的位置,商品所获得的展现机会就会比别人少,随之流量也不大
活动商品销量高,但关联商品销量不理想	分析自己的关联商品与活动商品搭配使用率是否足够高,建议选择活动商品的同类商品作为关联商品

(3)活动后——进行活动总结

活动结束并不意味着真正的结束,卖家需要对整个活动进行回顾和总结。总结内容包括对活动效果的回顾和对参与活动的工作人员表现的总结,见表4-5。

表 4-5　　　　　　　　　　　　活动总结的内容

活动总结分类	总结具体内容	相关关键指标
活动效果	店铺活动商品的总结	活动商品流量、销售量、利润、关联商品销售量、转化率、回购率等
	竞争对手单品数据收集	竞品的流量、销售量、利润、关联商品销售量、转化率、回购率等
	竞争店铺数据收集	竞争店铺的活动商品选择、商品流量、销售量、客单价、转化率、回购率等
工作人员表现	店铺推广人员	店铺营销策略制定是否恰当; 活动期间各阶段主要工作的计划和完成情况; 与其他各部门之间的配合与协调
	视觉设计人员	活动商品主图设计是否体现活动主题,是否有吸引力; 活动页是否醒目; 是否根据活动时段更换营销内容
	客户服务人员	首次响应时长、服务人次、纠纷率、好评率、与其他各部门之间的配合与协调等
	物流仓储人员	商品打包情况、发货情况、商品采购补货情况、与其他各部门之间的配合与协调等

对工作人员表现的总结还包括分析在整个活动过程中哪个环节的衔接不够完善,然后有针对性地对其进行调整。

在对活动效果的总结中,针对竞争对手单品和店铺的数据收集,卖家要根据自己的需要来进行。为了更好地保证活动效果,卖家还可以找一些比自己综合排名高的店铺来分析它们的活动数据,学习对方的优势,以提升自己的经营能力。

实战指引

随着电商行业竞争的日趋激烈,淘宝大促活动对店铺的要求越来越高:一方面是各平台的流量有限,要把优质的资源给优质的客户;另一方面是需要给客户好的体验,把客户尽力留在淘宝。因此,有机会参加大促活动的卖家要周密计划,做好店铺和商品的视觉呈现的同时,充分利用活动的机会,让店铺展现更好的状态,吸引更多的买家。

店铺如果已经具备某个活动的报名和参与资格,那么店铺就要有策略地开始准备工作,具体可以分为以下步骤:

1. 制订活动计划

卖家制订活动计划要明确本次大促活动的目标、主题、时间和内容,作为活动的指导性纲领,使后续工作有据可依。

(1)卖家参加促销的目标如图4-16所示,需要根据每次参加的活动确定核心目标。如参加淘宝大促活动的目标为提升销售额和品牌知名度。

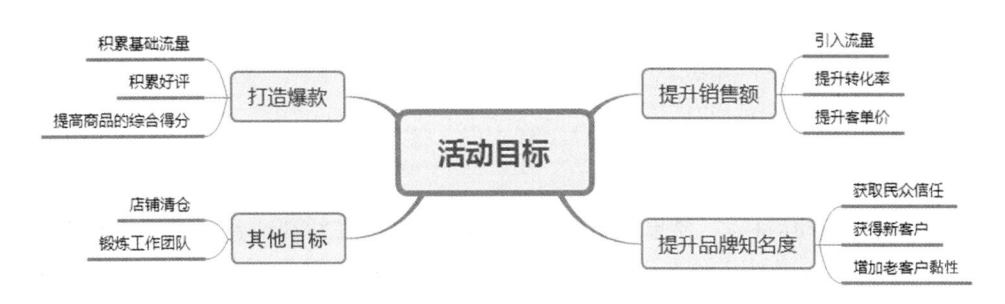

图 4-16　活动目标

(2)活动时间也要进行良好的控制,一般活动时间不宜太短,也不能太长,一般为3~7天。太短了没有预热,影响活动效果。太长了,用户没有紧迫性,导致转化率低,流失率高。参加淘宝的大促活动时店铺活动的时间需要与官方同步甚至比官方提前,否则容易错过大盘流量。尽量避免在同一时间开展多个活动,否则可能会引起混乱,影响买家对卖家的信任度。

(3)参加大促活动时也要为活动确定内容核心点。任何活动都会以一定的形式呈现在买家面前,卖家可以任意搭配形成有效的促销策略供活动使用。活动的具体形式如图4-17所示。

图 4-17　活动的具体形式

2. 实施活动计划

在活动正式开始前,团队还有很多具体的工作要做,具体包括以下内容:

(1)人员分工

工作人员是活动具体的执行者,合理地进行人员分工可以为活动打下良好的基础。店铺的员工在参加大促活动时都有着自己的责任和具体工作,见表4-6。

表 4-6　　　　　　　　　　　活动中的人员分工

职 位	工作范围和职责
运营店长	分解活动目标并监督活动各环节的执行 确定活动主推产品、关联产品,并确定活动价格 活动前培训,活动后总结分析
美工设计岗位	首页设计、活动页设计、商品详情页设计 推广宣传用图设计
运营推广岗位	推广和活动报名
客户服务岗位	快捷短语设置、话术整理 客户接待推荐、售后服务
仓储物流岗位	联系供应商备货、准备辅料 根据订单配发货 物流对接

(2)宝贝选款

产品是促销活动的核心,要想活动取得好的效果,卖家在活动选款上要下一番功夫。在选择活动款的时候,主要选择人气高、好评率高、转化率高以及库存充足的宝贝,体现出热卖、价优以及应季等特点,这样不仅能够提升活动的通过率,同时能够保证销售效果。在优惠策略上,也应该根据卖家选择的宝贝不同而有所差异,例如卖家上报的产品是平时销量比较高的,那就可以采用限量的方式;如果商品销量一般,采用限时的方式效果更好些。

(3)宝贝优化

在活动之前,卖家还需要做好一系列的宝贝优化工作,宝贝的标题、关键词、主图、细节图以及详情页等都是优化的重点,活动主题鲜明,突出宝贝的亮点和卖点;做好关联销售,增加客户的购买欲;在注明了活动的结束时间之后,还需要营造出抢购的气氛,尽可能地提升宝贝的转化率。

值得注意的是,移动端主图和详情页优化是重中之重。据统计,当前移动端的流量通常是电脑端的几倍之多,因此,在做详情页优化的时候,主要是关注手机淘宝上面的详情。在做电脑端的优化时,因为流量有限,加载速度慢,内容一定要足够精简,和产品本身无关的图片都要删除,让有价值的内容凸显出来。

(4)活动预热

在活动开始之前的一到两周进行预热为佳。预热时可以采取以下方法:通过低价秒杀、下单有礼等吸引流量的优惠活动预热,提升顾客的积极性;进行优惠券预热,提前发放相关优惠券,力度稍微比平时大一些;提前发送短信或邮件提醒用户,吸引他们购买。

活动力度并不是越大越好,要结合自身店铺的情况,例如非品牌类的产品采用1到2折的优惠,也不会掀起太大的波澜,但如果是知名品牌做相同力度的优惠活动,那火热的抢购场面是可以预想的。

(5)运营推广

准备参加活动的宝贝在大促开始前要先用其他推广方式,提升宝贝销量和质量分,为大促期间宝贝的排名抢占更好的位置。推广时要将活动主题和卖点告诉消费者,让消费者觉得活动力度大,产品值得购买。常见的推广方法如图4-18所示。

图4-18 常见的推广方法

(6)确保后勤服务

在活动之前,还需要检查所有与活动相关的工作是否安排妥当,针对可能出现的售后问题,想好对策,安排好处理人员。

(7)活动执行

要保证大促活动的安排能够有序实现,可以制定活动推进时间表,确定每个工作人员的工作职责、明确工作任务和交付时间等,见表4-7。每个工作人员可以参照活动推进时间表开展工作,最大限度保证任务的完成。

表4-7 某店铺大促活动推进时间表

类别	数量	备注	分工	手机/手淘	PC	开始时间	定稿时间	上线时间	责任人	审核人	完成
店招	1	淘宝"双11"大促店招作图	文案			9月18日	9月25日	9月26日	张XX	刘XX	□
			美工		1920*120	9月18日	9月25日	9月26日	张XX	刘XX	☑
					……						
活动关联图片	1	PC	文案			9月18日	9月25日	9月26日	王XX	刘XX	☑
			美工		790*400	9月18日	9月25日	9月26日	王XX	刘XX	☑
优惠券图片	1	与详情页入口图一起排版	文案			9月18日	9月25日	9月26日	张XX	刘XX	☑
			美工		1920*400	9月18日	9月25日	9月26日	张XX	刘XX	□
客服		9月20日	活动内容告知	见活动内容详情		9月20日	9月24日	9月25日	秦XX	秦XX	☑
			快捷回复设置	参考活动内容详情		9月20日	9月24日	9月25日	秦XX	秦XX	☑
运营		活动前	图片上线	无线首页、详情页图片	PC首页、专题页、详情页	9月18日	9月25日	9月26日	刘XX	刘XX	☑
		活动中	监控状态	监控活动状态、及时调整		10月20日-11月11日			刘XX	刘XX	
		活动后	图片下线	下线相关图片		10月26日	11月10日	11月11日	刘XX	刘XX	☑
			促销下线	下线促销设置		10月26日	11月10日	11月11日	刘XX	刘XX	□

3. 活动评估与复盘

活动评估与复盘的目的在于对本次活动中做得有所欠缺的地方进行讨论和分析,避免下一次再出现类似的问题,同时也为下一次的活动提供更好的指导。在对活动效果进行评价时,可以参考以下指标,见表4-8。

表 4-8　　　　　　　　　活动评价指标集合

指标类别	比较维度	主要指标	备注
活动业绩比较	与同期对比	同比增长	同期活动力度、方式不同,一般会翻倍增长
	与前期对比	环比增长	销售的大环境基本一致,对比效果较好
	与目标对比	目标完成率	取决于目标值的设定,主观影响大
	与前档活动对比	优劣势对比	类似活动间对比,可提出改进措施
消费迎合度	客流量分析	吸引力	平常销售期和活动期客流量变化
	客单价分析	迎合度	折扣、单价是否和客群消费能力相符
	广告吸引力	回收率	优惠券、短信、宣传单、邀请函等回收率
成本费用	活动效果	预估业绩/活动费用(投入1元挣回来多少元)	
	净活动费用	(预估业绩-同期费用)/活动费用(多花1元能多收回多少元),判断是否做促销	
活动影响力	是否拉动其他品类销售的增长		
	活动后是否促进销售		
	活动是否影响竞争品牌		

如今电商市场的发展已逐渐成熟,无论是大促的活动准备、时间节奏安排、促销策略的制定,还是对营销活动规则的更新都会对大促效果构成影响。加之京东、拼多多、抖音等流量的瓜分,卖家也要不断寻求改变,才能不断优化产品,维护好客户。做好客户留存才是卖家持久的经营之道。

实训任务拓展

1. 全面了解淘宝平台的官方活动,做出表格对活动名称、活动时间、活动参与类目和活动目的进行总结评价。

2. 选择一家店铺,查看其常用的店铺活动和促销工具。试分析该店铺活动和促销工具的设计策略。

思政专题　　电商眼看中国——电商税,助力实体店发起反击

电商本身不创造价值,它只是加快了社会物品流通的效率。和传统的制造业相比,电商更像是一个"中间商"。

对于电商平台的商家到底要不要交税,一直以来都存在争议。早在2014年,国税总局就曾规定：月销售额或营业额不超过3万元的纳税人,是不需要纳税的。而阿里巴巴统计的数据中,94%的淘宝卖家月销售额都达不到3万元这个纳税门槛,所以,淘宝的绝大多数卖家,都是不需要纳税的。

一旦电商税出台,对于实体行业的促进作用会十分明显。过去,电商由于低成本的优势,压得实体行业喘不过气来,但是一旦电商税开始实施,一些小成本经营的商家,可能会扛不住压力而倒闭。电商卖家的倒闭,实则是给实体行业带来了机会。

电商税开征后,电商行业将会变得越来越规范,同时,利润也将变得透明化。这对实体店的商家以及广大的消费者无疑是一个好消息。

任务 3　站内引流

知识准备

流量向来是网店经营的根本,有了流量才能有销量、评价,从而能够获得更多的展现机会,最终形成一个店铺经营的良性循环。工欲善其事,必先利其器。在思考如何为店铺引流前,先要了解引流的工具和方法。

商品标题、主图、详情页的优化,淘宝站内促销方法和工具的应用都可以在不同程度上为店铺带来可观的流量。下面介绍几种典型的引流方法,对买家进行合理引导,为店铺和商品带来流量。

一、淘金币

淘金币是淘宝网的一个激励系统和通用积分系统,是淘宝平台面向淘宝集市商家(近期已开始向天猫商家开放)的自营销工具,即淘宝平台向活跃的高质量买家奖励淘金币,奖励形式包括买家可以在购物时抵扣支付款,卖家在交易中赚取淘金币,并通过花淘金币来获得平台流量和提升店铺用户黏性。报名参加淘金币活动的商品有明显的标志,如图 4-19 所示。

图 4-19　淘金币抵扣优惠

电商加油站

淘宝买家如何得到淘金币?

1. 下单购买商品的返利。
2. 做好店任务,逛金币好店得金币。
3. 好友互助赚金币。
4. 游戏通关得金币。

网上开店实务

1. 淘金币工具分类

对淘宝卖家而言,他们需要通过抵扣和兑换机制赚取淘金币,同时通过花淘金币去强化店铺的推广和增加粉丝运营度等。

卖家赚取淘金币的工具是"金币全店折扣",卖家开通该工具后,买家可以以"100淘金币兑1元"的比例,使用淘金币抵用自己所购买的商品金额。买家抵用的淘金币的70%划入卖家淘金币账户,30%回收到淘金币官方账户。

花淘金币指卖家可自由支配账户中的金币,将其发放给参与店铺活动的买家。卖家花淘金币工具见表4-9。

表4-9　　　　　　　　　　卖家花淘金币工具

工具名称	工作原理	备注
"淘金币频道基础推广"工具	根据"精准推广"和"成交转化"算法个性化推荐,系统自动识别转化效率较高的推广类型(商品/店铺/直播/短视频类型),卖家按用户点击支付淘金币,全方位、综合性地提升展示效率和成交转化	①开通条件:卖家店铺信用等级需在3钻至5金冠之间,"全店金币抵扣"开通后才可设置 ②"频道基础推广"工具开通三天左右,店铺金币抵扣商品在淘金币频道内推广,个性化推荐给用户,在首页商品区域、今日任务—猜你喜欢、浏览送金币、淘金币营销PUSH等区域展示淘金币 ③商品展示不收取淘金币,买家点击商品时收取 ④收费标准:卖家被推广的商品/店铺/直播/短视频按对应类目的费率实时划扣淘金币。同一个ID在24小时内重复点击同一个商品不重复收取淘金币
"淘金币店铺粉丝运营"工具	商家通过设置将淘金币发放给每日完成浏览店铺、关注店铺、点击定向商品、观看直播等任务的消费者作为奖励,增加与粉丝间的互动,为店铺长期引流,实现店铺拉新、增粉、引流、商品推广等功能	①开通条件:卖家店铺信用等级需在3钻以上,开店时长大于90天,"全店金币抵扣"开通后才可设置,消费门槛为10 000淘金币 ②卖家开通权益:提升店铺新粉数量,提升定向商品点击,提升直播间粉丝数,提升粉丝活跃度 ③设置入口:淘金币卖家中心——卖家工具——花金币工具——"淘金币店铺粉丝运营" ④主要功能:进店及关注店铺送金币,引导用户浏览10秒送金币,定向推广商品送金币,引导用户进直播间送金币
"直播间亲密度兑淘金币"工具	商家通过发放淘金币奖励,引导粉丝更多参与直播间内的互动和购买。直播间获得更高的流量加权,赢得更多粉丝观看,形成良性循环	①开通条件:卖家需要开通"金币频道推广工具"后才可设置 ②活动消耗单价:最高170金币/人 ③设置入口:淘金币卖家中心——卖家工具——花金币工具——"直播间亲密度兑淘金币" ④消费门槛为10 000淘金币
"淘金币流量保障"工具	商家根据自己的需求,自由选择进店或进直播间的确定性展示机会,更好地为店铺或者直播间引流吸粉	①开通条件:首先开通"淘金币全店抵扣"及"金币频道推广工具"。一期针对天猫卖家,二期逐步对C店开放 ②淘金币余额:大于400万淘金币 ③工具特点:流量确定性、商家自主性、短期流量打造爆款、增加品牌曝光度、实现粉丝高价值转化

2. 淘金币活动分类

淘金币活动分为日常活动和主题活动，其中主题活动根据季节和各节庆活动而定，见表4-10。

表4-10　　　　　　　　　　　　　淘金币活动类型

活动类型		简介	优势
日常活动	今日币抢	①面向淘宝卖家和天猫商家 ②展示位置：手机淘宝界面——我的淘宝——领淘金币的活动主页	①给更多卖家提供参与淘金币活动的机会 ②能够提升消费者的购买信心和满意度
	淘金币超级抵钱	①活动商品在淘金币超级抵钱频道内展示 ②面向淘宝卖家和天猫商家 ③商品库存要求为大于200件。活动期内，商品所有的库存都会生效活动优惠价 ④商品在线时间为2天，近30天销量大于30件	①活动中所有销量（包含50%兑换部分销量）计入销量，计入评价，计入主搜权重 ②用户购买活动商品时所使用的淘金币的70%奖励给卖家
	聚划算超级抵钱	①面向淘宝卖家和天猫商家 ②商品月销量大于50件 ③商品全部库存届时均生效活动价及高比例抵扣 ④目前仅支持被邀约的商家及被邀约的商品报名	①快速积累商品销量，打造高转化率的单品。活动下的销量计入销量和评价 ②商品在主搜、商品detail、首猜等全面透出聚划算及淘金币标，全面提升商品的主搜权重和点击转化 ③赚淘金币
	天天特卖超级抵钱	①面向淘宝卖家和天猫商家 ②单商品活动时间为7天，商品月销量≥5件 ③先开通店铺金币抵扣功能 ④商品图片尽量白底	①享受全渠道（包括搜索推荐）面向目标机会人群的流量扶持 ②赚淘金币
主题活动		官方根据季节和节庆需要设置的相关主题活动，如淘金币99大促抵钱盛典，活动商品展示时间为1天至若干日不等	—

二、淘宝直播

淘宝直播是阿里巴巴推出的直播平台，定位于"消费类直播"，用户可边看边买。淘宝直播是内容营销的重要方式，能够帮助卖家提升店铺的知名度和成交量。

卖家在开通了淘宝直播间后就要着力提升直播间的人气，尤其是要把握每晚8点到10点这段时间，因为统计发现在观看直播的人群中女性观众比例为80%，占了绝对的主导，而每晚8点至10点不仅是大家收看直播最踊跃的时段，同时也是买家最愿意下单的时段。那么，如何提高直播间的人气，促进转化就成了卖家要解决的重要问题。

1. 设计有吸引力的直播封面和标题

与淘宝商品都要设计精致的图片一样,淘宝直播也需要有一个颇具吸引力的封面图。封面图要色彩明亮,除了封面中的固定信息,如直播观看人数、直播标题、主播头像和点赞氛围等,不要有其他任何图片之外的元素,尤其不要出现多余的文字,不要拼接图片,画面也不要过于花哨。此外,图片要与直播的内容相符合。如果图片与直播内容无关,即便凭借图片将买家吸引进了直播间,买家也不会过多地停留。

直播的内容可以是简单的生活分享,也可以是实用教程,但无论直播的内容是什么,都要用一个标题来说清楚这个视频的主旨。视频标题本身要简洁、易懂、有重点,建议不要使用诸如"逛逛""随便聊聊""好吃""好看"之类没有实际意义的标题,也不能出现"测试""测播"等词。在设计视频标题时,卖家可以参考以下搭配:"利益点+对象+应用场景+视频内容分类"。

2. 做好内容定位,注重内容营销

做直播就是为了将商品的卖点视觉化,让商品不再以静止图片的形式展示给买家,卖家通过真人试穿、试用、试吃等让买家对商品产生更加直观的认识,从而提高商品的成交率。因此,在直播过程中,卖家要掌握主动权,着重宣传商品的卖点,而不是为了单纯讨粉丝喜欢而做直播。

3. 隔屏互动,增加直播的娱乐性和趣味性

做直播就好像发朋友圈,如果只一味地宣传自己的商品,难免会使买家产生厌烦的心理。因此,卖家要设法增加直播的趣味性,在直播的过程中可以穿插一些新颖、搞笑、热点的内容,展示自己特殊的才艺,邀请平台人气高的主播或达人连麦等,这样才能营造好的直播间氛围,增强老客户的忠诚度,同时让更多的新买家感兴趣。

> **电商加油站**
>
> **直播中的福利设计**
>
> 在直播中,粉丝的福利有砸金蛋、抽取优惠券以及各种形式的红包,在设计粉丝福利时要注意:
> 1. 全程式——粉丝为了等待下一个红包而留下。
> 2. 参与式——增加粉丝互动,活跃直播间氛围。
> 3. 多样式——形式多样,避免审美疲劳。

4. 提前预热,保持较高的直播频率

主播卖货并非一打开直播就开始卖产品,而是会进行前期预热,通过透露优惠券、礼品和产品的亮点等多种信息,调动粉丝对产品的好奇心和兴趣,为后边的销售进行铺垫。

营销一定是具有连续性的,效果才会明显。高强度、高频率的直播目的是与粉丝建立起黏度,培养粉丝观看直播的习惯。同时,细心的答疑或者具有娱乐性的沟通,能够拉近主播与粉丝之间的距离,实现情绪上的共通,从而实现情感共鸣。

此外,卖家可以将直播的内容生活化,在介绍商品时将其应用到实实在在的生活情景中,例如,介绍化妆品的视频,主播可以通过直播化妆来进行宣传,这样既能增加直播内容的趣味性，又能让买家感受到商品的实用性。

常见商品的直播形式和内容见表4-11。

表 4-11　　　　　　　　　　　常见商品的直播形式和内容

商品类型	直播形式和内容
服饰类	多种穿搭的上身示范；一套衣服的改造方案；包、鞋子、衣服的搭配方案；分辨服装质量好坏的技巧等
美妆类	一套完整的（也可以是局部的）彩妆上妆的过程；挑选美妆商品的技巧；护肤心得等
母婴类	育儿知识分享；选择婴幼儿用品的经验等
美食类	美食的制作过程；寻觅美食店铺的过程；品尝某些特色美食的过程等
运动户外类	运动健身方法的分享；各种健身器材的作用介绍等
数码类	商品的测评类内容；新品发布会等

随着各大平台对于直播视频的重视，品牌商可以将直播作为轻量级的营销方式和长期沟通展示的渠道，通过直播实现品牌的精准投放。

三、站内社区

1. 淘宝逛逛

淘宝逛逛是移动端独有的、基于真实消费分享的生活社区，是一个有专业经营能力的商家生态，它较好地体现了内容营销的功能，如图4-20所示。

随着买家购物模式的巨大改变，原先通过商品、平台算法进行人货匹配的商品推荐购买正在渐渐向通过口碑分享购买，从点对点的搜索式购物演化成多点化的推荐式购物。在淘宝逛逛的运营中，需要注意以下问题：

（1）更高的内容生产要求

不够优质的内容很难获取用户的心，好的内容需要用心、真诚、投入时间。卖家要深度洞察产品，围绕产品产出内容，不断迭代优化内容，同时具备稳定产出的能力，产出内容要有规律、有规划。

（2）社交化视角

逛逛可以建立卖家和买家之间的亲密互动关系，通过内容建立信任，实现更良性的变现。真实分享的新场

图 4-20　手机淘宝中的逛逛社区

景将优质内容放大，带来新流量；私域粉丝在逛逛社区内可沉淀流转，让新粉丝带来新关系，买家可以从社交化媒体、内容化载体上获得更多购物信息。

2. 店铺淘宝群

店铺淘宝群是淘宝网2016年11月推出的、基于手机淘宝的消息群，如图4-21所示。它是店铺卖家建立的店铺小型社区，用于购物信息的互通、商品口碑的传播。

网上开店实务

图 4-21 店铺淘宝群

卖家可以在淘宝群中发布店铺新品、发放优惠券、提供 VIP 买家专属服务等；买家可以在群中展开交流，形成针对店铺商品的口碑互动。淘宝群是在买家消费需求场景下的沟通群，适合卖家进行店铺客户关系管理，群内消息会在用户的手机淘宝首页右上角进行实时提醒。

具体来说，店铺开通淘宝群的优势有：

①提升店铺关注量。

②提高转化率。

③提高客户触达概率。

④大促活动群发，降低短信成本。

⑤提升购买转化，增强购买信心。

电商加油站

淘宝群的福利

买家在淘宝群中可以享受到的权益包括：

①领取群红包。

②购买群内秒杀商品。

③参加周期性的群内特价活动。

④直播预告、VIP 专属权益。

⑤一对一专属客服。

130

实战指引

当前电商平台的竞争激烈,促销活动是各店铺为自己争取流量和转化的有效手段,大促活动并不适合所有卖家,对于一些中小卖家来说,一些成本较低但是需要用心经营的引流方法更为适合。

1. 淘宝直播功能的设置

淘宝直播功能的入口为:"卖家中心"→"自运营中心"→"淘宝直播"。

开通淘宝直播前卖家要查看有没有开通权限,淘宝新店需符合商家直播开通条件才能开通直播。商家要满足的条件包括:

(1)淘宝店铺满足一钻或一钻以上(非珠宝类目的企业店铺除外)。若刚满足一钻,建议关注 48 小时。

(2)淘宝店铺主营类目在线商品数≥5,且近 30 天店铺销量≥3,近 90 天店铺成交金额≥1 000 元。

(3)卖家须符合《淘宝网营销活动规则》。

(4)店铺本自然年度内不存在出售假冒商品违规的行为。

(5)店铺本自然年度内未因发布违禁信息或假冒材质成分的严重违规行为扣分满 6 分及以上。

(6)卖家具有一定的客户运营能力。

(7)店铺经营的商品类目不属于"不允许开通直播"的类目。

如果卖家已经符合上述条件,即可以开通直播,具体步骤为:

第一步,下载淘宝主播 APP,登录需开通直播的淘宝账号,如图 4-22 所示。

图 4-22 淘宝主播 APP

第二步,打开淘宝主播 APP,点击"我的",然后登录自己的淘宝账号,如图 4-23 所示。

第三步,登录以后,点击"发布"中的"创建直播",如图 4-24 所示。

第四步,根据自己淘宝账号的状态,选择适合自己的认证通道,如图 4-25 所示。

第五步,选择"商家入驻通道",需要提交相应的资料,平台审核后,系统提示认证成功即可直播。如果店铺暂时无法开通,可以先选择"达人入驻通道",先认证个人主播。

淘宝直播间的主要作用是带货,所以评价直播间的主要指标为转化率,因此,要经营好直播间需要花费卖家相当的精力。卖家如果自己无法兼顾,则可以另辟蹊径找专业主播合作,从而保证直播的效果,达到提高转化的目的。

网上开店实务

图 4-23　淘宝主播登录　　　　　　图 4-24　创建直播

2. 淘宝逛逛的发布方法

目前传统货架电商的发展遇到瓶颈，必须向内容电商升级。淘宝逛逛能够让用户原本在其他直播平台消耗的时间转移过来，直接在淘宝内部就完成种草到下单的闭环，如图 4-26 所示。

图 4-25　选择认证通道　　　　　　图 4-26　淘宝交易闭环

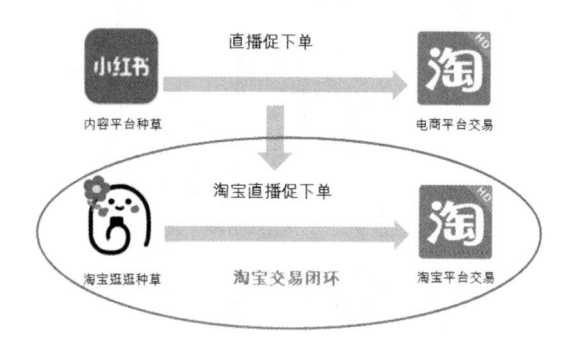

发布淘宝逛逛的方法与发布朋友圈类似，比较简单。

第一步，先打开手淘，点击下方的"逛逛"，进入内容分享社区。

第二步，点击左上角的"📷"标志，进入内容发布界面。

第三步，选择要发布的图片或视频，点击"下一步"。创作者通过短视频、长视频、图文或者帖子的形式展示内容，通过激发用户的阅读、观看兴趣而转化成交，是一个从兴趣产生到购买的过程。最后为推荐的宝贝写上一段吸引人的标题和文案，就可以发布了。

相比直播，逛逛这种内容平台也为更多人提供了机会。不管是中小卖家，还是普通消费者，在逛逛这个去中心化的社区性平台都有可能成为优质内容生产者。

3. 创建淘宝群

淘宝群的创建方法不难，与社交软件中的建群方法类似。由于淘宝群是买家间口碑互动的重要区域，因此对于店铺而言，创建一个淘宝群是十分必要的。

卖家利用千牛 PC 端、千牛 APP 和群网页均可以创建微信群。以网页版为例，建群过程如下：

(1) 点击"＋"创建一个群，填写基本信息后保存，此时默认创建的是关注门槛入群，如图 4-27 所示。

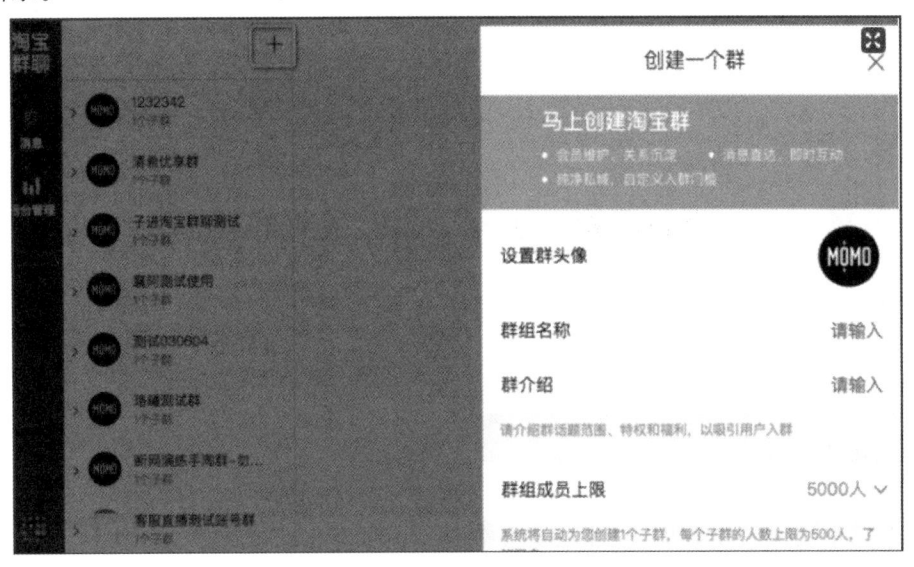

图 4-27　填写群基本信息

(2) 点击刚才创建的群，进行设置。找到"入群门槛设置"可以修改入群门槛，如图 4-28 所示。如果要设置指定人群门槛，需要先在客户运营平台圈选人群包。

图 4-28　设置入群门槛

网上开店实务

在千牛上建群更为简单,只要下载PC端千牛软件或手机端千牛APP根据指定操作一步一步就可以完成。

实训任务拓展

1. 如果一个新手卖家要进行店铺和商品的推广,你会推荐他使用什么方法呢?能说说你的理由吗?
2. 你是如何看待淘宝逛逛和店铺群在店铺促销中的作用的?
3. 查找资料,为大家展示一个你认为最成功的平台促销案例,其中都使用了哪些方法?效果如何?

思政专题　电商眼看中国——带货主播补税潮来了!

2021年9月28日,税务总局公开表示,近期税务部门在"双随机、一公开"抽查中发现,有两名带货主播涉嫌通过隐匿个人收入、改变收入性质等方式偷逃税款,已被立案侦查。

公告中提到,检查发现,"两名主播均涉嫌违规将个人收入转变为企业经营收入,进行虚假申报少缴个人所得税,涉税金额较大。"虽然细节没有透露,但一场针对网络主播的"补税风暴",正在悄然而至!

一般来说,带货主播的收入主要由两部分组成:坑位费和佣金。

坑位费就是占坑的费用。商家想要自己的产品出现在直播间,就需要先支付一部分订金,即坑位费。坑位费受很多因素影响,不同的场次坑位费不同,像"双11"这种大促必然要贵一些;坑位费跟直播中出现的顺序也有关系,先出场的往往比后面的要贵,另外不同的产品,坑位费也会有差别。

佣金是与具体的成交额挂钩的,简单来说就是提成,卖得越多,佣金越多。和坑位费一样,佣金比例也不是固定的,但上下浮动不会很大。

对于直播行业,需要从内容、产品、税收等多个维度进行整治。只有规范化、健康化发展,才能延长行业寿命,让更多从业者在这里实现自己的梦想。

任务4　站外引流

知识准备

对于淘宝商家来说,现在的获客难度不断攀升,流量成本更是一路水涨船高。站内引流固然能够给商家带来一定的转化率,但是卖家还需要在淘宝站外利用合适的方法和工具来进行引流,才能在市场竞争中争取主动。

通过一切淘宝以外的手段和方法,达到使淘宝店铺流量增加的方式简称为站外引流。站外引流的成本相对站内低一些,但无论是站内引流还是站外引流,卖家的最终目的都是为店铺带来精准流量,提升转化率。常见的站外引流方式包括两类:一类是直接利用社交媒体引流,另一类是利用直播平台引流。

一、社交媒体引流

社交媒体是人们彼此之间用来分享意见、见解、经验和观点的工具和平台,现阶段主要包括社交网站、微博、微信、博客、论坛、播客等,是私域流量的聚集地。随着我国互联网技术的不断发展,社交媒体爆发出惊人的能量,其传播的信息已成为人们浏览互联网的重要内容,不仅制造了人们社交生活中争相讨论的一个又一个热门话题,更成为网上商家为自己引流的重要工具。

1. 微博引流

微博现在已经成了各种官方宣传的平台,也是各权威机构、公司都会运营的一个平台。这一方面是因为平台的流量多,利于传播,另外一方面也因为微博这种形式的内容发布平台更加适合公司发布权威的声明。微博的阅读符合大部分人的碎片化阅读习惯,还有各种转发、点赞、上热门机制,能够快速地进行传播。微博博主尤其是大V博主们有着庞大的粉丝群,卖家可以通过评论大V们的博文,或者在自己的微博上发布与商品相关的介绍、图片或视频,逐步扩大信息的传播范围和影响力,如图4-29所示。微博平台的优势在于其流量属于私域流量、粉丝比较精准,博主可以带链接、话题将信息精准投放给粉丝,直接促进转化。

图4-29 微博发布话题

电商加油站

优质短视频

判断一个短视频是否优质,主要依靠以下几个指标:

(1)静态特征:视频标题、视频封面、视频属性、播放体验、视频内容。

(2)动态特征:点赞数、播放量、播放完成度、人均播放时长、评论数、分享数以及用户反馈数量。

(3)带货效果:链接点击数、UV数、收藏数/收藏率、加购数/加购率、成交数、支付率、ROI。

2. 微信引流

微信是大家使用频率很高的社交平台之一，卖家利用个人的微信账号组建微信群，将具有相同喜好、品味相似的人群聚集在一起，定期把店铺的新品或促销品发至群中，为微信群友们开展专场促销活动，发送群内红包，抛出话题引导成员参与讨论，让微信群成为一个友情社区，这时卖家再开展引流或商品销售就容易得多。除此之外，卖家还可以将商品和店铺信息发布在自己的朋友圈，也可以吸引部分流量的注意，如图4-30所示。

图 4-30 同一卖家在微信的引流

微信公众号也可以引流，但流量不会太集中，用户互动也很不方便，所以公众号的传播效果也就比微信群、微博差了很多。QQ、论坛、社交网站等的引流方式大都与微博、微信相似，在此就不一一介绍了。

二、直播平台引流

现如今直播＋电商的模式越来越火，发展也愈加成熟。当下电商必须借助更有真实感的直播动态，让粉丝看到更真实的自我，进行深层次的交流。如直接语音对话、弹幕实时互动等，从而实现"零距离"接触，才能更好地提升品牌知名度与销售额。如图4-31所示为利用抖音平台直播为商品引流。

当前除了淘宝直播以外，其他主要的直播带货平台包括抖音、快手、小红书等，看似这些平台没有直接销售商品，但是通过平台的优质和原创内容为各店铺带来的流量却不可小觑。卖家利用直播平台引流的优势在于：

(1) 引流成本低。做直播是很简单的，只需要在平台上完成注册就可以开始直播，对时间和地点的要求不高。虽然一开始想要做起来很难，但是优质的内容很容易就能够吸引到很多粉丝。对于卖家来说，选择与粉丝量大的网络红人合作也是一种高效引流的渠道。

(2) 增加曝光率。直播平台是一个很好的公众传播平台，能够带来很多的曝光机会。不论是企业还是个人都能够通过直播来增加自己的知名度，有曝光就能够吸引更多的粉丝。

(3) 粉丝黏度高。因为直播能够给人一种近距离接触的感觉，粉丝能够深入了解主播，一旦认同主播的某一能力或者喜欢主播的内容，就能够留存一大批忠诚粉丝。商家、品牌也

项目 4　网店活动与促销

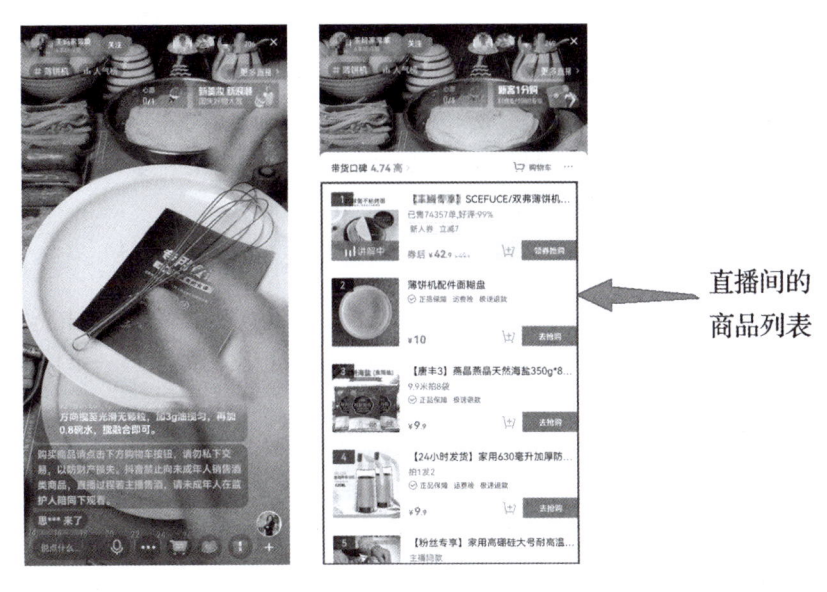

图 4-31　直播为商品引流

能够通过直播让观众增强对自己的黏性。

（4）打造个人 IP。现在大家都注重个人 IP 的打造。个人 IP 能够树立团队标杆，也在一定程度上影响了用户对品牌的印象。如果能够打造个人 IP，那么引流的效果会成倍放大。

（5）变现能力强。直播完全实现了电商人、货、场的特质，将卖货的氛围打造出来，更容易让消费者有欲望购买产品，可见直播的变现能力很强。

各主流直播平台的差异见表 4-12。

表 4-12　　　　　　　　　　　各主流直播平台的差异

平台	流量来源	平台属性	商品属性	其他特色
淘宝	公域流量	电商＋内容	淘宝体系内全品类	商家自播、达人直播模式兼具
抖音	公域流量	社交＋内容	美妆＋服装百货	短视频＋直播带货种草转化 淘宝店铺可以在抖音放置购物链接，跳转方便
快手	私域流量	社交＋内容	百元内低价商品为主	达人直播引流能力强，打榜、连麦等提高带货能力
小红书	公域＋私域流量	种草基地	美妆类为主	直播＋笔记 对内容原创性要求高，优质的图片和视频多，热搜曝光率会带动精准引流和转化
B 站	公域＋私域流量	内容社区	内容电商＋直播带货	商业价值挖掘潜力大，以视频种草为主

实战指引

虽然直播平台的内容包罗万象，但并非每个直播账号都可以实现商品引流功能，卖家想要实现利用直播平台引流就需要打造一个符合条件的账号。

1. 扩大直播间的知名度

（1）做好账号定位，激活私域流量

直播平台账号一定要有一个明确的定位，如果定位不清晰，平台就不知道该把视频归类

137

到哪个领域,无法开发精准的粉丝人群。例如,账号将来准备为护肤品引流,那么账号从封面到视频内容都要紧紧围绕护肤来设计。垂直度越高,账号在某一领域内的权重就越大。

直播线上传播的方式触达范围广、成本低,可以激活企业私域流量,最大化传播范围,将微信公众号、用户社群、微信好友、朋友圈等原本就被沉淀下来的流量,通过唤醒、激活、召唤,摇身一变成为直播中有价值的财富。

(2)邀请有礼,争取公域流量

卖家通过设立优惠或奖品引导粉丝将直播链接分享给自己的好友,点击链接即可获得直播时间和直播间地址。邀请的好友越多,直播也就随着粉丝的分享进一步传播了。

2. 营销互动,引爆流量

在直播过程中,卖家还需要提高粉丝在直播间内的活跃度,营销互动功能的使用是必不可少的。通过营销互动功能的使用,既可以增加粉丝在直播间内的停留时长,增强用户黏性,又可以提高用户在线流量的变现,同时为二次引流做铺垫。

(1)看直播抢红包

各平台的红包玩法包括普通红包、口令红包、商家红包和观看奖励红包,如图4-32所示。无论哪一种玩法的红包,其目的都是活跃直播间氛围,吸引更多用户进入直播、分享直播,从而增加直播的曝光度。

(2)抽奖活动锁住用户

抽奖活动自带吸引力,可以将用户牢牢锁定在直播间中,吸引观众互动,提高传播效果,引爆直播间人气,如图4-33所示。

图 4-32　直播中的观看奖励红包　　　　图 4-33　直播中的抽奖奖品列表

(3)边看边买——从引流到变现

边看边买不仅是引流互动,更是将流量变现。直播中宣传推广的商品可以通过边看边买的功能在自定义菜单栏中上架,粉丝点击上架商品就可以跳转至商品下单购买页面,十分快捷方便,如图 4-34 所示。实惠的直播商品不仅满足了用户的需求,吸引用户蜂拥下单购买,也是将流量变现的具体形式。

图 4-34 直播中的边看边买

卖家做好账号定位和直播中的营销活动推广,便可实现从直播前的引流分享,到直播中利用营销工具进行互动变现,一场直播活动就形成了一个完整的为商品引流的流量闭环。

实训任务拓展

观看几场带货直播,分析主播利用哪些手段或工具为商品引流,效果如何。

思政专题　电商眼看中国——贸易畅通,硕果累累

2021 年 10 月 1 日,宁波舟山港,鸣笛悠长,"亚海东顺"号集装箱班轮缓缓靠泊宁波舟山港甬舟集装箱码头,这是码头新增的"一带一路"航线"亚海俄罗斯线"的首航船。2021年,甬舟集装箱码头新增多条"一带一路"航线,驶向"一带一路"沿线国家港口航线越来越多。8 年来,共建"一带一路"倡议结出累累硕果,基础设施互联互通按下快进键,双边贸易合作不断深化。自 2013 年至 2021 年 9 月,我国与"一带一路"沿线国家货物贸易额累计达 10.4 万亿美元。从 2013 年到 2020 年,我国与"一带一路"沿线国家货物贸易额占我国对外

贸易总额的比重提高了4.1个百分点。

1. 扩大贸易规模，提升合作水平

前不久，刚刚入驻成都国际铁路港综合保税区的TCL光电科技（成都）有限公司正式投产。"得益于相关部门高效的物流服务，我们的业务发展更有底气！"TCL成都基地负责人表示，如今，TCL波兰组装基地的6条生产线所需的90%以上零部件均通过成都中欧班列运输，成都已成为其拓展"一带一路"沿线国家市场的重要制造出口基地。

目前，成都中欧班列年开行量已超2 000列，连接67个境外城市站点。2021年前10个月，四川对"一带一路"沿线国家进出口货物贸易额2 289.7亿元，占同期四川外贸总值的30.4%。

中欧班列已成为贯穿欧亚大陆的国际贸易大通道。截至2021年10月底，中欧班列已铺画73条运行线路，通达欧洲23个国家的175个城市，累计开行超4.6万列。

物流畅通推动贸易畅通。8年来，我国与"一带一路"沿线国家贸易合作不断迈上新台阶。2021年前10个月，我国对"一带一路"沿线国家合计进出口货物贸易额9.3万亿元，同比增长23%。其中，出口5.27万亿元，同比增长21.9%；进口4.03万亿元，同比增长24.5%。"一带一路"沿线国家已成为我国贸易往来的重要伙伴。

2. 创新贸易业态，激活发展动能

浙江融易通企业服务有限公司业务部经理表示，跨境电商货运航线的不断发展，为跨境商品开拓海外市场提供了更快捷的物流解决方案。

2021年前8个月，杭州共有3 826架次跨境电商货运航班飞往"一带一路"沿线国家，出口跨境电商产品货值87亿元，同比增长4倍。

现在，随着贸易新业态、新模式加速发展，特别是跨境电商、市场采购贸易、海外仓等快速发展，为更多中小外贸企业拓展"一带一路"沿线国家市场提供了新的可能，降低了贸易门槛，激活了外贸高质量发展的澎湃动能。

3. 提升贸易便利，实现互利共赢

如今，新疆特色林果产品吹响了向国际市场进军的号角。

"从报关到发运，不到半小时，海关就办好了通关手续。贸易往来更便利，不仅丰富了'一带一路'沿线国家的市场供给，也让我们收获颇丰。"新疆西域乌敦农产品有限责任公司业务员说。

运输成本大幅降低，时效性显著提高，货物损耗减少……如今，新疆的番茄酱、核桃等产品已成功销往意大利、德国、俄罗斯、土耳其、哈萨克斯坦等"一带一路"沿线国家。新疆本地出口货物种类从最初的电子产品、日用百货扩展到机械制品、化工产品、食品、小商品等200多个品类，货物贸易发展迎来新机遇。

商务部相关负责人介绍，截至目前，我国已与13个"一带一路"沿线国家签署了7个自贸协定。中国海关加强与国内外有关部门的协作配合，与欧盟、新加坡等20个经济体签署了"经认证的经营者（AEO）"互认协议，构建了广泛的朋友圈，提高贸易便利化水平。各地各部门积极探索促进共同发展的新路子，实现了同共建"一带一路"国家互利共赢。

项目总结

在网店的经营管理中,各种促销活动十分丰富。网店的经营目标不同、发展阶段不同、资金实力差异等都会影响网店的促销策略。小钟团队已经利用标题优化和出色的视觉设计获得了较多的自然搜索流量,店铺的信用也随之上涨。在选择促销活动时,团队从门槛较低但是引流效果较好的"天天特卖"入手,逐步拓展到运用其他更多的促销活动来为店铺引流。但是同时他们也明白,促销活动虽然能够使店铺经营锦上添花,但是各店铺需要根据实际量力而为。

对于每个店铺而言,适合的促销活动才是最好的,后期小钟团队还要密切关注各种促销活动的效果,适当调整促销策略,使网店真正从各种促销活动中受益。

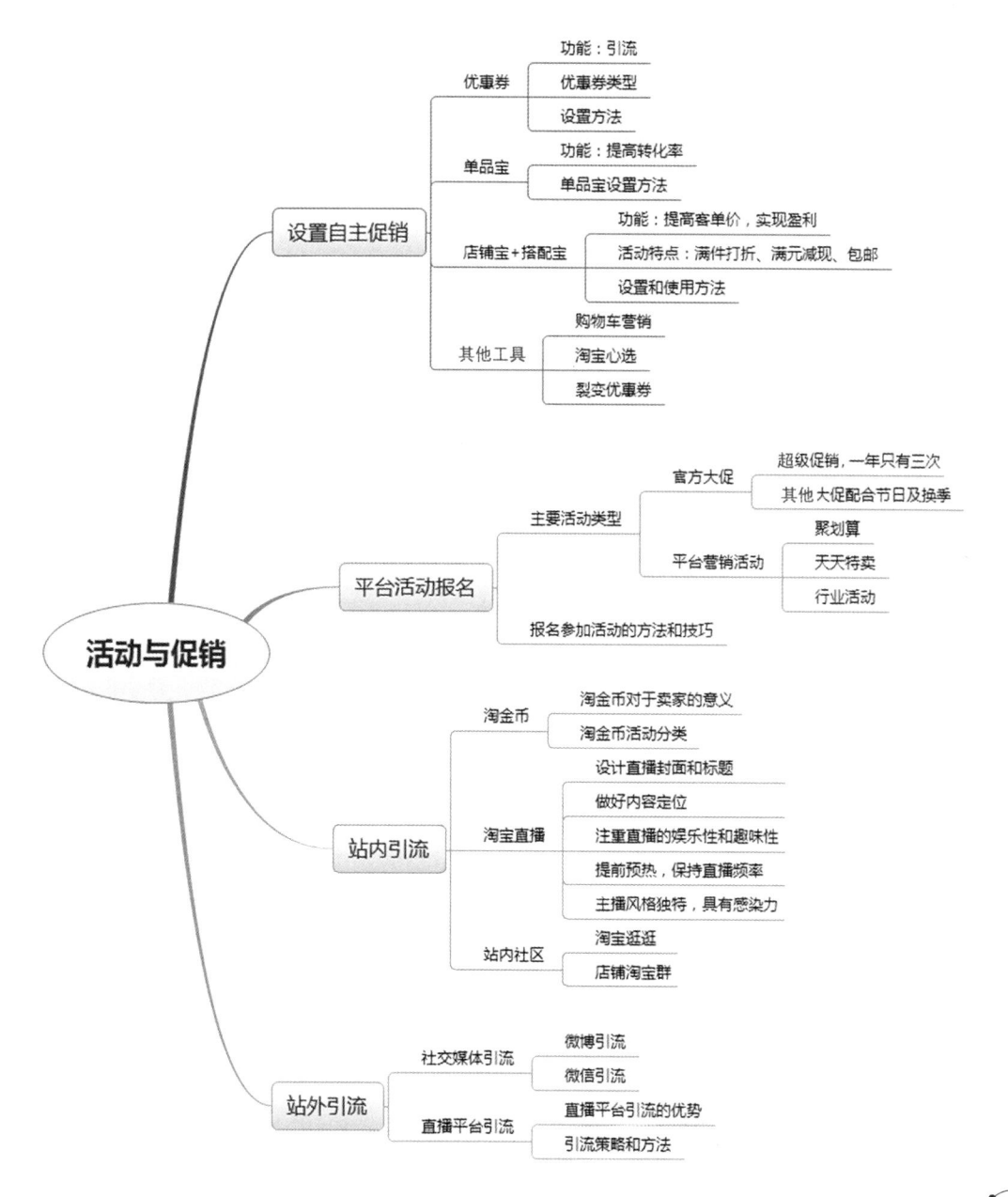

活动与促销
- 设置自主促销
  - 优惠券
    - 功能:引流
    - 优惠券类型
    - 设置方法
  - 单品宝
    - 功能:提高转化率
    - 单品宝设置方法
  - 店铺宝+搭配宝
    - 功能:提高客单价,实现盈利
    - 活动特点:满件打折、满元减现、包邮
    - 设置和使用方法
  - 其他工具
    - 购物车营销
    - 淘宝心选
    - 裂变优惠券
- 平台活动报名
  - 主要活动类型
    - 官方大促
      - 超级促销,一年只有三次
      - 其他大促配合节日及换季
    - 平台营销活动
      - 聚划算
      - 天天特卖
      - 行业活动
  - 报名参加活动的方法和技巧
- 站内引流
  - 淘金币
    - 淘金币对于卖家的意义
    - 淘金币活动分类
  - 淘宝直播
    - 设计直播封面和标题
    - 做好内容定位
    - 注重直播的娱乐性和趣味性
    - 提前预热,保持直播频率
    - 主播风格独特,具有感染力
  - 站内社区
    - 淘宝逛逛
    - 店铺淘宝群
- 站外引流
  - 社交媒体引流
    - 微博引流
    - 微信引流
  - 直播平台引流
    - 直播平台引流的优势
    - 引流策略和方法

课后习题

1. 淘宝网官方营销工具主要有哪些？在淘宝网上找出使用优惠券的店铺，分析并总结优惠券的类型。

2. 淘宝网的活动分为哪几种？根据特点分析其适用性。

3. 淘宝网活动报名入口主要有哪些？一般而言，卖家要参加淘宝网的官方活动需要在哪些方面满足要求？

项目 5

精准付费推广

在网店经营过程中,对店铺的推广和宣传起着至关重要的作用。没有推广就没有流量,没有转化率,销量就无法得到提升。因此,如何让店铺拥有更多的访客,聚集更多的人气,最终提高销售额是每个卖家都要解决的关键问题。在众多推广方式中,付费推广是最直接的推广方式。精准的付费推广可以让卖家的商品得到最直接、最多样化的展示,帮助卖家广泛地进行引流。

知识目标

1. 了解淘宝直通车推广方式与扣费原理。
2. 掌握淘宝直通车关键词设置的技巧及推广策略。
3. 了解淘宝钻石展位的推广计划。
4. 掌握钻展选择资源位、定向人群和出价的技巧。
5. 了解淘宝客的推广原理与推广类型。
6. 掌握设置淘宝客佣金、寻找淘宝客的方法,以及吸引淘宝客的策略。
7. 了解引力魔方推广方式的特点,掌握引力魔方的设置方法。

技能目标

1. 能够为店铺设置、开通直通车,并随时根据市场情况调整和优化。
2. 能够为店铺设置钻石展位计划并随时根据市场情况调整和优化。
3. 能够为店铺找到淘宝客,并展开推广计划。
4. 能够利用引力魔方为店铺开展推广活动,并根据市场情况随时调整和优化参数。

职业素养

1. 具有较强的团队意识,能够与他人配合完成工作。
2. 具有敏锐的市场观察力和数据分析能力,能够根据经营数据进行变化和调整。
3. 具有严谨认真的工作作风、吃苦耐劳的工作态度。
4. 能够通过各类媒体资源查找所需信息,具备自主学习、更新知识、解决问题的能力。

项目描述

随着电商行业的竞争日益激烈,各店铺的获客成本不断增加,只靠免费的自然流量、普通的促销活动已经不能满足店铺的发展需要。为了赋予店铺更多的活力和转化率,付费推广就成了卖家的必争之地。付费推广顾名思义就是花钱买流量,但是如何正确花钱,通过付费渠道实现低投入、高回报就成了卖家十分关注的问题。

本项目要和大家一起认识常见且有效的推广方式,从推广原理、方法、过程等角度全面地了解付费推广,为网店运营锦上添花。

项目情境

钟国萌带领团队在店铺里开展了一系列的促销活动,店铺的流量、转化率相比发展初期已经有了一定的提升。近期团队从有经验的卖家那里听说,要让店铺的转化再上一层楼,一定要再度提升店铺流量,最好的办法就是加大宣传力度——花钱买流量。

目前,小钟团队在店铺经营中对自然搜索排名提升、商品图片和详情等内容的优化已经操作得轻车熟路了,但是对于如何利用付费推广方式去引入流量还不是十分清楚,尤其对于如何出价等问题还不得要领。因此,团队成员要针对这些问题展开新一轮的探讨和学习。

项目实施

当前通过各种渠道开展付费引流的方式很多,每种方式的推广原理、过程、出价和创意准备都有所差异,要运用好每一种推广方式就要充分而全面地认识它们。

从常见的推广方式入手,本项目可以分解成以下几个任务:

项目 5　精准付费推广

任务 1　开通淘宝直通车
任务 2　选定超级钻展
任务 3　玩转阿里妈妈引力魔方
任务 4　寻找淘宝客

微课：直通车（上）

任务 1　开通淘宝直通车

知识准备

微课：直通车（下）

直通车是为淘宝及天猫卖家量身定制的一种推广方式，是按点击次数付费的效果营销工具，用以实现商品的精准推广。

淘宝直通车推广，在给商品带来曝光量的同时，精准的搜索匹配也给商品带来了精准的潜在买家。当买家点击展示位的商品进入网店后，将产生一次甚至多次的网店内跳转流量，这种以点带面的关联效应可以降低整体推广的成本，并且可提高整店的关联营销效果。

直通车是淘宝推广中很常见的一种形式，在站内和站外都可以看到直通车的资源位为店铺引流，不同推广方式下的直通车资源位不同，见表5-1。

表 5-1　　　　　　　　　　直通车的常见资源位

资源位类型	推广方式	具体位置	特点和价值
站内资源位	搜索推广	搜索第一行	超高曝光、高流量、高点击、高转化率
		搜索页面右侧16个 搜索页面底部5个	超高曝光、高流量、较高转化
	定向推广	我的淘宝——热卖单品 已买到的宝贝底部 购物车底部 我的宝贝页面 评价成功页面底部等	超高曝光、超高流量 针对性较强，能够锁定潜在买家，实现精准营销
	网店推广	搜索结果页下侧——店家精选区域 淘宝网热卖页面右下侧——店家精选区域	高曝光、高流量、高点击率、高转化
	活动推广	平台规定的特定区域，如淘宝首页——热卖单品 各个子频道——热卖单品	高曝光、高流量、节日活动时转化率爆发效果强
站外资源位	定向推广	大型媒体网站的优质位置	高曝光、点击量低 适合有站外投放基因的类目以及需要站外曝光需求的店铺

在淘宝首页的搜索栏中搜索任意关键词，得到的搜索页面中的直通车资源位如图5-1所示。

图 5-1 搜索页的直通车资源位

一、直通车推广计划类型

为了能够更好地满足买家的推广需要,帮助卖家提高宝贝的曝光率,给店铺带来更多的潜在客户,直通车为卖家提供了标准推广和智能推广两种计划,在智能推广下卖家还可以选择营销目标各异的推广方式,见表 5-2。

表 5-2　　　　　　　　　　直通车推广计划类型

推广计划	营销目标	特点
标准推广	推广效果精准可控	根据不同的营销诉求,在直通车通过自主选择关键词、精选人群、创意进行投放,同时系统也会为卖家提供推荐的方案,帮卖家实现投放效率的优化
智能推广	日常销售	以提升成交为目标,选取高转化词和人群,提升店铺整体动销,获取高投产
	趋势明星	根据大数据挖掘当下趋势,抢占热度飙升的洼地流量,帮助店铺实现弯道超车
	活动引流	活动期快速获取流量,挖掘活动兴趣人群,助力活动期效果提升
	周期精准投	全店货品优选,坚持投放,实现全店引流,稳定获量,获取超高投产比
	均匀测款	将快速均衡流量分配给测款宝贝,快速掌握测款数据,适用于新品测款

此外,直通车还为买家提供淘宝网首页热卖单品活动、各个频道的热卖单品活动及不定期的淘宝网各类资源整合的买家专享活动。

二、直通车扣费方式

直通车有多种推广形式的营销产品,它们都是按点击量进行计费的。只有当买家点击了卖家的推广信息后系统才进行扣费,单次点击产生的费用不会大于卖家所设置的出价。例如,当买家搜索一个关键词时,卖家设置了该关键词的商品就会在直通车的展示位上出现。当买家点击了卖家推广的商品时,系统会扣费,扣费小于或等于卖家的关键词出价。

直通车扣费公式为:

$$扣费 = 下一位的出价 \times 下一名的质量得分 / 卖家的质量得分 + 0.01 元$$

从上述公式可以看出,质量得分会影响扣费,质量得分越高,卖家所需付出的费用就越低。直通车综合排名的质量得分受到很多因素影响,包括关键词得分、宝贝标题和图片等,如图 5-2 所示。

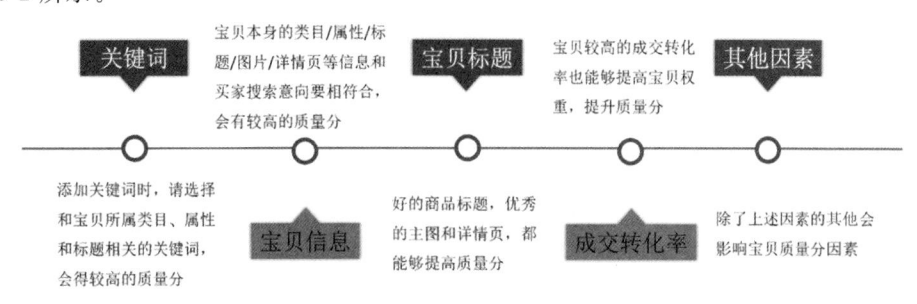

图 5-2 影响综合质量得分的维度

电商加油站

宝贝推广付费

网店开展推广的付费方式是从网络广告中借鉴过来的,主要按照展现和点击两种方法付费。

CPM:按每千次展现量付费,不管买家是否点击商品进入网店,只要卖家的商品图片在广告位上展现一定次数,平台就会进行相应的收费。

CPC:按点击量付费,商品图片的展示不收费,只有当买家点击图片查看商品才进行计费。

PPC:PPC 即 Pick(挑选)+Promote(提升)+Ctr(点击率),也叫平均点击花费。PPC=花费÷点击量,PPC 的高低会直接影响整体推广的花费,对 ROI 产生直接影响。

三、关键词的设置与优化

直通车推广时的关键词选择是影响综合质量得分的重要因素,关键词质量得分高能为卖家节省推广成本,提高推广效率。选择适合的关键词并做好关键词优化是提高直通车引流精度,提升转化的有效方法。

1. 关键词的来源

下面介绍几种常用的有效搜集直通车关键词的方法。

(1)直通车系统推荐词

在直通车设置过程中通过推广方案中的"推荐关键词"可以获取和商品较为匹配的系统推荐词,如图 5-3 所示。如果关键词比较多,可以使用筛选功能,以方便、快速地选词。为了保证质量得分,最好选择相关性较好、市场点击率较高的关键词。

(2)流量解析

直通车流量解析工具能够帮助卖家了解某关键词在直通车付费流量下全方位的数据表现情况,如图 5-4 所示。卖家进入直通车首页,在上方"工具"中选择"流量解析"即可使用该模块。

网上开店实务

图 5-3　直通车系统推荐关键词

图 5-4　直通车流量解析工具

流量解析的核心功能包括：

①关键词市场数据分析：查询关键词的行业数据（展现、点击、市场均价等），判断当前趋势（流量是否提升、点击单价是否增加、了解竞争水平等）。

②关键词人群画像分析：了解行业关键词下哪些人群是搜索主力，不同人群具体转化效果如何，帮助商家更好地选择人群溢价投放；提供关键词购买人群在其他品类购买的偏好情况，帮助理解人群需求。

③关键词竞争分析：快速知晓关键词在各个省份的数据表现（展现指数、点击指数等），帮助设置投放地域；查看关键词不同时间段下的搜索热度，帮助设置分时折扣；了解整个行业该词的搜索量大小以及竞争水位、平均出价，用来判断自己出价是否合适；提供不同出价下该关键词的流量分布情况，更好地调整出价。

(3) 生意参谋

通过生意参谋行业热搜词推荐获取关键词，进入生意参谋后台，打开市场中的"搜索排行"页面，如图 5-5 所示，卖家可以根据搜索人气、支付转化率高低进行加词。

搜索词	热搜排名	搜索人气	点击人气	点击率	支付转化率	操作
咖啡	1	45,767	32,718	81.11%	17.08%	搜索分析 人群分析
牛奶	2	40,941	28,210	66.97%	17.40%	搜索分析 人群分析
奶粉	3	33,451	22,634	75.61%	15.82%	搜索分析 人群分析
纯牛奶	4	25,083	18,056	67.96%	17.01%	搜索分析 人群分析
酸奶	5	24,108	16,059	66.89%	15.99%	搜索分析 人群分析
麦片	6	23,836	17,533	86.57%	21.36%	搜索分析 人群分析
藕粉	7	23,690	17,731	98.66%	17.13%	搜索分析 人群分析

图 5-5　生意参谋"搜索排行"页面

（4）搜索栏下拉列表

卖家可在淘宝首页搜索栏中输入与商品相关的关键词，下拉列表中会出现一些与关键词相关的长尾词，从中选择使用频率较高的关键词。

（5）其他渠道

卖家还可以参考生意参谋选词助手、淘宝排行榜词表、竞争对手的标题等来搜集关键词。

2. 关键词的筛选

卖家要对关键词进行筛选后，根据需要进行添加，添加关键词时可遵循以下原则，见表5-3。

表 5-3　　　　　　　　　　　　添加关键词的原则

添加原则	具体内容
热门搜索词	选择添加当前所售商品最核心、最热门、搜索量最大的关键词，如"连衣裙""雪纺连衣裙""连衣裙夏"等搜索热度较大的关键词
符合买家搜索习惯	站在买家的角度来进行思考，分析买家会搜索什么样的关键词，如"显瘦连衣裙"等
精准属性	能够描述细节和能够精准表达商品的本质的关键词，直击买家购买需求，如"无袖长款纯色连衣裙"
优势组合	从不同的角度考虑相关词，并将其与商品中心词进行适当的组合，尽可能涵盖商品的各个方面，如"印花连衣裙复古""短裤韩版连衣裙"等

此外，卖家在添加关键词时，还要注意表5-4所示的事项。

表 5-4　　　　　　　　　　　　添加关键词的注意事项

注意事项	具体内容
选词数量	选词数量与预算关系很大，如果预算不多，尽量选择精准词（30个左右），放弃大词或者只选择少量大词；如果预算较多，一定要选择大词，添加的关键词数量也可以适当增加
匹配度	要选择与宝贝卖点相匹配的关键词
市场表现	选择展现指数较高的词语

3. 关键词的优化

关键词的优化是影响后期直通车效果的关键因素。对表现优异的关键词和有潜力的关键词，要通过调整让其发挥更好的效果，带来最大化的利益；对效果不好的关键词，则要果断删除，避免其对直通车整体产生不良的影响。

影响关键词质量得分的因素主要有 3 个，即创意质量、相关性和买家体验。因此，对关键词的质量得分进行优化需要从这 3 个方面出发。

(1) 创意质量

创意质量是指推出创意关键期内的动态点击效果反馈，包括推广创意的关键词、图片质量等。

直通车推广中每款产品可以设置 4 张创意图，创意优化就是不断地提高创意图的点击率，点击率高了质量得分相应就会提高，这个阶段着重考虑点击率。使用创意流量分配功能来对不同的推广创意进行测试，可以找出点击率最佳的推广创意。

(2) 相关性

相关性衡量的是关键词与推广商品的匹配度，具体包括 3 个方面，如图 5-6 所示。

图 5-6 关键词与推广商品的相关性

关键词与商品标题属性的相关性：添加的关键词与宝贝本身标题属性的相关度越高，关键词越精准，该关键词的质量得分就会越高。所以完善宝贝标题属性很重要，最简单的方法就是淘宝网中或者百度搜索出现相关推荐和下拉词，比如搜索碎花连衣裙，会自动出现碎花连衣裙相关的一些推荐词和下拉词，可挑选符合的拓展词加入属性。

关键词与商品类目的相关性：卖家商品发布类目和关键词的优先类目的一致性。淘宝通过分析买家的搜索购买行为习惯，归纳总结出大部分买家期望看到的商品所属类目和属性，直通车会优先展示这些类目属性下的商品。

关键词与商品详情页的相关性：主要体现在关键词与商品本身的属性要一致。卖家要尽量选择能够体现自己商品特征的关键词。卖家可以参照商品属性来选择关键词，例如，卖家要推广一款优雅连衣裙，可以将"优雅连衣裙"拆分成 3 个词："优雅""连衣裙""优雅连衣裙"。然后以这 3 个词为中心，分别为它们添加一些更为精准的修饰词。

(3) 买家体验

买家体验指系统根据买家在店铺的购买体验和直通车账户近期的关键词推广效果给出的动态得分，包括直通车转化率、收藏和加购、关联营销、详情页加载速度、好评及差评率、客服质量等影响买家购买体验的各种因素。卖家可以从完善客户服务、优化商品详情页、优化关联营销等方面来提升买家体验,进而提升点击转化率。

电商加油站

关键词的匹配方式

　　直通车关键词的匹配方式分为广泛匹配和精准匹配,一般而言,大词选择精准匹配,长尾词选择广泛匹配。
　　1. 从流量获取方面看:广泛匹配＞精准匹配。
　　2. 从关键词精准度方面看:精准匹配＞广泛匹配。
　　3. 从直通车养词方面看:精准匹配＞广泛匹配。

四、直通车推广策略与技巧

　　卖家可以根据页面提示一步步开通直通车,但要把直通车开好还是需要在实践中慢慢摸索,下面是一些优秀卖家总结出来的直通车使用技巧和注意事项,希望对新手卖家有所帮助。

1. 选择销量好、价格适中的商品

　　如果买家点开商品详情页看到的是一款本身就接近爆款的商品,就很容易对商品质量产生信任,进而产生购买欲望。相反,如果为店铺中销量不好的商品做推广,即使买家点开了商品详情页,他看到成交记录时也很难下定决心购买。因此,卖家对销量本来就不错的商品进行推广,可以让商品的销量更高,同时也会带动店铺内其他商品的销量。

2. 主推 1~3 个商品,不要太多

　　卖家主推的商品不宜太多,以免流量分散。主推的商品越多,产生的点击量越大,相应地费用也就越高。从控制成本、保证效果的角度出发,利用 1~3 个能够吸引买家注意力的主推商品引流至店铺并促成转化即可。

3. 设置具有吸引力和创意的关键词

　　通过寻找—筛选—测试—观察—优化等过程找到精度高的关键词,在直通车开通以后,卖家一定要注意观察,每隔一段时间就要删除没有点击、转化和精准度不高的关键词。

　　中小卖家不要争夺热门关键词。关键词的热度越高、流量越大,其竞争也会越大,费用也就越高,中小卖家是无法承担的,所以不要盲目地争夺那些热门关键词,锁定长尾词是个不错的选择。

4. 利用视觉优化提升点击率

　　买家在浏览页面时,首先看到的基本上都是图片,视线停留在直通车位置上的时间基本不会超过 3 秒。因此,在使用直通车的过程中,图片有着至关重要的作用。有一张漂亮且引人注目的图片,才可能使买家注意到商品,进而进入店铺查看商品详情。

实战指引

　　卖家要通过千牛工作台来开通直通车推广,淘宝直通车首页如图 5-7 所示。

网上开店实务

图 5-7　淘宝直通车首页

开通直通车的步骤如下：

1. 完成推广设置

(1) 新建推广计划

在直通车中新建标准推广计划或智能推广计划（新建智能推广计划时还可以根据卖家的营销目标进行进一步选择），如图 5-8 所示。两个推广计划操作步骤基本相同，这里以标准推广计划为例进行介绍。

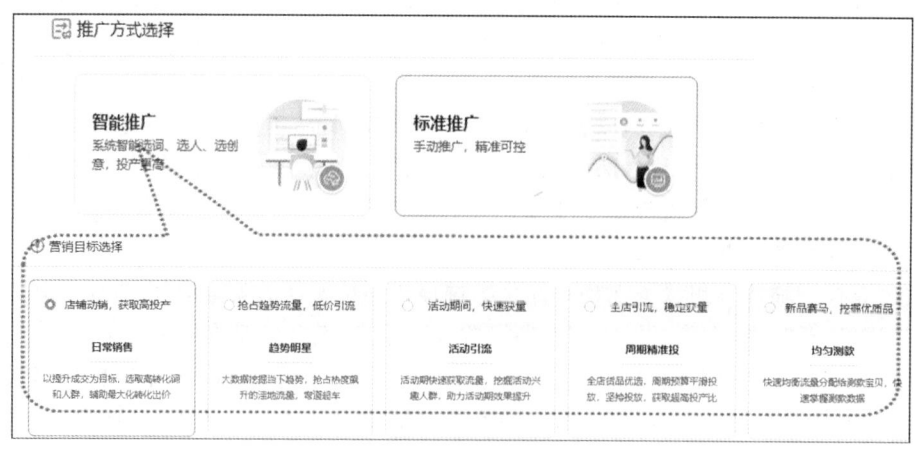

图 5-8　新建推广计划

(2) 进行投放设置

对本次直通车计划名称、花费限额以及投放位置、地域和时间进行设置，设置前要根据卖家的资金预算和相关数据分析结果确定相关参数值，如图 5-9 所示。

(3) 推广单元设置

在单元设置中，要选择本次直通车要推广的宝贝，卖家选择的宝贝应该是价格适中的优质商品，数量不宜过多，如图 5-10 所示。

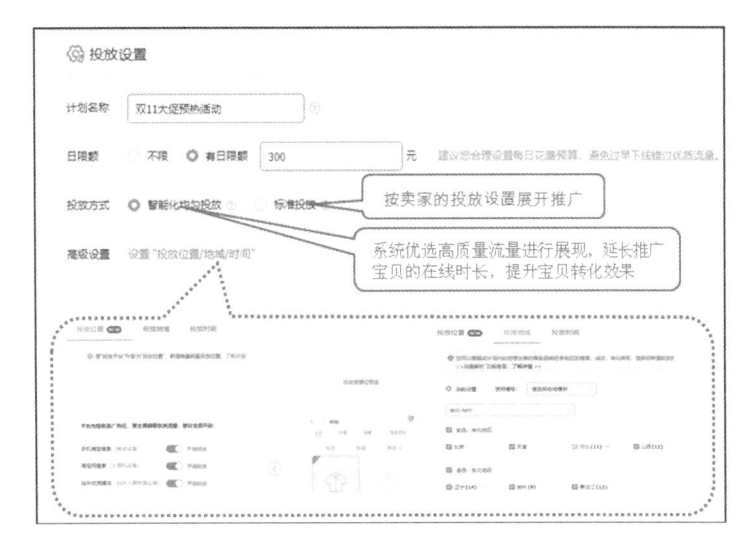

图 5-9　投放参数设置

图 5-10　设置推广单元

（4）添加创意

为参与直通车推广的商品添加创意图片和标题，如图 5-11 所示。创意是吸引买家、提高点击率的重要手段，买家都应该重视，从视觉设计优化角度做好准备。

图 5-11　设置创意

2. 完善推广方案

根据卖家选择的宝贝特征，系统量身定制了关键词和人群方案，卖家可在此基础上进行修改。

(1) 添加关键词

系统为宝贝量身定制了买词方案，也可以自己手动增删关键词、修改出价，如图 5-12 所示。

图 5-12 添加系统推荐词

(2) 添加精选人群

直通车的精选人群是基于推广关键词产生的，人群的选择要根据产品推广的定位来确定。精准人群的作用就是把产品的推广效果展示到特定的买家人群，从而提高产品的转化率和用户黏性。如图 5-13 所示为系统为卖家推荐的精选人群。

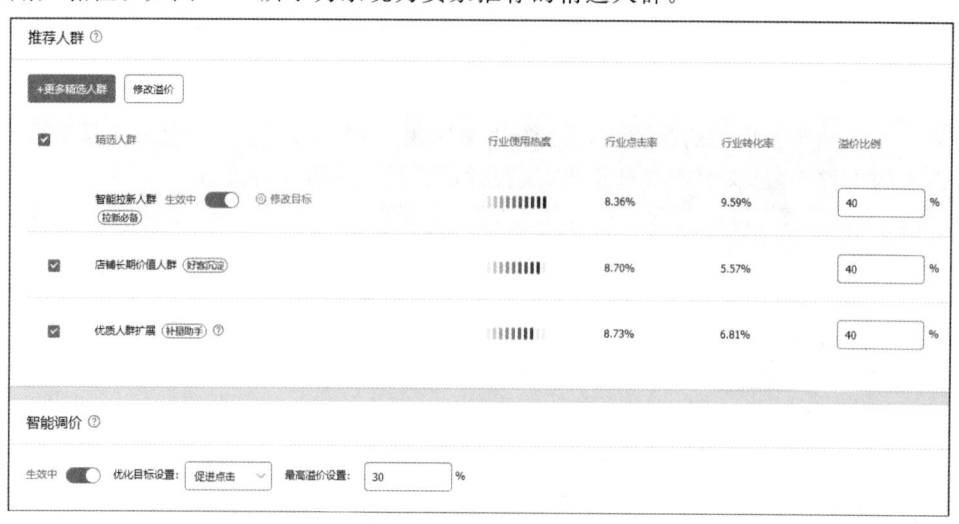

图 5-13 系统推荐人群

除了系统推荐的人群，卖家也可以根据店铺的情况自行选择人群，并且调整不同类人群的溢价比例，如图 5-14 所示。

项目 5　精准付费推广

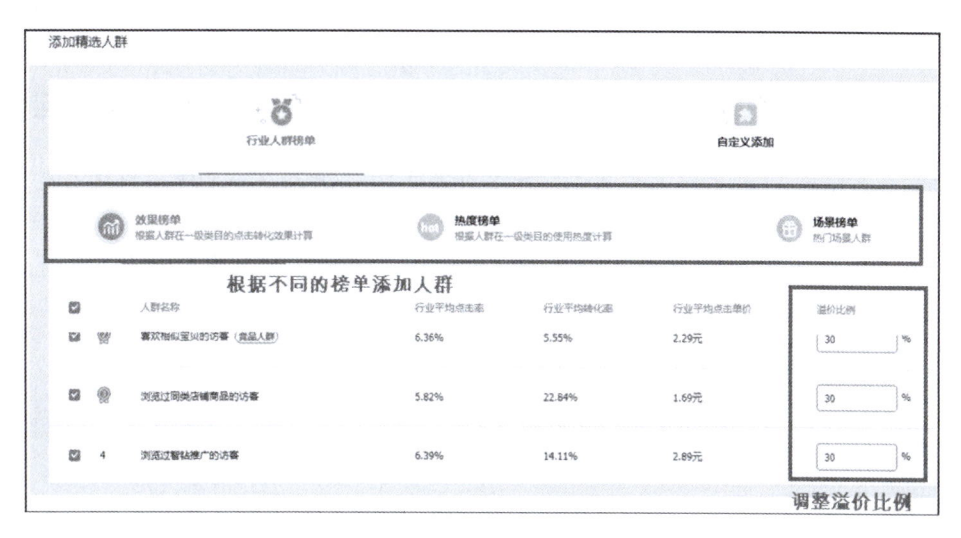

图 5-14　自行添加精选人群

(3)智能调价

智能调价是指除了完成常规设置,卖家最后还可以在本次直通车计划中以"促进点击"、"促进收藏加购"或"促进成交"为进阶目标,再次设置溢价百分比,如图 5-15 所示,以此获得更高的点击率和转化率,达到更好的直通车推广效果。

图 5-15　智能调价设置

直通车推广是淘宝平台常规、有效的推广工具,卖家要在使用过程中不断累积经验,才能在推广中更好地掌握关键词选择、出价、创意等方面的技巧。

实训任务拓展

1.按照以下具体要求帮助店铺开通直通车,新建一个符合要求的标准推广计划(未提及内容可自行选择):

(1)直通车日限额:200 元。

(2)投放时间:周一到周日全覆盖投放,每天 02:00～07:00 为八折投放。

(3)投放地域:江浙、两湖、两广。

(4)200 个关键词,其中长尾词至少 10 个,精准匹配词至少 5 个。

2.在直通车推广中,关键词质量得分与哪些因素相关?如何快速提高关键词质量得分?

155

思政专题　电商眼看中国——农产品电商：未来10年，必将成为乡村振兴重要工具平台

农业行业观察认为，农产品电商正在改变中国农业，未来将从卖货单一途径变成乡村振兴的工具平台或加速器。

2021年是我国现代化建设进程中具有特殊重要性的一年，也是中国农产品电商进入高质量发展之年，党的十九届五中全会提出了开启社会主义现代化新征程的号召，中国农产品电商进入新的发展时期，面临着机遇与挑战，呈现以下趋势：

1. 数字化发展趋势

2021年也是中国数字乡村建设的第二个阶段，数字农产品电商的发展是全面乡村振兴建设以及数字乡村建设的重要内容。

2020年新冠疫情促进了中国数字经济的发展，也使数字农产品电商出现"井喷"式发展。2021年实现农产品种养的数字化、农产品的数字化、交易的数字化、物配的数字化、支付结算的数字化、场景的数字化、空间的数字化、卖场的数字化、供应链的数字化、再生资源的数字化，以及消费的数字化，还有与生产的数字化、流通的数字化、消费的数字化相适应的治理和监管的数字化。

2. 品牌化发展趋势

品牌农业的发展，促进了农产品品牌化的发展，农产品"三品一标"为主要内容的高质量发展，促进人们对美好和品质生活的需要满足，确保"农产品生产得好，还要卖得好，卖出好价钱，消费者得实惠，农民得收益"。品牌化是提升农产品的价值链的重要趋势。

3. 融合化发展趋势

所谓融合化发展趋势，早在2015年网络平台下网兼并重组，实体经济上网重组就已经开始。实际上，实体经济的数字化转型、网络平台的数字化转型，已经使得二者的界线模糊了，而且跨界融合已经成为必然趋势。

4. 社交化发展趋势

社交电商是指以网络技术、社交方式进行的交易活动。如微博、微信、APP、企业公众号等社交工具和平台对商品内容进行传播分享，引导用户对商品购买消费的组织形态，也是人们喜闻乐见的一种电商形式，是增强电商黏性的重要内容和形式。农产品的体验不仅仅是线下体验，也包括线上体验。

5. 标准化发展趋势

农产品的标准化是数字化的必然结果，也是品牌农产品的根本保证，农产品标准化涉及种养的标准化、商品交易、物流配送、支付结算、体验场景、供应链、环境、卖场、空间、再生产资源、消费的标准化，做到在高度信息化条件下的"无缝对接"。

6. 冷链化发展趋势

生鲜农产品的数量和质量的发展离不开冷链的高级化、精准化、品质化发展，冷链发展当前缺乏的是体系，而不是数量，多头投资、重复建设、趋同投资导致冷链资源不缺，但是不系统，因此，冷链体系的发展是其未来发展趋势。

7. 定制化发展趋势

当前特色的、品质的、品牌的农产品仍然是供不应求，因此，"我有什么，就卖什么；卖什

项目 5　精准付费推广

么,你就消费什么"的时代已经过去。以市场和消费者需求为导向的拉式供应链应运而生。

农业行业观察认为,在政策的加持下,农产品电商还将在商业模式、商业变现上凸显出新趋势,卖货不是农产品电商的目的,而是手段。因此,未来 10 年内,农产品电商将会成为乡村振兴中重要的工具平台。

任务 2　选定超级钻展

知识准备

超级钻展(原"钻石展位",简称钻展)是为淘宝卖家推出的图片、视频类等广告位的展示推广平台,是面向全网精准流量实时竞价的营销工具。超级钻展依靠图片或视频创意吸引买家点击,获取巨大流量。超级钻展推广的特点包括:

微课:超级钻展

(1)它是一种展示类广告,为卖家精选淘宝网和互联网优质流量进行投放,资源位量大、覆盖广,如图 5-16 所示。

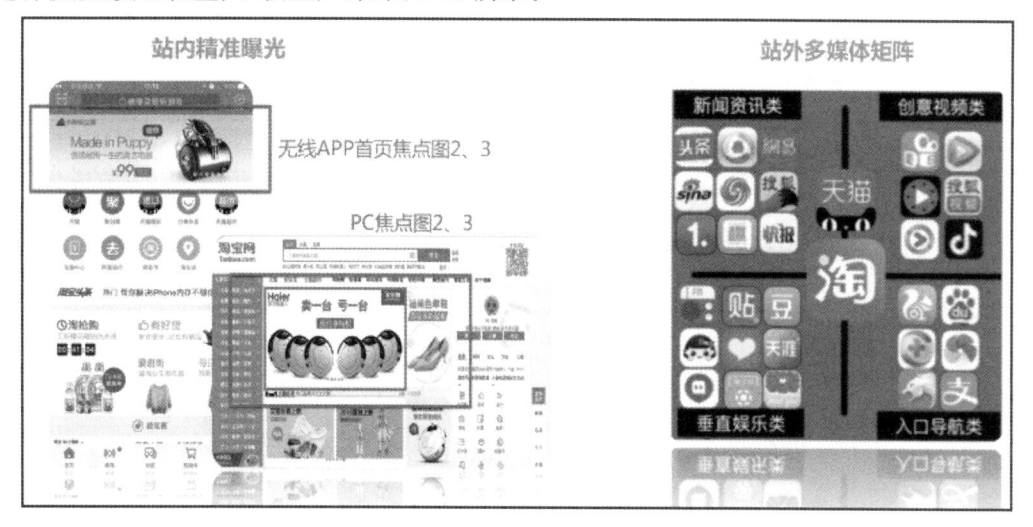

图 5-16　超级钻展丰富的资源位

(2)超级钻展可以圈定部分人群投放广告,系统根据各种历史行为,给每一个访客打上相应的标签,选择不同定向人群,投放广告提升效果。

(3)超级钻展系统按照出价高低进行排名,价高者优先展现,支持按展现付费和按点击付费,如图 5-17 所示。

一、超级钻展的推广形式

超级钻展的推广包括单品推广、活动店铺推广和品牌推广等形式。每种推广形式各具特色,见表 5-5。

网上开店实务

按展现付费（CPM）

优势：
➢ 精准圈定目标人群，快速获取流量
➢ 适合老客营销、活动期间爆发式引流

按点击付费（CPC）

优势：
➢ 引流成本可控
➢ 适合店铺日常拉新

图 5-17　超级钻展付费标准

表 5-5　　　　　　　　　　　超级钻展的推广形式

推广形式	适用场景	特点	优势
单品推广	热卖单品 季节性单品 打造爆款，带动销量 长期引流，并不断提高单品页面的转化率的卖家	展现的重点是单品，买家更倾向于浏览并往往带有强烈的购买目的	①超大流量、精准定向、出价灵活、精准优化，在不同的优质媒体上拥有若干大流量优质展位 ②支持 PC 端、移动端多渠道投放，在受众人数上有很大超越，可以实现精准推送
活动店铺推广	有一定活动运营能力的成熟店铺 需要短时间内大量引流的店铺	侧重点在于引入各种促销及新品推广	
品牌推广	有明确品牌定位和品牌个性的卖家	流量大、出价低，以较低的展现成本进行比较广泛的传播	

二、选择超级钻展资源位

一般而言，初次选择超级钻展资源位时需要遵循两个原则，如图 5-18 所示。

位置少而精
推广营销经费预算有限的卖家选择资源位的数量不要超过五个

选择资源

测试投放效果
最开始选择相对高质量的位置，检验营销推广预期效果。新手可选择站内资源位，根据投放效果确定是否长期投放

图 5-18　初次选择超级钻展资源位的原则

衡量超级钻展资源位的价值一般从五个维度入手，即流量、尺寸、展现页面、出价和预算。卖家应该根据自身的需求进行选择。

1. 资源位流量

无论是在站内还是站外，页面浏览量越大，商品获得展现的可能性就越大，吸引到买家的概率也就越大。因此根据资源位流量的大小，可分为十万级、百万级、千万级资源位，流量的大小按照 PV（Page View，页面浏览量）计算。各级流量的主要资源位见表 5-6。

表 5-6　　　　　　　　　　各级流量的主要资源位

流量级别	主要资源位	资源位基本要求
千万级	①淘宝网首页资源位 ②收藏夹底部通栏 ③旺旺每日弹窗焦点图和小图 ④新浪微博首页底部通栏	①图片整体配色美观,尺寸符合各资源位具体要求,清晰可读,整体呈现饱满 ②图片排版合理,采用左右或上下图文排版,图片中部不能被文案、Logo 或重要产品遮挡
百万级	①女装类目焦点图 ②收货成功通栏 ③交易详情页面底部通栏和小图 ④淘金币新焦点图	
十万级	①男装、女鞋、女包、亲子、居家等频道首页 ②一淘巨优惠焦点图	

2. 资源位尺寸

目前,站内和站外的资源位数量非常丰富。卖家进行钻展推广时,不同的资源位有不同的尺寸要求。卖家可以根据自己的需求选择相应的资源位,然后查询该资源位上创意图的具体尺寸。从形状上看,资源位有横向、纵向、方形等不同形状;从面积上看,资源位有大、中、小之分。常见资源位的尺寸要求见表 5-7。

表 5-7　　　　　　　　　　常见资源位的尺寸要求

资源位名称	尺寸(像素)	特点
无线_手淘焦点图	640*200	流量充足、效果好、钻石展位
PC_淘宝首页焦点图	520*280	
PC_淘宝首页焦点图右侧 banner	160*200	流量充足、性价比高、回报丰厚
PC_淘宝首页 2 屏右侧大图	300*250	
PC_淘宝首页 3 屏通栏大 banner	375*130	
PC_爱淘宝焦点图	520*280	
无线_爱淘宝焦点图	640*200	
无线_爱淘宝通栏	640*200	

3. 资源位展现页面

资源位以图片页面或视频的形式展现出来。按照展现页面的功能性、浏览目的性及行业归属性,资源位可以分为淘宝网首页、旺旺每日弹窗、淘金币、频道首页、收藏夹页面、新浪微博、视频网站暂停页面、计算机屏保等页面。

4. 资源位出价

资源位的平均出价反映了各类目竞价的高低,每个资源位的最低千次展现价格(Cost Per Mille,CPM)和平均出价都是不一样的。流量越大、价值越高的资源位收费会越高。

5. 资源位预算

选择资源位要充分考虑推广费用的预算。资源位预算的计算公式为:预算＝流量×出价,根据这个公式可以对资源位进行排列组合。当卖家的预算较为充裕时,可以选择流量百

网上开店实务

万级以上且出价位于中高档的资源位；相反，预算较低时则应选择十万级、出价较低的资源位。

在最终确定资源位时，卖家要结合以上五个维度综合考虑，才能为店铺选择最适合的推广位。

三、超级钻展定向策略

钻展的投放方式有通投和定向投放。通投指卖家不区分人群特征，将钻展广告无差别地全部投放在选择的资源位上。定向指在既定通投的情况下对人群特征进行细分，对不同类的人群设置不同的计划、创意和出价等，这样钻展广告会在目标人群中进行深度展示。对细分的目标人群设定不同的推广计划是通过选择超级钻展计划组中的定向人群并设定相关参数来实现的。

当前超级钻展的计划设置分为消费者圈层营销和自定义计划投放。

1. 消费者圈层营销

消费者圈层营销是指针对未知人群、泛兴趣人群、兴趣人群三种特定消费群体的营销计划投放方式，如图 5-19 所示。

不同人群的定向及营销目标等各不相同，见表 5-8，卖家要根据每个人群的特点设定推广计划，并通过观察相关指标及时调整计划。

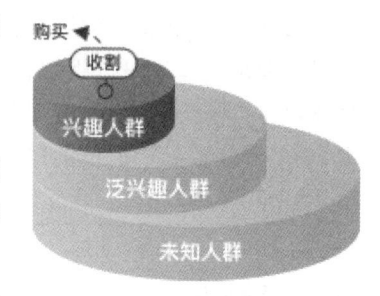

图 5-19 消费者圈层营销

表 5-8　　　　　　　　　不同消费人群的定义

人群分类	人群特点	定向	营销目标	关键观察指标
未知人群	没有和自己类目发生过互动关系的人群，人群规模大，挖新前景巨大	AI 优选 店铺智选人群 关键词兴趣人群	点击量	点击量 回搜量 回访量
泛兴趣人群	和自己类目发生过互动关系但还没有和自己店铺发生关系的人群	店铺智选人群 关键词兴趣人群	点击量	点击量 回搜量 回访量 收藏量 加购量
兴趣人群	和自己店铺发生过互动关系的人群	宝贝相关人群 店铺相关人群	点击量 曝光量 成交量	收藏量 加购量 购买量

160

项目 5　精准付费推广

针对每个人群分类的资源位创意设计也有各自特点,详见表 5-9。

表 5-9　　　　　　　　　　　　不同资源位的创意设计

人群	资源位	创意	创意图片案例
未知人群	优选资源位	多种组件样式尝试,找到未知人群的最佳喜好	
泛兴趣人群	优选资源位	拉新、与竞争对手打擂台为主的创意	
兴趣人群	无线焦点图	多种创意组件形式满足不同投放场景需求,帮助品牌更有效成交	

2. 自定义计划投放

自定义计划是专门针对自定义人群设置的钻展广告投放,其中人群定向方式分为 AI 优选和自定义人群两类。利用 AI 优选定向人群,系统将结合平台大数据能力,智能圈选优质人群,帮助卖家高效达成推广目标,初期圈选人群范围可能较小,持续投放一段时间,系统将根据投放效果动态调整圈定人群范围和数量;自定义人群的设定则要卖家自行选择人群添加,如图 5-20 所示。

图 5-20　添加自定义人群

精准的定向能够帮助店铺锁定精准的人群,最大限度地实现钻石展位的价值,提升店铺的转化率。

四、超级钻展的出价

钻石展位是按照展示收费的,只要有买家浏览页面广告,卖家就要支付费用。不过钻石展位是按每展示 1 000 次收一次费用。由于各个位置给出的图片尺寸不一样,不同的广告位置的收费标准也有所差别。

钻展后台有出价助手，卖家可以参考系统建议来设置自己的钻展出价。一般来说，卖家所设置的出价可以比系统略高一些，这样有利于获得较高的流量。

实战指引

超级钻展可以帮助店铺引入并放大流量，用多次展示的方式让顾客对商品留下深刻印象。从超级钻展的扣费公式中可以看到，钻展的扣费与点击率有很大关系。

$$CPM(千次展现扣费) = CPC(点击单价) \times CTR(点击率) \times 1\,000$$

开展超级钻展计划的步骤如下：

(1) 新建推广计划，如图 5-21 所示。

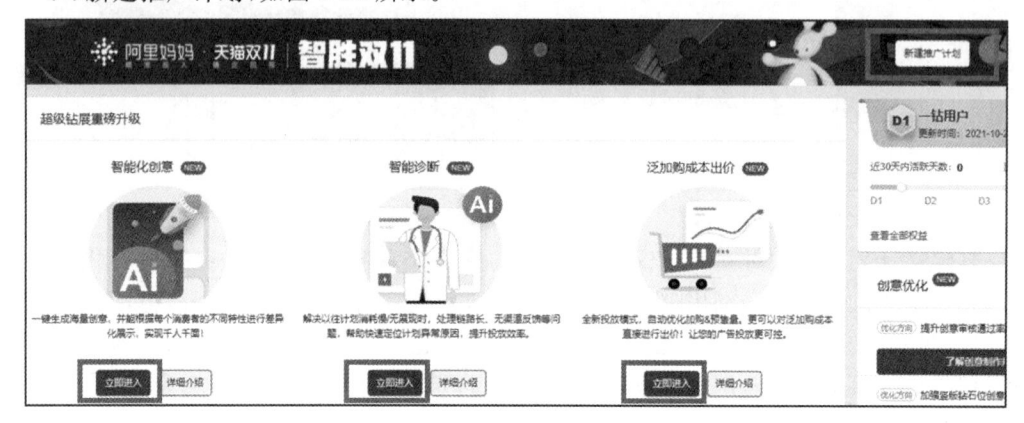

图 5-21 新建推广计划入口

(2) 设置计划组类型，根据不同的推广目的选择投放人群，如图 5-22 所示。

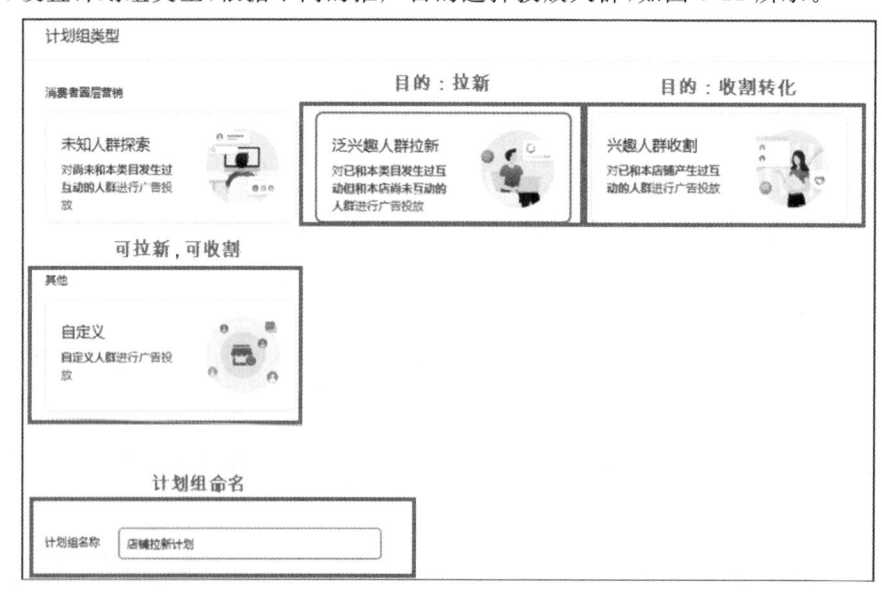

图 5-22 设置计划组类型

(3) 设置具体计划，包括基本信息、定向人群、资源位以及预算和出价等。

①设置基本信息。计划名称、投放日期、投放时段和投放地域可以利用模板进行选择，也可以进行自定义设置，如图 5-23 所示。

图 5-23　设置基本信息

②设置定向人群。明确推广目标，利用 AI 优选功能圈定人群，如图 5-24 所示。拉新就要圈定对类目有需求的人群，比如搜索过类似关键词、浏览过相似产品的人群；收割就要圈定跟店铺已经有互动的人群，如在店铺中有浏览、收藏、加购、领券等行为的人群；对于新手卖家而言，常用人群功能可以圈定非常精准的人群，如关键词标签人群、宝贝行为人群，卖家可以直接使用。

图 5-24　设置定向人群

③设置资源位,如图 5-25 所示。可以使用系统推荐的流量较大的优质资源位,也可以根据店铺和商品需要自定义资源位。自定义资源位一般投放竖版首焦,其他的要谨慎投放。

图 5-25 设置资源位

④设置预算和出价。营销目标和竞价方式不同,展位出价会有差异,见表 5-10。

表 5-10 营销目标与竞价方式

营销目标	竞价方式	单元力度下的出价方式	智能调价开关	适用场景
曝光类	优化曝光量	手动出价	CPM	关	获取店铺潜在顾客
点击类	优化点击量	最大化产出	不需要出价	/	最大化地获取进店流量
		成本约束下的最大化产出	PPC	/	成本控制下获取进店流量
		手动出价	CPC	关	
转化类	优化加购量、优化关注量、优化成交量	最大化产出	不需要出价	/	最大化地获取对应优化目标下的流量
		成本约束下的最大化产出	PPC	/	成本控制下获取对应优化目标下的流量
		手动出价	CPC	开	

卖家可以按照默认出价,营销目标一般是加购量或者点击量,然后选择成本控制,系统会根据卖家填写的基础价进行智能上下浮动,如图 5-26 所示。

(4)设置创意。创意分为图文创意和视频创意,如图 5-27 所示。卖家按所选资源位的创意制作要求进行图片处理,上传至钻展计划中,已经上传过的创意会保存在创意库中。

项目 5 精准付费推广

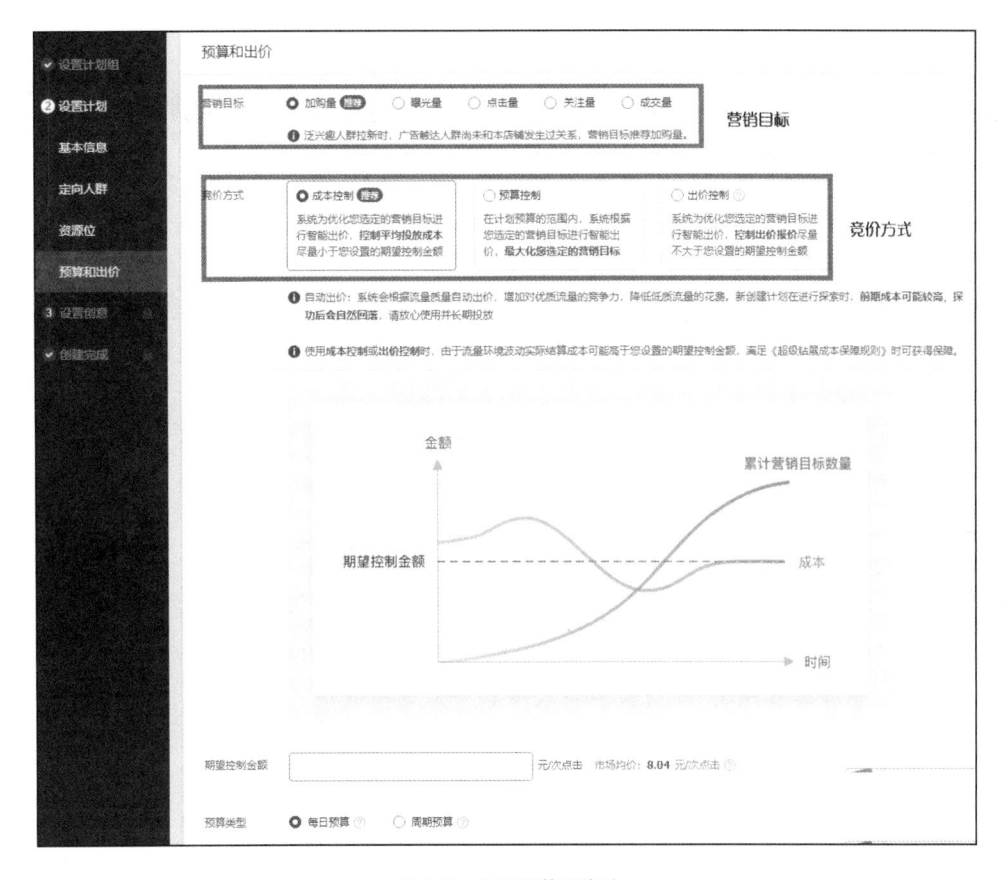

图 5-26 设置预算和出价

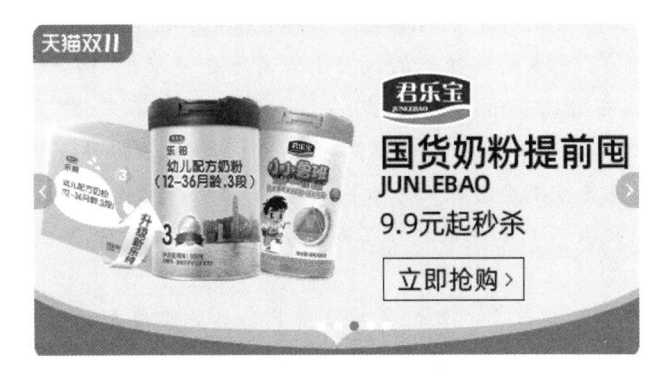

图 5-27 平台首页钻展创意图

实训任务拓展

1. 分析不同资源位的超级钻展创意图,总结创意图的必备要素和设计要点。
2. 做出一个超级钻展的推广策划书,并将这个计划付诸实施。

165

思政专题　电商眼看中国——"双11"信号，数字背后隐藏的重大趋势

诞生于2009年的"双11"，已然成为中国互联网经济发展的风向标。2021年"双11"最终天猫交易额达5 403亿元，同比增长8.45%；京东交易额超3 491亿元，同比增长28.58%，两者合计超8 894亿元。

1. 天猫GMV增速骤降，京东稳健增长接棒"双11"

天猫交易额增速出现骤降现象。反观京东增速持续增长后，但仍然保持两位数近30%的增长态势，稳健增长。

电商大数据库跟踪显示：从2018年至2020年，天猫交易额分别为2 135亿元、2 684亿元、4 982亿元，同比增长分别为26.93%、25.71%、85.61%，2021年无疑增速为最低的一次，增长乏力。

而京东披露的数据显示，"京东双11全球热爱季"期间累计下单金额突破3 491亿元，同比增长达28.58%。此外，从2018年至2020年，京东交易额分别为1 598亿元、2 044亿元、2 715亿元，同比增长分别为25.72%、27.9%、32.82%，整体增速较为稳健。

整个消费市场正处在由"大规模奔跑式增长"向"高质量高品位发展"转移的过程中，因此未来几年的"双11"在交易额方面增速放缓是情理之中的。

2. 淘宝被"拼抖快"分流，天猫面临京东正面竞争

2021年"双11"的热度依旧不减，天猫、京东、拼多多、唯品会、达达集团、苏宁易购、当当、网易严选、快手电商、抖音电商、爱回收、微博电商、卓志集团以及跨境电商洋码头、Lazada、全球速卖通、Shopee等积极参与。而"双11"背后，电商竞争格局正在悄然生变……

事实上，电商也正是由于有更多的参与者，市场竞争才更充分，社会运行效率才得以进一步提升，消费者也有了更多的选择空间。而千万商家也可以把"鸡蛋放在多个篮子里"。

电商大数据库发布数据显示，截至2020年，淘宝（天猫）、京东、拼多多三家平台用户重叠率超过30%，同期，各自的平台独占率不到15%。拼多多2020年第四季度及全年财报显示，截至2020年底，拼多多年度活跃买家数同比增长35%，达到7.884亿，超过阿里巴巴的7.79亿。这意味着，成立不到6年的拼多多超过了阿里巴巴、京东，成为中国用户规模较大的电商平台。

为什么用户重叠率如此之高？首先是平台商家和品牌重叠率越来越高；其次是各平台都在想办法争取流量和用户；最后各家都在向对手腹地发起挑战，天猫、京东进军下沉市场，拼多多进军一、二线城市。

用户的高重叠率不可避免地带来同纬度的激烈竞争，"双11"狭路相逢。

3. 家电网购市场演变

在当下中国家庭正步入"智能家电换新季"的时代大环境下，赖以起家的3C、家电核心品类，可以说是京东的"看家本领"，目前来看，依旧维持着很强的优势。

据公开数据显示，京东"双11"超5 000万个家庭在京东平台购买家电，家电产品平均成交单价同比提升50%，家电套购成交额同比2020年增长7.5倍。而天猫却首度未过多披露家电"双11"大促数据战报。

4. 取消"二选一"下的商家有更多选择权

自2021年下半年开始,新消费投资收紧,单靠花钱买流量,冲GMV提升估值的做法,已经失效了。新品牌要面对的问题是,火起来容易,要长久地活下去难。

网经社调查数据显示,在商家端,淘宝(天猫)、京东、拼多多等多平台经营的现象愈来愈多。目前多平台经营商家的占比已经接近60%,其中两平台经营商家占比为36%,而三平台经营商家占比也达到了22%。天猫以40%的占比成为商家多平台经营中的主要阵地。同时,曾经因"二选一"而被迫放弃京东的商家,在2021年"双11"回归京东的场地。波司登、太平鸟等超过百家KA(关键客户)品牌全新入驻,全新入驻品牌环比10月日增长超10倍。另外这些服饰品牌也同样入驻了唯品会、拼多多等。值得注意的是,服饰消费方面,据统计,参与京东"双11"的Z世代用户数是2020年同期的3倍。10日晚8点过10分钟,京东服饰600个品牌同比增长超8倍,超30个新锐品牌成交额同比增长超10倍。保暖类服饰成交额同比增长200%。

"双11"的第十三个年头,从一个单纯的电商促销活动,到全民的娱乐消费活动,"双11"在不断进化,跨入了全新周期。

任务3 玩转阿里妈妈引力魔方

知识准备

阿里妈妈引力魔方是超级推荐全新升级版本,是融合了猜你喜欢信息流和焦点图的全新推广产品。

一、引力魔方基础

1. 引力魔方的特点

(1)资源更丰富

引力魔方覆盖超过7亿用户,囊括淘系核心渠道:手机淘宝首页焦点图、手机淘宝猜你喜欢(首页、购物车、支付成功)、高德、优酷、支付宝等淘宝内外核心资源,助力店铺引爆流量。

(2)人群更精准

推出"目标人群拓展"能力,基于店铺选定的人群特征,从广阔的流量海洋中定位高价值、高意向人群,极大地拓展投放规模,助力店铺销售额持续增长。

(3)出价更智能

"阿里大数据"加上领先的"深度学习技术",可以在给定的出价成本及预算下,从PV颗粒度帮店铺精准筛选出潜在消费者,实现营销目标最大化。

(4)创意更省心

引入创意组件和智能化创意,在有效降低卖家投放成本的同时,通过智能算法实现创意的千人千面,与消费者建立有效沟通,吸引更多目标用户。

(5)后台个性化

首次推出个性化后台,根据客户所在的不同阶段匹配不同的产品能力,帮助店铺有效提升投放效率与操作体验。

2. 引力魔方的推广目的

(1)拉新

拉新就是让没有接触过店铺的人群进入卖家店铺,这些新手买家一般不会直接下单,所以回报率不高。这种情况下不能看短期的回报率,主要看买家的收藏、加购率或者看15天回报率的转化情况,做到低CPC,低加购成本。

引力魔方可以给店铺带来更多潜在买家,给店铺拉来大量全新的本来不会跟店铺有交集的精准人群。

(2)转化

转化针对所有对店铺有认知的人群,通过让他们二次进店形成转化,这时候回报率成为主要指标,CPC可以高一点儿。以转化为目的时最好配合店铺的营销活动,比如优惠券、满减,定期进行购物车营销,推广效果更显著。

这些目标人群本身跟店铺有过互动,认可店铺的产品,只要把他们再次引入店铺,激发起他们的需求或二次需求,就能给店铺带来更多订单。

二、引力魔方的核心功能

1. 人群特征继承功能

引力魔方可以在已投放的计划中,针对某些商品点击或者曝光后的消费者群体进行实时分析,挖掘人群背后特征,从全网寻找与这些特征相似的人群,并打包成人群后用于卖家其他计划的投放。

2. 行业专属定向功能

行业专属定向功能是通过挖掘店铺以及其商品所处的行业特征、经营特点以及受众人群的心智特点,为店铺智能拓展具有行业细分特征(功效、属性、风格等)的投放推荐人群,进一步实现精准投放。

行业专属定向对卖家推广有着重要意义:

(1)所处行业定向丰富,细致且精准,深入贴合商家多元化的投放需求。

(2)商家可灵活配置选择扩展方向,满足精细化运营需求。

(3)能够智能拓展其他相关行业的人群定向。

3. 投放管家功能

当商家在投放管家中创建投放计划,同时选择开启全店商品优选后,后台系统会给予全店宝贝投放机会,自动寻找最适合当下的宝贝(寻找潜力爆款,避免低效投放)。商家则不需要再操心宝贝投放预算分配的情况。同时在开启全店商品优选计划时,商家可以选择屏蔽某些宝贝,保证投放的灵活性。

投放管家的功能原理如图 5-28 所示。

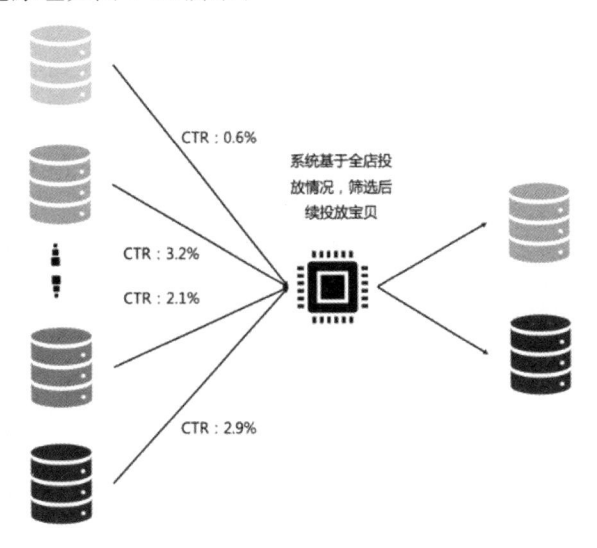

图 5-28　投放管家的功能原理

实战指引

1. 新建计划

新建计划为计划组—计划—创意三层结构,在计划组中选择计划整体的类型,以及对于计划进行管理;在计划中设置投放主体、定向人群、资源位、预算与排期;绑定创意。

(1)设置计划组。计划组类型默认为"自定义计划",如图 5-29 所示。

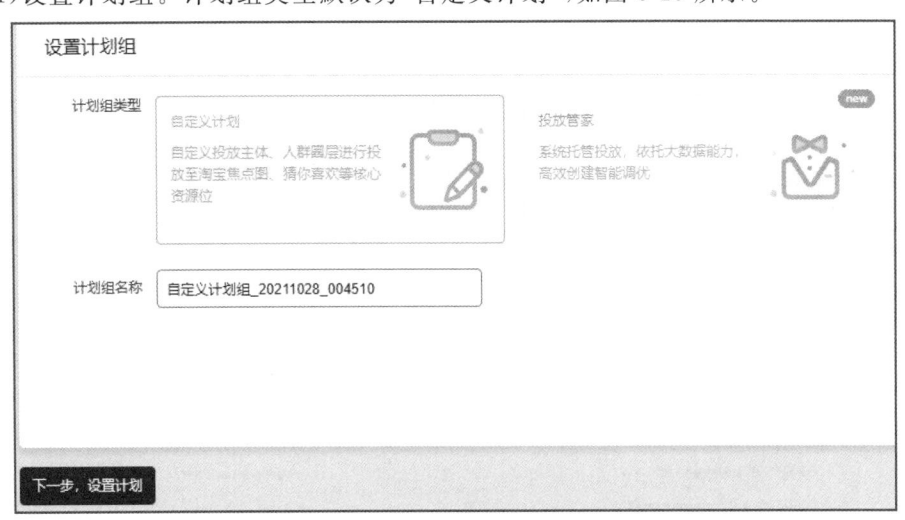

图 5-29　设置计划组

(2)设置计划—投放主体。从店铺商品中选择相关宝贝作为投放主体,最多可选择 10 个宝贝,如图 5-30 所示。

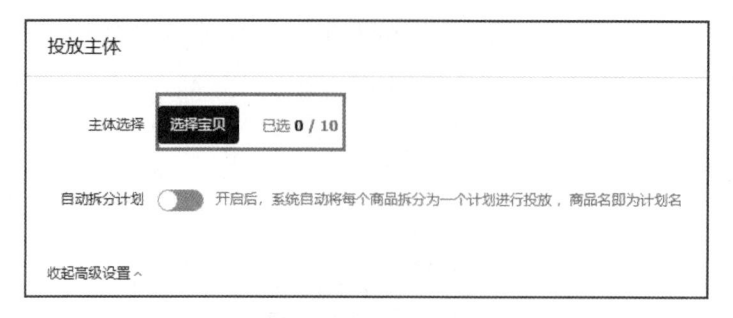

图 5-30　设置投放主体

（3）设置计划—人群定向。可以添加系统推荐的优质人群，也可以根据需要设定基于消费者基础属性、品类行为和渠道行为等而圈定的人群，如图 5-31 和图 5-32 所示。

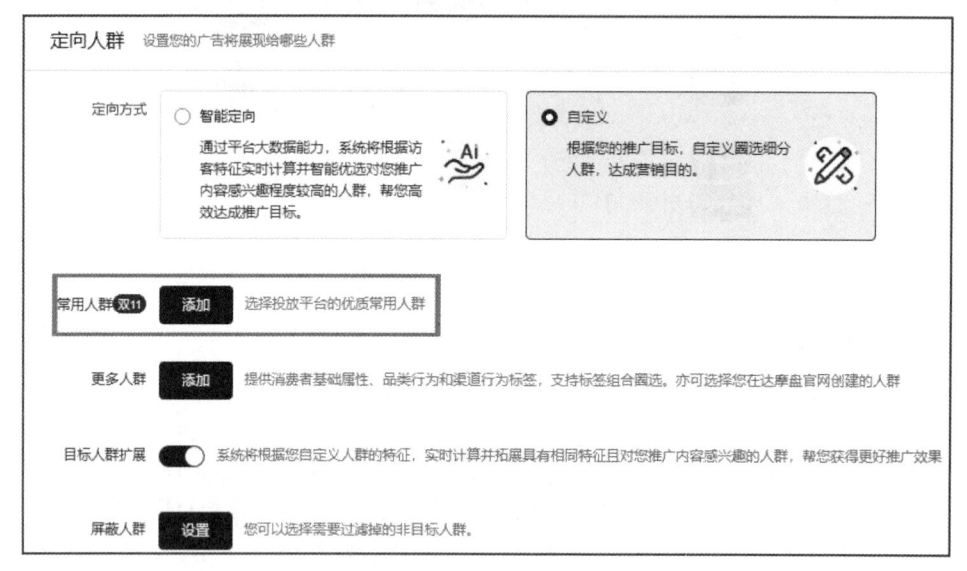

图 5-31　设置定向人群

图 5-32　小二推荐的常用人群

（4）设置计划—资源位。多种资源位覆盖全面，保证投放效果，如图 5-33 所示。
（5）设置计划—预算与排期，如图 5-34 所示。

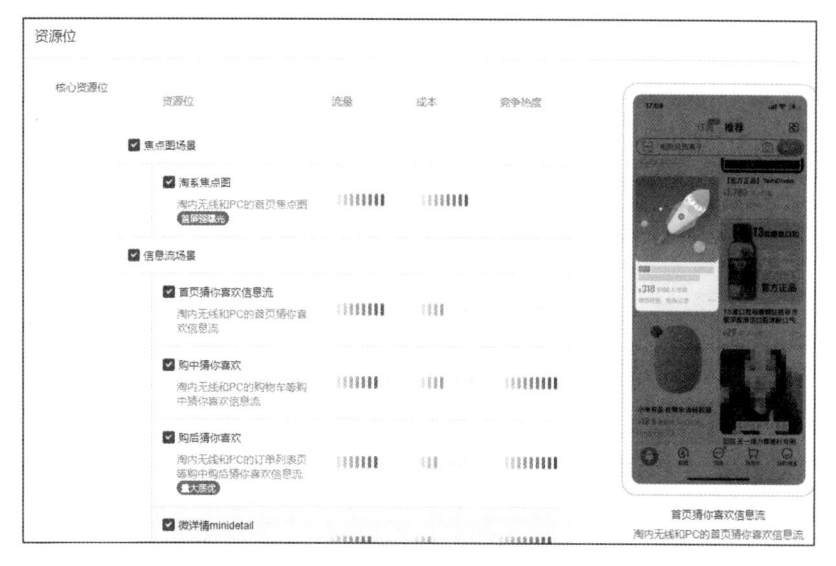

图 5-33　选择适合的资源位

图 5-34　设置预算与排期

（6）计划绑定创意。引入创意组件和智能化创意，在有效降低投放成本的同时，通过智能算法，帮助卖家实现创意的千人千面，与消费者建立有效沟通，吸引更多目标用户。

2. 管理计划

管理计划主要用于对已建立的计划组、计划和创意进行查看与编辑修改，可利用批量管理计划快速查看多个计划的人群与资源位数据，同时支持修改，如图 5-35 所示。

> **实训任务拓展**
>
> 1. 与直通车和钻石展位相比，引力魔方推广的特点和优势有哪些？
> 2. 根据店铺的实际情况，设置一个引力魔方推广计划。

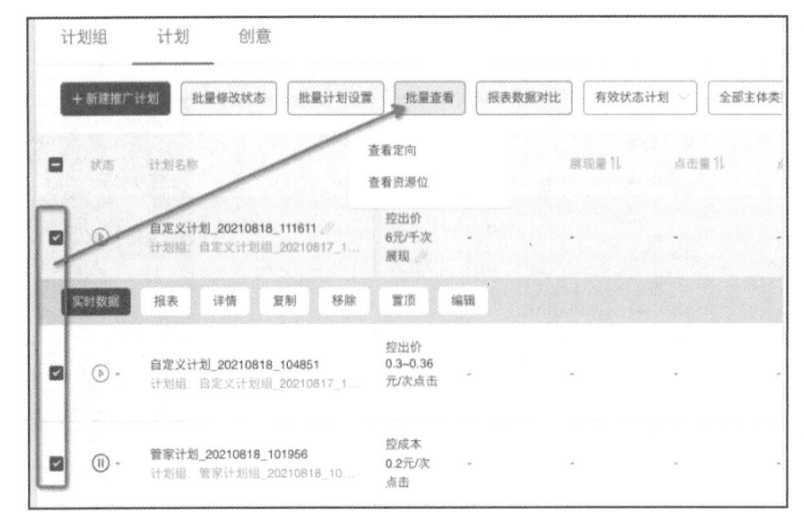

图 5-35　批量管理计划

思政专题　电商眼看中国——快递进村,农货出山

国家邮政局发布的数据显示,2021 年 1—8 月,农村地区包裹和快递的收投量超过 280 亿件,较 2020 年同期增长了 30% 以上,带动农产品进城和工业品下乡 1.4 万亿元。快递网络延伸到村,有效衔接农户与市场,激活农村地区消费潜力,对推动乡村振兴具有重要意义。当前,"快递进村"工程持续推进,围绕困扰村民收寄快递的难点、堵点,各地探索快递进村新模式、新方法,取得了扎实成效。

1. 邮路通到家,网购更方便

"以前快递只能送到镇政府,坐船去取来回要花 10 块钱,还得凑齐 40 人才开船。"对贵州省六盘水市六枝特区牂牁镇沈家村村民来说,取快递是个需要精打细算的烦心事。

取快递不方便,网购自然就没有太大吸引力,"体积大的得另找车拉,水果、海鲜到手说不定已经变质了,所以除了偶尔上网买件衣服,其他的很少买。"

沈家村一边是悬崖峭壁,一边又被江水阻隔,虽然到镇政府直线距离不到 10 公里,但是开车得多绕两个乡镇,走一个半小时山路。快递进村,如何破题?

"只要百姓有需求,我们就要想方设法满足。"六枝邮政分公司副总经理说,"沈家村那片有 7 个村,我们每周定期租船把快递运过去,抵达码头后要么打电话通知取,不便来取的就放在邮政公司在村里设置的代取点。"

快递进村,村民的烦心事解决了,但是租船送快递的成本不低,能否长久维持?六枝邮政分公司副总经理算过,仅沈家村周边,一个月船费就得 6 000 元以上,再加上陆上运输、人工费,仅靠快递业务很难回本。"除去信函、包裹寄递和报刊订阅发行,许多邮政网点还有邮政储蓄、代收费等业务,靠这些业务收入支持快递进村。"公司还将乡村车主、网格员纳入投递员管理范畴,协助解决快递进村难问题。

目前,六盘水市邮政分公司已实现全市 114 个乡镇邮政服务全覆盖。六盘水市邮政管理局还采取快快合作、邮快合作等方式,助推快递行业服务乡村振兴。

前些天,某村民花了 500 多元,给孩子网购了作业本、辅导教材和几件衣服。"再往前,我还在网上买了冰箱呢。邮路通到家,网购更方便!"

2. "组团"来入驻,站点稳得住

"我这儿平均每天就有 200 多件!"河北省邯郸市成安县化店村的一家临街超市里,34 岁的王俊玲熟练地从货柜上帮村民取下包裹。

王俊玲经营的这家小超市,如今也是村里的快递综合服务中心,入驻了包括邮政快递在内的 6 家快递公司。"这么多家快递同时入驻,现在我这儿可是全村人气最旺的地方,生意很红火!"王俊玲说。

可就在去年,王俊玲一度想关门停业。为什么?快递量小,超市客流量少,入不敷出。

2017 年底,王俊玲在村头开起了小超市。当时,化店村还没有快递站,村民们取快递得到七八公里外的镇上。为了吸引客流,王俊玲和成安县邮政分公司达成合作,在超市里设立邮政快递代收站点。"不仅方便村民,自己还能创收,一举多得。"王俊玲说。

"农村地广人稀,业务量相对较少,运营成本比较高。"邯郸市邮政管理局相关负责人介绍,针对进村快递站点运营难题,市邮政管理局推动邮快、快快合作,实施主要快递品牌联合进村。"联合进村可以快速增加进村站点的业务量,提升站点生存和服务能力,从而更有效推动'快递进村'全覆盖。"该负责人说。

2020 年 4 月,圆通、申通等 5 家快递公司"组团"入驻王俊玲的超市,快递小站点升级为快递综合服务中心。为了扩大经营规模,王俊玲把一旁的店面也租了下来。

快递量稳步增加,超市生意也日渐红火。"在快递的带动下,我的这个小超市现在每天营业额有 2 000 元以上。"王俊玲说。

"乡村快递站点要建得起,更要稳得住。"邯郸市邮政管理局相关负责人说,市邮政管理局正探索建立快递进村的长效工作机制,助力乡村快递站点实现"经营好、能长久"。

3. 智运即时送,省时又省心

"打包好蜂蜜,得到镇上寄,一来一回近 40 分钟,耽误干活!"江西省赣州市安远县鹤子镇杨功村的蜜蜂养殖户郭爱金说,以前自己经常为寄蜂蜜而发愁。

自从村里建起了智运快线,郭爱金的烦心事迎刃而解。

在杨功村的智运快线基站里,郭爱金的蜂蜜包裹整齐摆放,工作人员正有条不紊地往"穿梭机器人"里装包裹。机器人在索道上高速行驶,不一会儿包裹便到达了鹤子镇的智运快线分仓。"寄快递省时又省心。"郭爱金说,智运快线建到家门口,自己发展蜜蜂养殖的信心更足了。

"村民可以随时随地在智运快线基站里收寄快递,快递费也便宜了不少,方便实惠。"鹤子镇副镇长说,如今在鹤子镇的田间地头,经常能看到智运快线上的"穿梭机器人"忙碌的身影。

网上开店实务

建设智运快线，是安远县破解乡村物流配送堵点、助力"快递进村"的新举措。在低空架设钢索，云端系统控制穿梭机器人在索道上运输货物，可以装载快递100公斤，速度最高可达60公里/小时……安远县引进智运快线这一新型智能化、轻量化、无人化运输系统后，农产品外运更加便利。

"可以24小时进行配送，实现县域内随时发送、一小时到达，直接成本仅为3～5元。现在，越来越多的农产品通过智运快线的中转送达全国各地。"鹤子镇电商运营中心工作人员介绍，安远县智慧物流运输快线拥有1个县级物流中心、18个乡镇物流站、152个村级收发点，线路全长约600公里，全线预计2022年完工。项目建成后，可实现县、乡、村三级城乡物流网络节点间即时运输，满足城乡物流"少批量、多批次、多品种、长距离"运输需要，真正实现城乡一体化配送。

目前，安远县南线鹤子镇智慧物流运输快线"村村通"工程已经投入使用，给群众带来了实实在在的好处。脐橙、百香果、红蜜薯等当地特色产品，通过智运快线"出山"。

任务4　寻找淘宝客

知识准备

微课：淘宝客

网上商店为广大买家提供了一个虚拟的购物环境，但由于店铺数量众多，彼此之间竞争很激烈，为了盈利每个卖家都在找各种方法宣传推广自己，除了为商品开通直通车和钻石展位，卖家还需要找到更多的途径为自己的商品做宣传，淘宝客就不失为一种高效的推广手段。

一、淘宝客推广基础

淘宝客是通过自有的一些渠道，如聊天工具、社交平台、网站等，帮助卖家推广促成交易，从而赚取佣金收益的推广者。对于卖家而言，淘宝客推广最大的优势是其按成交量计费的推广模式，淘宝客帮助卖家推广商品，买家通过推广链接进入并完成交易后，卖家支付一定比率的佣金给对应的淘宝客。淘宝客推广能提升店铺的成交机会。

1. 淘宝客推广的原理

在淘宝客的整个推广过程中有推广平台、卖家、买家及淘宝客4个角色，每个都是推广过程中不可缺失的一环。利用淘宝推广商品的展示位置多样，推广渠道主要有淘宝客自行搭建的网站或APP、各大聊天工具（如QQ、微信等）、社交平台（如微博、论坛等）等淘宝网之外的渠道。淘宝客的推广过程如图5-36所示。

（1）淘宝联盟：一个推广平台，帮助卖家推广产品；帮助淘宝客赚取利润，从每笔推广的交易中抽取相应的服务费用。

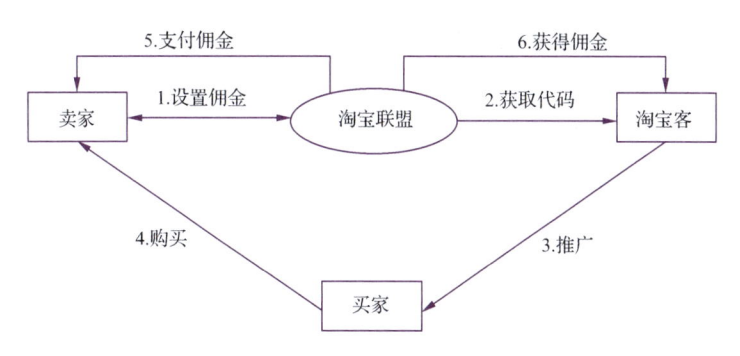

图 5-36 淘宝客的推广过程

（2）卖家：佣金支出者，他们提供自己需要推广的商品到淘宝联盟，并设置每卖出一个产品愿意支付的佣金。

（3）淘宝客：佣金赚取者，他们在淘宝联盟中找到卖家发布的产品，并且推广出去，当有买家通过自己的推广链接成交后，那么就能够赚到卖家所提供的佣金（其中一部分需要作为淘宝联盟的服务费）。

（4）买家：单纯的购买者，网购人群。

2. 淘宝客推广的优势

与其他推广方式相比，卖家利用淘宝客推广具备以下独特的优势：

（1）加入门槛低：所有想提升店铺流量和销量的淘宝卖家，无论大小均可参加淘宝客推广。

（2）推广范围广：超百万的活跃推广者遍及互联网各个领域。

（3）投资回报率较高：平均投资回报率在 1∶16 以上。

（4）花钱更实惠：按成交付费，不成交不花钱，如果发生退货，佣金也会退回。店铺及商品能够获得更多免费被推荐的机会。

（5）可持续发展：有利于建立基于自己店铺的网络营销队伍，而不是临时性广告。

> **电商加油站**
>
> **参加淘宝客推广的条件**
>
> 1. 集市店铺星级在一个心以上或参加消费者保障计划，集市/天猫店铺动态评分各项分值均不低于 4.5。
> 2. 商家的店铺状态和用户状态正常。
> 3. 参加推广的必须是一口价的商品，拍卖的商品不能参加推广。
> 4. 商家的店铺内正常出售中的商品数大于等于 10 件。

3. 淘宝客推广的类型

为了满足不同类型店铺的需求，淘宝客推广为卖家提供了多种类型，包括通用计划、定向计划、如意投计划、活动计划等，见表 5-11。卖家可以根据自己的实际需求来选择和设置推广计划。

表 5-11　　　　　　　　　　淘宝客推广计划类型

计划类型	计划定义	活动特点	佣金特点
通用计划	卖家加入淘宝客推广默认开启的计划,主要由淘宝客单独获取某个商品或店铺的推广链接并发送到淘宝网以外的地方进行推广	无任何门槛,主推宝贝 30 款;计划设置后不能删除,但能修改	新店建议设类目的基础佣金,佣金一般是 1%~5%;类目佣金比例最高可以设置成 50%,但不宜过高
定向计划	由卖家在后台自行创建,可以自定义相关功能,只能设置不公开且手动审核的定向计划	卖家为淘宝客中某一个细分群体设置的推广计划;计划不可删除,但可以修改	佣金比率最高可以设置成 90%
如意投计划	卖家自行激活,由阿里妈妈系统根据商品佣金比例及宝贝综合质量情况,将商品进行智能推送的计划	商品的展示位置:淘宝特卖、中小合作媒体的橱窗推荐、热卖单品等	类目佣金比例最高可以设置成 50%
活动计划	卖家报名淘宝客发起的互动招商活动后,由系统自动生成的计划	计划设置后无法删除,活动结束后自动失效	类目佣金比例最高可以设置成 90%

二、淘宝客佣金

佣金就是淘宝客为卖家推广宝贝获得的酬劳,前期可建立淘宝客高佣金计划吸引淘宝客的加入,至于佣金的设置要根据宝贝的自身利润而定。

支付佣金的计算公式为:

支付佣金＝商品实际成交金额(运费不计)×卖家设置的佣金比例

三种常见的佣金计费方式见表 5-12。

表 5-12　　　　　　　　　　佣金计费方式

计费类型	计费方式	具体案例
日常成交计费	淘宝客推广的订单按订单实际成交价格乘以佣金比例计算,运费不计算在实际成交额内,买家确认收货后系统会自动从支付宝扣除佣金	小 A 的订单总付款金额为 105 元,运费 5 元,佣金比例 5%,则佣金为(105－5)×5%＝5 元
主推/类目佣金	加入淘宝客默认全店加入推广,主推产品单独设置了佣金的宝贝,按单独设置的佣金计算,未单独设置主推的商品会按类目佣金比例计算	小 B 店铺总共 20 个宝贝(都属于女装类目),女装类目比例设置为 6%,小 B 针对一款连衣裙设置主推商品佣金率 10%,那么其他的没有设置主推商品的女装类目商品按照 6%的佣金比例计算
不同计划的佣金	淘宝客佣金不会重复叠加收取,哪个计划引入的按哪个计划佣金比例结算	买家是点击通用计算链接进入产生的订单,则按照通用计划佣金比例结算;买家是点击如意投计划的链接进入产生的订单,则按照如意投计划佣金比例结算

买家如果发生了退款,那么按订单最终实际成交金额计算佣金。如果成交最终取消,则被扣除的佣金也会退回。

佣金应该设置在一个合理、适度的范围内。如果佣金比率设置得太低,淘宝客会失去推广商品的兴趣和热情,卖家也就无法收到良好的推广效果;但佣金比例也不能过高,要考虑商品的价格、销售数量和成本,以及商品本身的盈利比率。

三、招募淘宝客

1. 淘宝客招募方法

一般情况下,卖家可以通过以下途径寻找淘宝客来推广店铺中的商品:

(1)QQ群、微博等社交平台

QQ群是各种圈内人士交流的最佳场所,具有简单、高效、聊天记录方便查看等优势。卖家可以在QQ"找群"栏目中搜索"淘宝客交流群"等淘宝客信息。同样的方法也适用于在微博中寻找卖家需要的淘宝客。

(2)在社区发布招募帖,增加曝光率

淘宝联盟社区是淘宝客相互交流的场所,卖家可以在这个场所尽情发挥,利用社区发布招募帖,或通过活动增加店铺或商品的曝光率,以吸引淘宝客的关注,如图5-37所示。

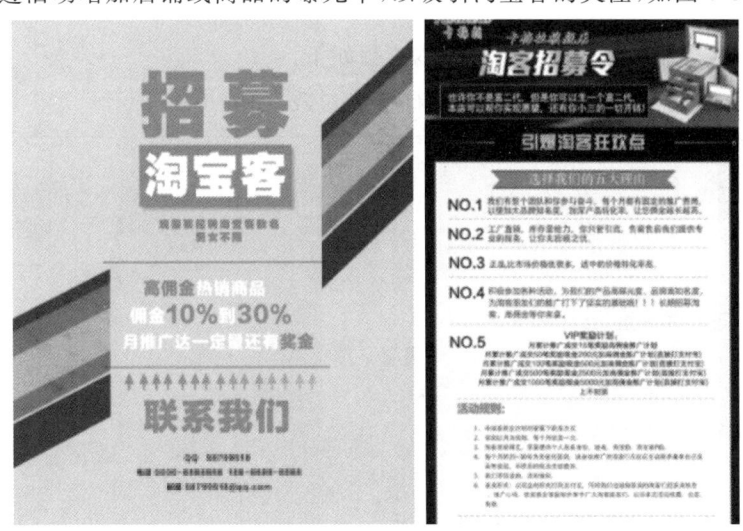

图5-37 淘宝客招募帖

2. 淘宝客招募策略

店铺要提升各方面的能力才能吸引更多的淘宝客为自己推广商品,可以考虑采用以下几种策略:

(1)某一单品设置较高的佣金

卖家可以在全店设置合理佣金的基础上,为其中某一款商品设置超高佣金,如全店商品的佣金率为3%,而某款商品的佣金率高达35%,这样就会吸引淘宝客关注商品,并愿意推广商品。

(2)选择物美价廉的商品

做淘宝客推广的商品最好走薄利多销的路子。卖家在选择主推商品时,一定要选择物美价廉的商品。一方面,价格较低的商品可以吸引更多的关注,产生较高的转化率;另一方面,价格较低的商品有时具有较高的利润率,方便卖家设置推广佣金。

(3)经常更新主推商品

很多商品的销售和推广都是季节性的,淘宝客主推商品的更新速度和商品更新的速度是成正比的。只有及时更新主推的商品,卖家才能留住老淘宝客,发展新淘宝客。如果所推广的商品不应季,即使淘宝客去推广了,也不会收到较好的效果。

(4)额外奖励制度

对推广效果特别好的淘宝客,卖家可以给予他们除了正常佣金之外的奖励,作为对淘宝客推广效果的嘉奖和下一步推广的激励。卖家可以根据自己的实际情况来制定具体的奖励制度,只要对淘宝客有足够的吸引力即可。

实战指引

使用淘宝客计划进行商品推广的基本流程如下:

(1)设置营销计划,添加主推商品,明确推广对象,如图5-38所示。

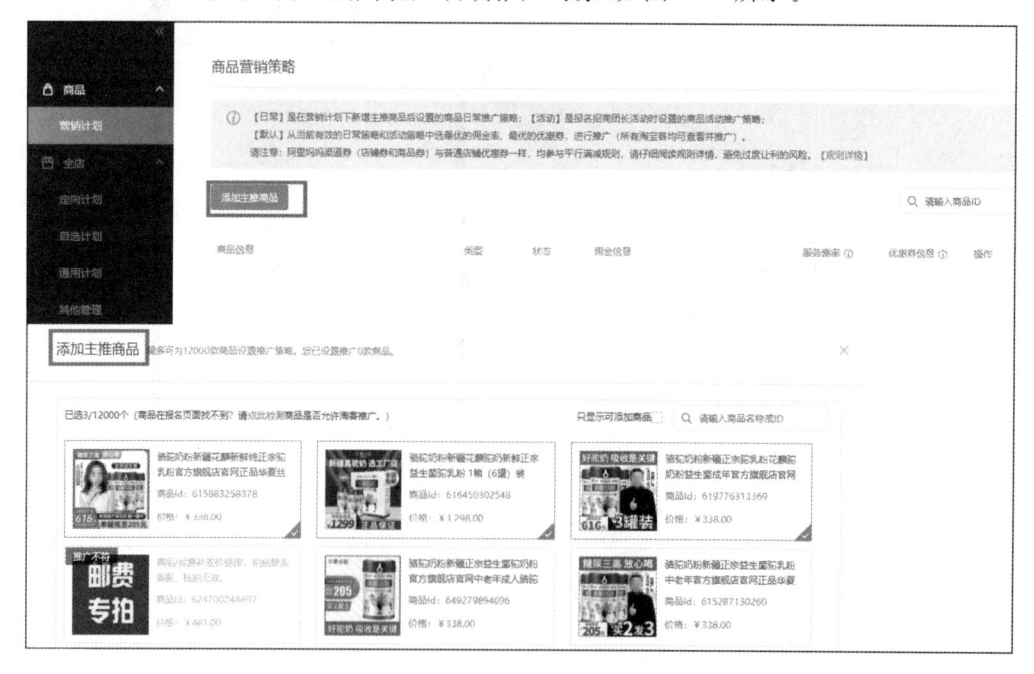

图5-38 添加主推商品

(2)设置佣金比例。根据计划性质和特点设定不同的佣金比例,如图5-39所示。一般而言,通用计划的佣金比例应略高于定向计划,否则可能影响推广效果。

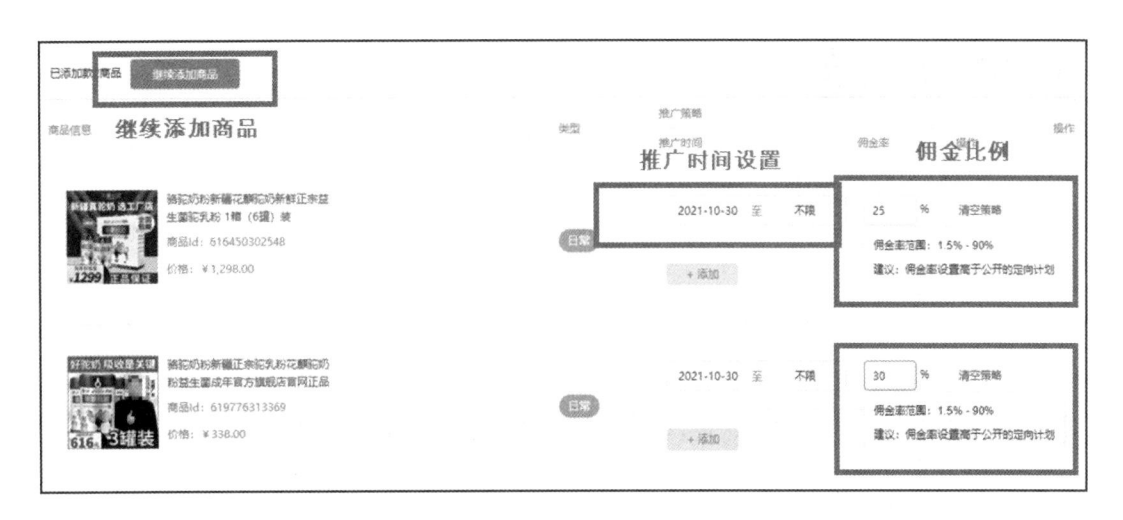

图 5-39 设置主推商品的佣金比例

同一个商品可以支持设置三个日常策略，可以随时删除和添加，如图 5-40 所示。如果还需要添加推广商品或推广时间，也可以在本环节实现。

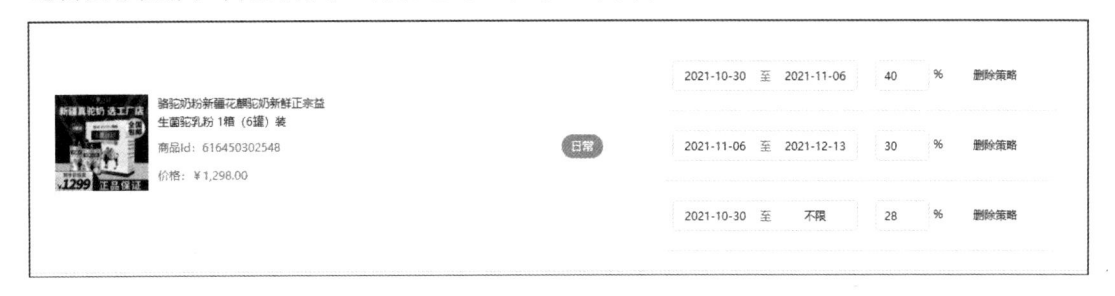

图 5-40 同一个商品的三个推广策略

(3) 关注计划实施情况，及时调整，如图 5-41 所示。

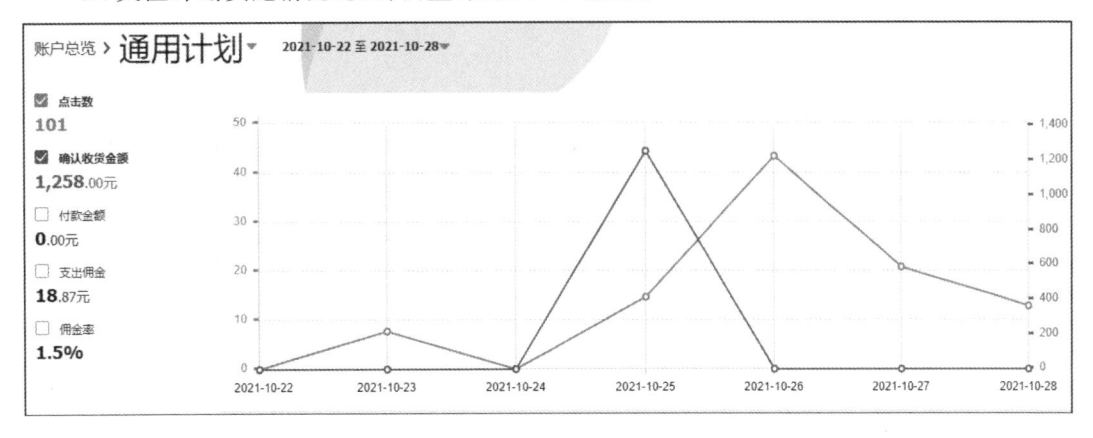

图 5-41 计划实施数据

除了通用计划，卖家还可以根据需要设置定向计划和自选计划。淘宝客推广的关键在于设置合理的佣金比例，使得淘宝客愿意为店铺和商品推广，店铺也能得到流量和转化。

实训任务拓展

1. 至少为店铺设置两个不同种类的淘宝客计划,并分析佣金比例的设置是否合理。

2. 调研并分析淘宝客更倾向于推广哪些类型的商品。在推广条件上有什么特殊要求吗?

思政专题 电商眼看中国——再见!外卖小卡片!

1. 一张小卡片,罚了一万二!

你点外卖的时候,有收到过"好评返现"的小卡片吗?最近,扬州市市场监督管理局对三家当地外卖店做出行政处罚,责令店铺停止违法行为,并处罚金1.2万元。"违法行为"是在包装里放了一张"好评返现"小卡片。

"好评返现"卡片分普通纸张和硬纸卡两种材质,上面印有返现的规则,比如"全五星评价+晒图,加微信客服",就能获得现金奖励,一般在5元以下。

为了吸引顾客的注意,商家们在卡片上使出了浑身解数。有的手写了一两百字的"感谢信",希望能感动顾客;有的专门设置了刮奖区,让顾客体会中奖的快感。

对于这些小卡片,大部分消费者采取无视的态度。当然也有一部分人真的会给予好评,然后加微信领钱。总体上消费者不会反感,毕竟多一张卡片不影响他们用餐。

2021年8月,国家市场监督管理总局发布了《禁止网络不正当竞争行为规定(公开征求意见稿)》,明确提出经营者不得采取以返现、红包、卡券等方式足以诱导用户做出指定评价、点赞、转发、定向投票等互动行为。而且美团、饿了么等外卖平台,也一直禁止商家向顾客索要好评,并提供了投诉渠道。

2. 为什么要抵制"好评返现"?

首先,"好评返现"卡侵犯了消费者的知情权,会让我们对商家的菜品质量做出误判。

在不少消费者眼中,店铺的评分是一项很重要的数据,直接决定他们是否购买。他们也会查看评论区,选择一款好评率较高的菜品下单。但有了"好评返现"行为后,这些评分便不具备参考价值了。试想一下,你选择了一家评分高达4.9的店铺,收到的菜品却很难吃,这种被欺骗感该让人有多愤怒?

所以,反对"好评返现",就是维护作为消费者的知情权,避免被无良商家欺骗。

其次,"好评返现"会增加商家的运营成本,而这些成本会转嫁到消费者头上。

别看现在的外卖单价这么高,去掉平台的抽成、运费、技术服务费后,商家的实际利润只有10%~20%。也就是一单20块钱的外卖,商家只能赚3块钱左右。本来利润已经不多,还要再返现一部分给顾客,利润率又要大打折扣。这方面的额外成本,商家只能通过提价的方式弥补。换句话说,10个人里有一个人领了2块钱红包,那你就要多花2毛钱。

而且,一个商家做了"好评返现"活动,就等于逼迫其他商家也做活动,不做就失去了流量优势。如此导致的结果就是,大家的成本都提高了,收益却没有任何提高,因为市场本身没有发生变化。

不要小看这些小卡片的危害,已经有卖家为此付出了惨痛的代价,而且远比那三位扬州商家严重得多。

从2021年3月份开始,亚马逊便封禁了无数来自中国的跨境卖家,不少经营多年的"大卖"依旧中招,被冻结数十万元甚至上百万元的资金。而它们被封禁的原因,也是这些"好评返现"小卡片。

亚马逊"禁卡"的规则有多严呢?但凡卡面上出现任何"号召性用语"或是任何链接、二维码,甚至是"奖励"等字样,都可以构成封号的条件。如果亚马逊发现商品的评论有异常,也会对商家展开调查,做出警告。

项目总结

俗话说:三分装修,七分运营。运营推广是网店经营中最重要的工作之一,而付费推广又是运营中的关键环节。选择合适的推广方法,设立适当的推广计划首先能够为店铺带来巨大的流量,使店铺的潜在客户迅速增长;其次还能够留住客户,促成并提升转化率;最终为店铺带来丰厚的回报和收益。因此,任何一个网店经营团队都要详细了解网店付费推广的体系方法,掌握相关的应用技巧,更好地为店铺发展服务。

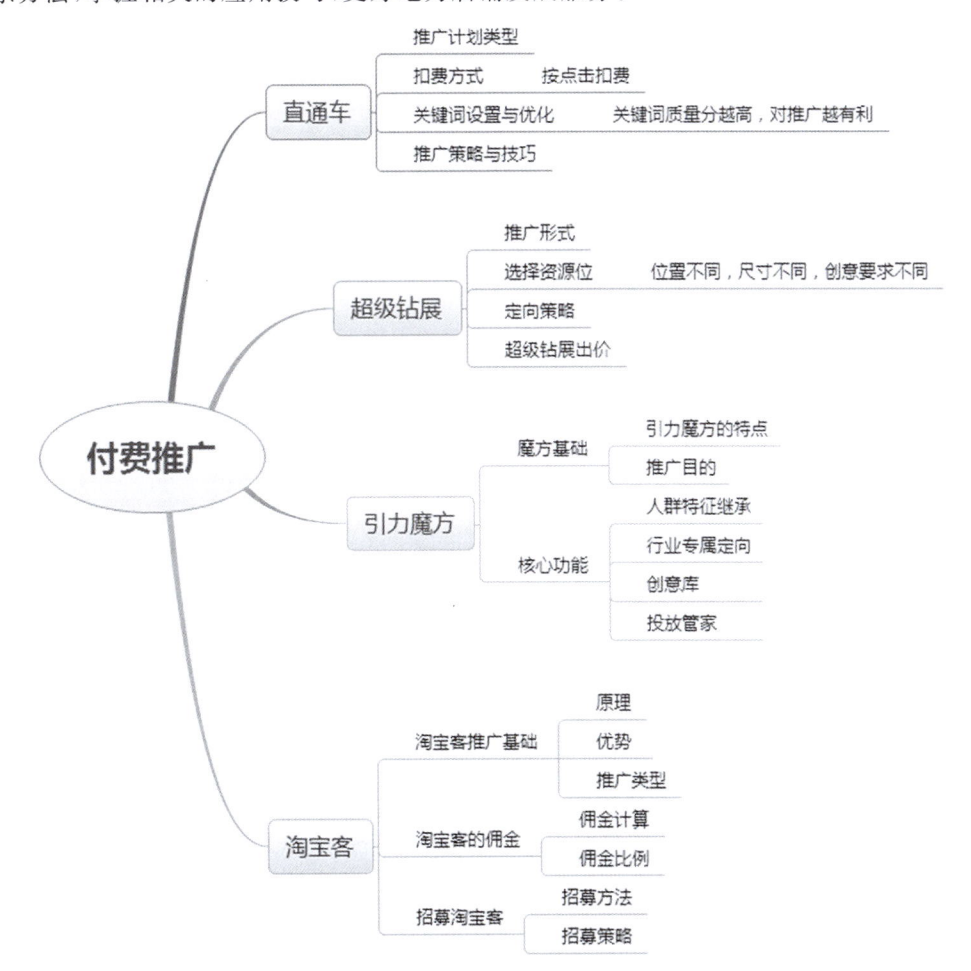

付费推广
- 直通车
  - 推广计划类型
  - 扣费方式 —— 按点击扣费
  - 关键词设置与优化 —— 关键词质量分越高,对推广越有利
  - 推广策略与技巧
- 超级钻展
  - 推广形式
  - 选择资源位 —— 位置不同,尺寸不同,创意要求不同
  - 定向策略
  - 超级钻展出价
- 引力魔方
  - 魔方基础
    - 引力魔方的特点
    - 推广目的
  - 核心功能
    - 人群特征继承
    - 行业专属定向
    - 创意库
    - 投放管家
- 淘宝客
  - 淘宝客推广基础
    - 原理
    - 优势
    - 推广类型
  - 淘宝客的佣金
    - 佣金计算
    - 佣金比例
  - 招募淘宝客
    - 招募方法
    - 招募策略

课后习题

1. 淘宝直通车有哪些推广类型？各类型有什么特点？尝试为某个店铺设计一个直通车推广方案。

2. 根据某个店铺的实际情况，设计一个阿里妈妈引力魔方的推广方案。

3. 寻找淘宝客的方法有哪些？尝试为某个商品进行淘宝客推广。

项目 6

网店客户服务

随着电子商务的不断发展,网络购物平台的竞争日趋激烈,产品的同质化以及低价竞争愈演愈烈,在此背景下,平台的客户服务质量成为影响网店运营的重要环节。买家对客户服务环节的满意度越高,就越愿意在店铺内购买商品。在整个网络交易过程中,客服人员需要直接通过平台交流软件为客户提供服务、解决问题,因此网店客服人员就成为决定客户购物体验、塑造网店对外形象的重要角色。

知识目标

1. 了解网店客服的职责,掌握网店客服应具备的知识和操作技能。
2. 熟悉与客户沟通的原则,掌握售前、售后服务的处理流程和基本方法。
3. 了解客户关系管理的概念,掌握提升客户满意度和忠诚度的方法。
4. 正确认识网店与客户之间的关系,掌握维系客户关系的方法。

技能目标

1. 能够根据客服岗位的工作指引,按要求完成客服的基础工作。
2. 能够利用话术应对售前和售后服务中的典型场景,使客户满意。
3. 能够分析网店当前的客户满意度和忠诚度等,并能够利用有效的方法提升客户满意度和忠诚度。
4. 能够利用客户关怀维系好网店与新、老客户的关系。

职业素养

1. 具有严谨认真的工作作风、吃苦耐劳的工作态度。
2. 具有较强的团队意识,能够配合团队完成工作计划。
3. 具有较强的情绪控制和心理调适能力。
4. 具有良好的沟通交流和人际交往能力,语言表达良好。

项目描述

网店客服人员是指在网店中负责销售商品和为顾客提供咨询和售后服务的在线接待工作人员,一个优秀的网店客服人员应能够从买家的角度出发提供服务,可以使买家按照他的推荐和引导购买商品。

项目情境

钟国萌团队的店铺已经顺利运营了一段时间,但在近期的网店数据分析中发现网店访问量、询单量都很多,可询单转化率却不高,同时客户对客户服务和店铺其他服务也提出了一些意见。他们意识到店铺在客户服务方面要做出一些调整和改变了。

项目实施

网店客服是网店中的一个基础岗位,很多电商从业者都是通过客服岗位入行的。客服岗位看似基础和简单,但实际上这个岗位对人的沟通交流能力、语言表达能力、学习能力等都有着一定的要求。钟国萌团队想改变现状,迅速提升客户服务的水平就必须对客服岗位的基本技能和服务技巧等展开系统的学习。

从客服人员必须掌握的技能和需要具备的能力出发,可将本项目的学习内容分解成以下任务:

任务1　成为一名合格的客服
任务2　为客户提供优质服务
任务3　开展客户关系管理

任务 1 成为一名合格的客服

知识准备

一、客服人员的基本素养

1. 客服人员的行为规范

客服人员的行为规范包括礼仪规范、用语规范和服务规范。

(1)客服人员的礼仪规范要求客服人员真诚地面对每一位客户,用和善友好的态度及笑脸或爱心表情让客户感受到真诚;要时时刻刻尊重客户,不能与客户发生正面冲突,牢记客户至上。客服人员的礼仪规范经常体现在他们对顾客的迎来送往中,见表6-1。

表6-1　　　　　　　　　　客服人员的礼仪规范

场景	用语要点与示范
顾客来访时	"您好,欢迎光临!" "您好,有什么需要我帮忙的吗?" "对不起,请您稍等片刻。" "不好意思,让您久等了。"
顾客提问时	对顾客所提出的问题一定要第一时间回答,使之有被尊重的感觉
顾客离开时	"您还需要别的帮助吗?" "感谢您的光临,欢迎再来。" "您慢走,欢迎您再来。" "不必客气,我们将竭诚为您服务。"

(2)客服人员的用语规范要求在与客户交流时,必须时时注意自己的语气和用词。具体要求为使用礼貌用语,使用正确的称呼,规范对话的用词等,在面对不同服务场景时都要做出得体的回复,见表6-2。

表6-2　　　　　　　　　不同服务场景的规范用语

服务场景	用语示例
欢迎对话	"您好,很高兴为您服务,请问有什么可为您效劳吗?"
咨询对话	"您好,很高兴为您服务,您刚才咨询的商品有货,现在有活动,非常优惠。"
砍价对话	"您好,我最大的折扣权利是300元以上打9折,谢谢您的理解!"
支付对话	"已经为您修改好价格了,一共是××元,您方便时付款就好,感谢您购买我们的商品。"
物流对话	"您好,我们默认是发圆通快递,如有其他的要求,麻烦您在备注中标明,谢谢您对我们的信任。"
售后对话	"对您的不满意我们表示诚挚的歉意,我们会给您一个满意的解决方案,但需要您配合我们完成以下的操作……"
发货后温馨提示	"您的宝贝已按时出仓,请您注意物流信息,祝您愉快。"

(3)客服人员的服务规范要求客服人员训练有素,响应速度快,首次到访的客户响应时间不能超过15秒;对顾客的咨询、顾客需求给予准确的回应,并快速提供顾客满意的答复,需求不明确时做到引导顾客产生需求;建立客户信任,通过经验找到和顾客共鸣的话题,换

位思考给予客户贴切、可行的建议,建立销售的信任;在对话过程中碰到客户刁难、恶意骚扰等问题,能迅速转移话题,恰当处理。

2. 客服人员的品行素养

(1)热爱企业、热爱岗位:一名优秀的网店客服人员应该对其所从事的客户服务岗位充满热爱,忠诚于企业的事业,兢兢业业地做好每件事。

(2)谦和的态度:一定要有一个谦和的态度,谦和的态度是能够赢得顾客对服务满意的重要保证。

(3)不轻易承诺:说了就要做到,言必信,行必果。

(4)谦虚、忍耐与宽容是做好网店客服工作的必备要素。

(5)客服人员要有强烈的集体荣誉感,要勇于承担责任。

二、客服人员的知识与技能

1. 熟悉规则

客服人员能够站在商家的角度了解、遵守平台的交易规则;指引买家查看网店的交易规则,学习如何分步骤操作;掌握最新的电子商务法律法规,如《中华人民共和国电子商务法》等。

2. 了解商品知识

(1)商品的专业知识。客服人员应当对其企业商品的种类、材质、尺寸、用途、注意事项等有一定的了解,还应当了解行业的相关知识,同时对商品的使用方法、洗涤方法、修理方法等也要有一个基础的了解。

(2)商品的周边知识。同一类目的商品可能适合不同的人群,比如化妆品,不同皮肤性质的客户在选择化妆品上会有很大的差别。此外,对同类的其他商品也要有基本的了解。

3. 计算机基本技能的应用

客服人员对计算机的使用主要集中在对客服平台系统的使用以及打字速度上。一般企业对客服人员的打字速度要求为60字/分,只有达标,客服人员才能在短时间内对顾客的咨询做出回应,否则就会影响客服的首响率和首响时间等指标。

三、客服人员的沟通技巧

1. 客服话术及语气

网店客服人员与客户之间并不见面,因此,如何将屏幕上的文字温暖地传达给顾客是客服人员要解决的一大问题。在客服工作中,有很多话术可以帮助客服人员改善沟通技巧,但是不同的话术有不同的应用场景。如针对不同的咨询场景有基础回复、跟单催付、介绍活动规则、品质保证、介绍使用方法、温馨提示等话术;针对不同商品的销售策略,有主推款话术、预售款话术和礼品赠送话术等。

在面对客户咨询下单时,可参考以下话术格式:

➢ 问候语+自报家门+品牌宣导+营销活动……

在解决纠纷时,可参考以下话术格式:

➢ 问候+致谢+致歉+解决方案(或换位解释)+欢送语(或表情)……

在使用各种话术时,用词和语气也尤为重要。例如,在收到顾客投诉时,客服人员不仅不能着急,还要以感激的语气真诚地感谢顾客的监督,使得店铺能够不断成长;在给顾客道歉时,客服人员的语气必须真诚和谦逊。

客服人员每天面对的都是各种类型的顾客,只有把工作做细,才能真正赢得顾客的心。

2. 服务中的禁忌用语

规范的服务用语让顾客感到舒心,但是我们还是经常能听到失败的服务案例,这其中就有很多是由于客服人员使用了禁忌用语造成的。禁忌用语是在客服工作中必须避免的。

(1)态度生硬,不耐烦

- 什么事呀?
- 急什么!
- 你烦不烦!
- 你不要说了,听我讲。
- 难道我是在为你一个人服务吗?

(2)服务冷淡,缺乏热情

- 这是我们的规定,我也没办法。
- 你的问题我这里解决不了,你找别人吧。
- 这我怎么知道?
- 你问我,我问谁去?
- 你说的这个问题,我不知道。

(3)质问、质疑、侮辱顾客

- 不是告诉你了嘛,怎么还问?
- 你怎么连基本常识都没有?
- 这个问题我说了你也听不懂。

(4)挑衅顾客

- 投诉是你的权利,你去投诉好了!
- 要告到哪里是你的事,谁怕谁!

实战指引

要成为一个合格的客服人员,需要我们在基本素养、知识技能和沟通能力等方面不断提升自己。具体可以这样做:

1. 检视自己,发现问题

对照标准为自己打分,看看自己在这三个方面的能力处于哪个层次,找出差距。同时可以在同学中找到一个自己的目标,不断努力朝目标靠近。

2. 找到短板,各个击破

找差距的目的在于及时发现自己的不足,利用有针对性的训练方法来修复自己的短处。

如打字速度太慢,就要每天坚持练习,一个月后打字速度就会有很大提升;如果沟通能力欠佳,那么就要督促自己多参与团队活动、小组讨论,并且鼓励自己多发言,慢慢建立自信等。

3. 积极训练,全面提升

任何一种能力都要靠不断训练才能得以保持和提高,所以,不中断地练习才能使自己爬上更高的台阶。

实训任务拓展

1. 以美妆产品(如护肤精华)为例,请你从商品专业知识和周边知识两个角度收集该商品的知识,建立商品知识库。

2. 以客服人员要具备的职业素养为标准,说说自己从事客服工作的优势和劣势。和同学们进行交流。

思政专题 电商眼看中国——数字人民币将走进冬奥全场景

手套钱包、挂件钱包、卡片钱包……这些五花八门的数字人民币硬钱包,你更喜欢哪一个?近日,有消息称,中国银行与中国联通合作推出的滑雪手套、冬奥特色徽章、智能手表等形态多样的数字人民币硬钱包,将与数字人民币软钱包一起亮相2022年北京冬奥会。作为数字人民币研发试点和冬奥会筹办工作的重要组成部分,数字人民币北京冬奥场景试点正在稳妥有序地推进。

1. 软、硬钱包各显特色

"钱包"是数字人民币的重要载体,也是数字人民币流通环节中的重要一环。作为数字人民币重要创新成果之一,数字人民币硬件钱包内置芯片,支持双离线支付,形态、款式多种多样,且可匿名获取、使用,不仅具备便捷、安全的特点,还能充分保护用户个人隐私,在数字人民币的普及推广中发挥重要作用。

硬件钱包在一些特定场景,比如在小额高频支付、客户隐私保护、中小学校园管理、社保、医疗、交通、生活缴费、体育赛事、扶贫、赈灾及其他无网络交易等场景,仍有很大的探索和发展空间。未来通过物联网与区块链结合,硬件钱包还可以实现机器对机器(M2M)的自动支付。

数字人民币软钱包服务则是通过数字人民币 APP 提供的,使用方法与用户日常使用的移动支付相似,操作简单、便捷。根据认证方式和实名程度不同,可分为一、二、三、四类钱包。其中,第四类钱包仅凭手机号码就可申请开立,最大限度地保障匿名性。这样设计一方面满足公众合理隐私保护需求,另一方面是防范大额可疑交易风险。

2. 冬奥场景实现全覆盖

据了解,冬奥会期间,境内外消费者皆可根据自身习惯及使用偏好自主选择手机 APP 形式的数字人民币软钱包或不依托手机的数字人民币硬钱包。中国银行工作人员介绍说,用户只需要通过中国银行网点、硬钱包自助兑换机、定点酒店等渠道申请即可,可以在闭环区域内各个消费场景使用。

截至目前,张家口赛区冬奥安保红线内支付场景基本实现全覆盖。已建成场馆的 5 个支付场景 100% 落地;未建成场馆的 14 个支付场景已 100% 签约,其余 30 多个在建场景已完成商户 100% 对接。在冬奥安保线外,数字人民币落地场景也已遍地开花。例如,宁远机场、张家口辖属高速公路、加油站、崇礼公交实现数字人民币支付全覆盖。王府井、世纪金源等重点商圈及物美超市等连锁店均已支持数字人民币消费。八达岭长城、故宫、圆明园等旅游胜地及一些签约酒店也可以使用数字人民币了。如有医疗需要,还可以使用数字人民币在北京和张家口部分定点医院、数百家药店进行结算。

围绕北京 2022 年冬奥会推动数字人民币在更多场景的试点应用,目前已顺利落地冬奥场景 35.5 万个,实现交通出行、餐饮住宿、购物消费等七类场景全覆盖。北京数字人民币冬奥全场景试点应用正稳步推进,全市白名单用户数量占全国的 15%,试点场景数量占全国的 20%。

3. 数字人民币加速落地

自 2020 年以来,数字人民币越来越频繁地出现在公众视野中,其试点城市已经从最开始的北京、苏州、成都、深圳,逐步拓展至上海、长沙、海南、青岛、大连、西安等多地。不仅试点规模不断扩大,一些试点地区还在根据区域特色打造亮点项目,数字人民币生态布局逐渐铺开。例如,北京先后成功开展了"数字王府井冰雪购物节""京彩奋斗者数字嘉年华""京彩惠民生数字嘉年华"等数字人民币试点活动,营造出良好的数字人民币消费氛围。海南省三沙市永兴岛提出将通过超市、宾馆、政府食堂等消费场景的全覆盖,把永兴岛打造成"数字人民币消费岛"。同时,"数字人民币消费岛"也将成为三沙市金融科技创新的新名片。

中国数字人民币的落地已经走在了国际前列,继续研发与支持数字人民币有助于中国获得更多话语权与国际合作机会。在即将到来的北京冬奥会上,数字人民币有望大放异彩。

任务 2　为客户提供优质服务

一、售前客户服务

售前客户服务就是在买家未确定购买何种商品之前,客服人员为买家提供的一系列服务,主要目的是刺激买家的购买欲望。在售前服务中,客服人员要与买家进行有效的沟通,积极了解买家的需求(例如,买家想买什么商品?购买过程中的关键诉求点是什么?)然后根据了解到的情况制定定制化的营销策略。

1. 售前客服的基本服务流程

一般来说,售前客服接待买家的基本流程主要有 9 个环节,如图 6-1 所示。

有效的售前客服绝不仅仅是聊天,而需要在与买家聊天的过程中获取各种有效信息,搜集买家的属性信息,对买家进行识别和细分,然后对买家进行客户分层,并对询单进行分析,分析买家的主要关注点是什么、对商品有什么要求等。

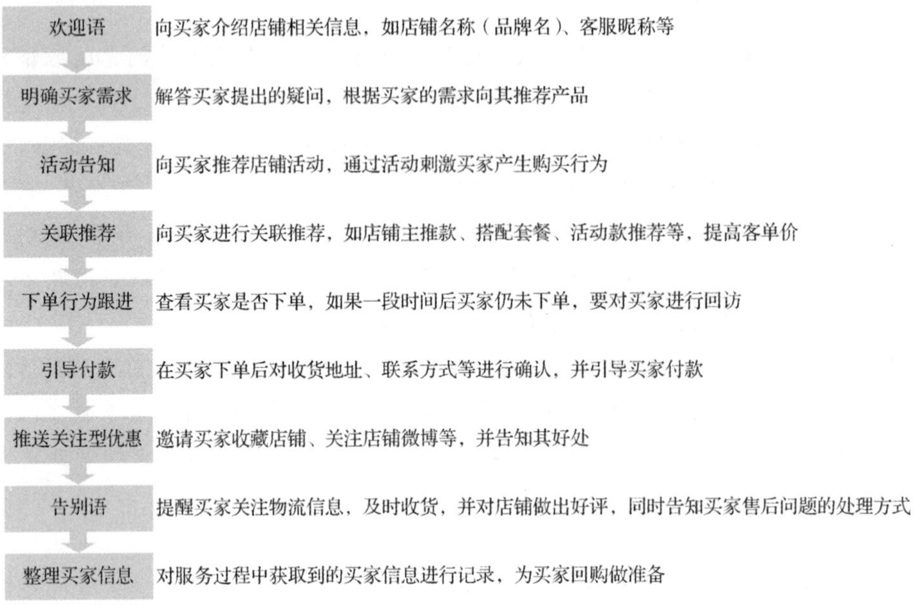

流程	说明
欢迎语	向买家介绍店铺相关信息，如店铺名称（品牌名）、客服昵称等
明确买家需求	解答买家提出的疑问，根据买家的需求向其推荐产品
活动告知	向买家推荐店铺活动，通过活动刺激买家产生购买行为
关联推荐	向买家进行关联推荐，如店铺主推款、搭配套餐、活动款推荐等，提高客单价
下单行为跟进	查看买家是否下单，如果一段时间后买家仍未下单，要对买家进行回访
引导付款	在买家下单后对收货地址、联系方式等进行确认，并引导买家付款
推送关注型优惠	邀请买家收藏店铺、关注店铺微博等，并告知其好处
告别语	提醒买家关注物流信息，及时收货，并对店铺做出好评，同时告知买家售后问题的处理方式
整理买家信息	对服务过程中获取到的买家信息进行记录，为买家回购做准备

图 6-1 售前客服接待买家的基本流程

2.订单催付

在网购过程中，即使买家已经下单，也有可能因为犹豫不决而"跑单"，或者与客服人员进行价格谈判。在这个环节中，如果客服人员不能有效地把握买家的心理采取积极措施，很容易导致本来可以成交的订单流失。催付款是买家的最后一道防线，需要客服人员采用精湛的技巧来攻破。

(1) 找准买家未付款的原因

造成买家下单后不付款的原因众多。如果客服人员能够找准买家未付款的原因，然后对其进行针对性的催付提醒，那么成功挽回订单的概率就会提高很多。

①店铺新买家。造成新买家不付款的原因是最为复杂的，通常包括以下情况：

a.不熟悉支付操作流程。

b.账户目前余额不够。

c.对店铺和商品缺乏信任感。

d.怀疑商品质量和售后服务，对商品进行比价。

e.客服人员没有及时地响应等。

因此，对新买家下单后未付款的情况，客服人员需要通过沟通工具与买家进行直接沟通，为买家解答相关疑问。一般情况下，如果客服人员在这个环节能够耐心且专业地回答买家的疑惑，并为他们提供有效的建议，买家不仅会及时付款，甚至还会对店铺留下良好的印象，提高二次回购率。

②二次回购或多次回购的老买家。老买家在购买过程中对有些要素是非常敏感的，如果在回购的过程中没有达到他们的期望值，而且店铺商品与同类竞品相比竞争优势不明显，他们很有可能会彻底放弃订单。另外对于多次回购的买家，表明其已经对店铺产生了较强

的依赖性，他们需要的是卖家的信任与尊重，以及更精准化的推荐式服务。卖家和客服人员要做的就是让这些老买家体会到自己身份的尊贵性，一般的操作方法是用"会员等级特权＋累积消费好处＋更加准确的推荐式服务"的模式，实践证明这是比较适合这类人群的催付方法。

（2）采取灵活的催付话术

在整个催付环节中，规范使用催付用语是非常关键的。针对核对地址和快递方式，提供包邮服务或折扣优惠，询问买家是否还有疑问，向买家强调发货效率，告知买家交易即将关闭，告知买家可以享受优惠，为老买家提供超值优惠等具体情形，客服人员应该规范使用催付语言，力争达到最优的催付效果。

（3）备注催付结果

客服人员完成首次催付后，要及时对催付结果进行备注。对催付后仍未完成付款的买家，要根据备注适时地再进行一次催付，以提升成功付款率。

二、售中客户服务

售中客户服务指卖家在买家已经购买了商品并付款后，但还未收到货期间为其提供服务。在此期间，卖家可能会遇到一些与发货相关的问题，如查询物流信息、取消订单等，这就需要售中客服人员来解决。

当买家下单并付款后，客服人员要请买家核对订单，检查收货地址、手机号码、商品品种、商品型号等信息是否正确，确认买家是否有特殊要求需要备注说明，避免因为买家的疏忽而造成信息错误，以减少不必要的售后问题。如图6-2所示展示了售中客户服务中查件、退换货、取消订单的处理流程。

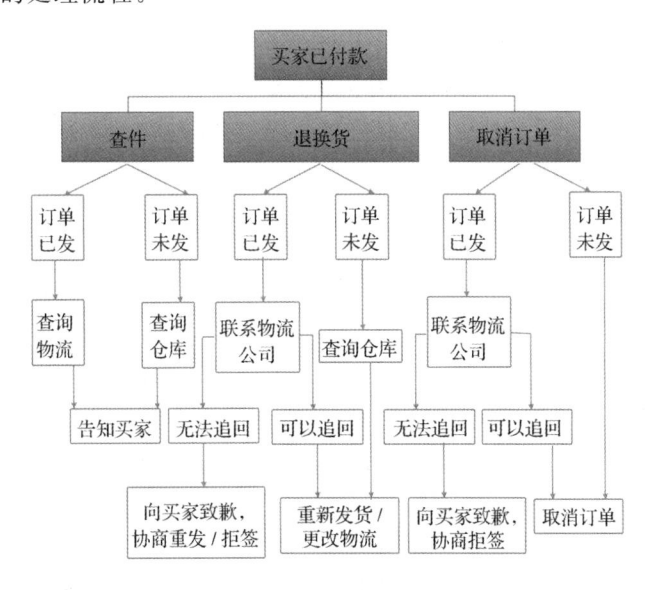

图6-2 售中客户服务中查件、退换货、取消订单的处理流程

三、售后客户服务

售后客户服务指卖家在商品销售出去以后为买家提供的所有服务。查询买家收到货后对商品的反馈,指导买家对商品进行安装调试、维修维护、处理买家投诉,以及处理退换货等都属于售后服务的范畴。其中,退换货处理和中差评处理是售后服务中问题比较集中的环节,卖家尤其需要注意这两个环节。

1. 做好包裹签收关怀

包裹签收关怀信息指在买家完成包裹签收之后,卖家向买家发送的信息(如短信、平台消息提醒等),其主要作用就是指导买家正确地使用商品,引导买家做出好评,引导买家顺利地找到售后问题的解决方式。

包裹签收关怀信息主要包括两个方面的内容:一是售后引导买家做出好评;二是说明商品的使用方法。

(1)售后引导买家做出好评

买家签收包裹并打开之后,往往做的第一件事情就是查验商品与自己的期望值是否吻合,随后他们会做出不同的行为反应。买家签收包裹后的典型行为逻辑如图 6-3 所示。

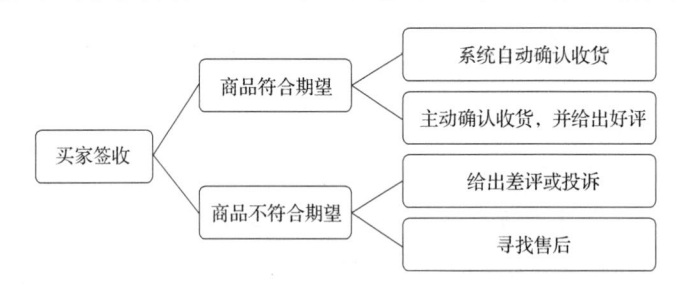

图 6-3 买家签收包裹后的典型行为逻辑

在买家完成签收后,卖家应该及时向买家发送包裹签收关怀信息,对买家的行为进行引导并进行积极有效的沟通。在沟通过程中,卖家要以诚恳的态度告知买家收到商品后如果遇到问题,客服人员会在第一时间协助其解决问题,这样有利于提升买家的满意度,从而实现引导买家做出好评的效果。

(2)说明商品的使用方法

很多商品在使用过程中具有一定的专业性或复杂性,而买家收到商品后不一定能够马上掌握商品的正确使用方法。

通过客服简单有效的引导行为,不仅可以让买家学会正确地使用商品,避免其在体验商品的过程中因为使用不当导致商品不能正常发挥功效。同时,买家原来的购物期望中并没有对商品使用建议的期望,却因为卖家提供了这样的服务而感到惊喜,于是满意度就会得到很大程度的提升。

2. 退换货问题的处理

在售后服务中,卖家可能会遇到买家退换货的情况。因为卖家原因造成的错发货、少发货、商品有质量问题等售后问题的处理方法见表 6-3。

表 6-3　　　　　　　　　　　　部分售后问题的处理方法

售后问题	具体情况	处理方法
错发货	退货	告知买家退货流程,卖家承担运费
	换货	请买家提供收到的商品照片和发货单,卖家进行核对,然后为买家重新发货并承担运费
少发货	退款	可以直接将少发商品的金额退还给买家
	补发	请买家提供收到的商品照片和发货单,卖家核对少发的商品,然后给买家补发并承担运费
质量问题	退货	告知买家退货流程,卖家承担运费
	换货	卖家承担运费并给买家重新发货
非质量问题	退货	在不影响商品第二次销售的情况下,买家承担运费
	换货	在不影响商品第二次销售的情况下,买家承担运费,同时卖家要再次与买家核对所需商品的信息

3. 中差评的处理

(1) 处理中差评的原则

在网店经营中,遭遇中差评是一个难以回避的问题。卖家在处理中差评时需要遵循以下原则:

①把握解决中差评的时效性。在买家给出中差评后,卖家需要在中差评产生的第一时间来寻求解决办法。

②选择恰当的沟通时机。卖家要尽量选择买家空闲的时间来联系对方,这样能有效地降低买家拒接电话、挂断电话的概率。同时,选择恰当的沟通时机有利于卖家一次性较好地解决中差评问题,不用在一个问题上出现多次反复。

③做出迅速准确的判断,并及时调整策略。在处理中差评的过程中,卖家要在和买家沟通的过程中迅速做出判断:买家修改中差评的可能性。在买家态度强硬的情形下,卖家应该调整方向,把注意力放在对差评的解释上,以诚恳的态度对买家遇到的情况进行解释,尽量降低差评造成的负面影响。

(2) 处理中差评的技巧

当店铺出现了中差评或投诉时,卖家和客服人员要态度诚恳,及时与买家进行沟通处理。在处理中差评的过程中,卖家和客服人员要特别注意以下 4 点:

①及时查明原因。有瑕疵的商品必然会引起买家的不满,导致买家做出差评,甚至投诉卖家。这个时候客服人员要及时和买家取得联系,耐心地弄清商品存在什么问题,寻找导致买家不满的原因,并及时帮助买家解决问题。

②认真倾听买家的"批评"。买家收到商品后向客服反映商品有问题时,客服人员要比进行交易时更加热情,这样会让买家觉得卖家的服务态度很好。如果客服人员在买家购买商品时表现得很热情,当商品出现问题时却爱搭不理,这样会给买家造成一种极不负责的印象,最终很可能会导致客户流失。

③态度诚恳,并提出合理的补救措施。不管由于什么原因引起买家不满,卖家都要诚恳

地向买家道歉,以缓解买家的不满等情绪,对确实是由于卖家方面的原因而导致买家不满的,卖家可以主动向买家提出补偿方案。一个好的补救措施不仅能让问题得到圆满解决,有时还可以帮助卖家换回一个好评。

④跟进处理。当给买家提供补偿时,无论补偿方案进行到哪一步,卖家都要明确地告诉对方,让买家知道售后解决的进度,直到问题妥善处理完毕。

实战指引

客服人员是连接店铺与客户的纽带,是店铺中直接面向客户的岗位,因此,客服人员的服务水平和态度一直影响着客户对店铺的整体评价。在实际工作中,需要客服人员认真聆听客户的声音,才能更好地为他们解决问题。具体可参考以下流程:

1. 态度热情,迎客进店

客户进店后,客服人员的问好及迎客方式会给人留下深刻的第一印象,为双方后期关系构建打下基础,所以客服人员要格外注意这一点。

2. 以听为主,适当发问,挖掘需求

客服人员与顾客交流的目的在于引导成交,明确客户需求是促成成交的第一步。利用适当的提问是挖掘需求的好方法。

3. 贴心推荐,促进转化

紧紧抓住客户的需求,为其推荐适合的、性价比高的产品,最好能为客户准备几种不同的方案,让客户有充分的选择余地。

4. 订单成交,礼貌送别

客户根据自己的需求下单后,客服人员礼貌送别客户,并提醒客户后续遇到任何问题可随时和自己取得联系,让客户对商品的售后服务感到安心。

一名有经验的客服人员除了遵循基本的客服流程,还要对与客户交流过程中的突发状况进行灵活应对。

实训任务拓展

根据你掌握的售前、售中、售后的服务要点,用合适的话术回复客户提问(表6-4)。

表6-4　　　　　　　　回复客户提问

问题	回复话术
在吗?	
你家信誉怎么这么低呢?	
你家的东西是正品吗?	
你们价格怎么这么贵?别家卖得比你们便宜。	
我过几天就出差了,你们能快点发货吗?	
能不能再便宜些?能否给个赠品?	
我下单都5天了,怎么还没收到货?	

思政专题　电商眼看中国——移动支付收款码新规来啦！

移动支付的出现，一举改写了国内支付市场的格局，很多人或许都已经很久没有使用过纸币了。

不过，归根结底，支付宝和微信等都属于第三方支付平台，虽然在很大程度上方便了人们的日常生活，但也在发展的过程中暴露了各种问题，比如有些人利用支付宝、微信的支付渠道进行偷税、漏税以及洗钱等不法行为。

也正是由于这个原因，国家决定推出与移动支付收款码有关的新规。这让很多人以为商家未来不能再利用收款码收钱了，甚至还有人表示，未来或许要重新回到现金时代了。可事实真的如此吗？

新规强调的是企业、商家不得再以个人收款码进行商业活动。意思就是，个人收款码不得再用于经营性服务，企业或者商家未来必须要用商业收款码来进行收款。那么这项规定对国内支付市场会有什么样的影响呢？

首先，从国内市场的角度来看，随着这项新规的实施，支付市场环境将得到很大的改善，而且也更便于国家进行管理。在如今电商普及的情况下，商家越来越多了，要知道，无论生意大小都需要给国家缴纳相关税款，但如果用个人收款码来替代商业码，那么其营业流水就无法呈现真实情况，而且相关部门也无法对这么多商家进行一一核实。

其次，近些年来利用个人收款码进行洗钱的事件也是越来越多了，采用商业收款码不仅让各个商家的营业流水、账目透明化，而且还能从根源上遏制洗钱的问题，从而减少诈骗案的发生，更重要的是国家也更便于管理。

对我们个人消费者会有什么样的影响呢？

商业收款码的提现费用率高达0.6%，而个人收款码的提现费用率只有0.1%，对有些营业流水多但净利少的商家而言，这显然是他们不愿意看到的，而最好的避免方式或许就是只收现金了。也正是由于这个原因，不少人担心国内支付市场会重新回到现金时代，而我们以后买东西也可能必须要用现金了。

其实大可不必有这个担忧，虽然商业收款码的提现费用更高，但带来的好处也更多。商业收款码的交易记录有必要时是完全可以公开化的，相比于个人收款码，前者的数据更加权威，因此，这将会在很大程度上避免商家与消费者之间有时候关于付款是否成功的一些纠纷。而且，随着新规的实施，可以预料，相关部门未来必然会在费率问题上进行调整，从而找到一个可以让商家感到平衡的支点。

所以，完全不用担心会回到现金时代，新规的实施并不是倒退，而是以更规范的方式推动支付市场的健康发展。

任务 3　开展客户关系管理

一、客户识别，强化认知

店铺中每个客户的画像是不同的，卖家在面对不同画像的客户时，为其提供的服务也应该有所区别。因此，当店铺形成流程化、标准化的服务模式之后，就要考虑建立个性化的服务模式。

对客户画像的管理，其实就是在客户服务过程中为客户提供具有创造性、有记忆点的个性化服务，这要求卖家在店铺管理中深度挖掘客户情报，也就是要主动地了解客户、识别客户。

1. 客户识别的目的

客户识别的目的如图 6-4 所示。

图 6-4　客户识别的目的

（1）识别有购买意向的客户

卖家每天都会接待大量的客户，但并不是所有的客户都会产生交易。网购平台上同样存在着只"逛"不买的客户。通过进行客户识别，卖家可以将这些客户剔除出去，筛选出具有购买意向的客户。

（2）识别最有价值的客户

所谓客户价值的识别，就是发现客户的消费能力与消费意愿。其中客单价是售前客服需要重点监控的一项指标，所以能否引导高价值的客户在店铺中产生尽可能大的客单价，也是客户价值识别的重要内容。

（3）分析客户的意图

客户的意图指客户的真实目的或期望，了解客户的意图是提高客户满意度的关键。从实现的过程来看，通过对客户意图清晰的认识，才能找到客户关心的焦点，进而更好地满足客户的需求，让客户产生感动，并将这种感动尽可能地延伸为满意度。

2. 客户识别的方法

针对电子商务交易过程中，客服人员与客户网络化沟通的特点，我们可以充分运用电子商务交易过程中海量数据存储的优势。客服人员可以通过分析客户在购物平台上的相关数据特征,如聊天工具数据、会员信息、聊天过程中的文本信息特征、客户订单特征等,来判断客户的商品喜好、购买意图、消费能力、沟通特点等,从而提高订单成交的概率。通过海量大数据可以为卖家开展客户识别工作提供有利的条件。

(1)分析聊天工具中的数据

以淘宝网为例,客服人员可以在与客户聊天的过程中查看客户的相关信息,将其作为开展客户识别工作的依据。

①注册时间:反映了客户接触淘宝的时间。对网购"新人"和"老人"来说,网购中表现出的行为反应是迥然不同的。

②上次登录:反映了客户使用旺旺的活跃度。一般可以反馈出两个方面的信息:客户注册旺旺的时间,每次登录的间隔期。客户注册的时间越早,登录的间隔期越短,说明活跃指数越高。

③买家信誉:一般的交易规则是客户每完成一次交易,系统就会对交易对象进行一次信用评价,并给出相应的分数,随后根据分数给出相应的信用标识。通常情况下,买家的信誉等级越高,其购物的频次就越高,客服人员对于符合此类数据特征的用户可以重点关注。

(2)分析会员信息

客户在店铺中注册的会员信息也是进行客户识别的有效参考依据,尤其对老客户来说,其会员数据所包含的购物信息会更加精细化,客户的购物倾向也就更加容易判断。

(3)分析与客户聊天中的文本信息

聊天工具数据、会员信息等数据所反映出来的都是相对固定的信息,在客户识别过程中一般有章可循,即什么样的数据可以对应什么特点的客户。而通过与客户聊天过程中的文本信息来进行客户识别,往往就带有较强的感性特征。文本等同于语言,与在现实中面对面沟通具有相似的效果,在网络交易过程中,每个人的聊天风格也能体现其所具有的一些特质。

我们可以看两个实例。

聊天记录一:

客户:"卖家在吗?"

客服:"在的!"

客户:"我选好了商品,已经下单了,什么时候可以发货?"

客服:"今天下午3点之前就可以为您安排发货。"

客户:"好的。"(笑脸表情)

客服:"感谢您的光临。"

聊天记录二:

客户:"如果衬衫和西裤搭配买是多少钱?"

客服:"169+239=408(元)。"

客户:"哦,好的,能优惠一些吗?"

客服:"可以给您打个九折!"

客户:"打九折是多少钱?"

客服:"打九折是367.2元,给您算360元。"

客户:"哦。"

客服:"我们这款衬衫上的刺绣是全手工制作,衣服的料子非常好。而且这两款衣服都是今年的最新款,一般最新款是不会有折扣的!"

客户:"但我还是觉得有点儿贵,我再考虑考虑吧。"

客服:"好的,您也可以看看我们店里的其他款,也许会有喜欢的!"

客户:"好的。"

通过分析以上两个聊天记录可以看出,"聊天记录一"中的客户比较爽快,从客户发送的文字、下单行为中就可以感受到他基本属于"友好""不纠结"型客户,客户发送的笑脸表情也反馈出这个客户应该处于比较愉悦的状态。在这种情况下,客服人员可以和客户进行进一步的沟通,以增强客户对店铺的黏性,促使客户进行回购。

"聊天记录二"则反映该客户对商品的价格比较敏感。如遇到类似情况,建议客服人员可以将客户的价格敏感特征标示出来,为后续进行询单跟进做准备。在实际操作中,卖家不能简单地将价格敏感型客户定义为低价值客户,因为这样的客户对商品的需求点是非常明显的,如果商品符合其需求,而且卖家能给出一个让其接受的价格,这种客户的复购率往往比其他没有任何特征的客户高。

(4)分析客户订单的特征

对大多数卖家来说,以上介绍的方法可以帮助卖家构建一个相对具体的客户画像,并在一定程度上帮助卖家提高客户服务水平。如果卖家想要制定更详细的客户体验规划,就需要分析并利用客户订单数据,从中寻找有效的信息。对客户订单中的信息进行分析,可以帮助卖家进一步完善客户画像。

总之,客服人员在完成客户识别之后,基本上也就完成了客户画像,随后便进入为客户提供服务的环节。后期通过有针对性的操作,客服人员的角色定位将由客服角色转变成顾问角色,提高老客户的询单转化率。

3. 客户分层,关注与关怀重点客户

为了有效地落实为客户提供个性化服务的策略,卖家在客户服务环节应该坚持"着重关注"原则,对客户进行分层,需要客服人员更加关注4类重点客户,从而降低他们的流失率。

(1)着重关注第一次询单的客户

一般来说,一个第一次到店铺询单的客户对客服回应速度的期望是最高的,所以对第一次询单的客户,卖家应该确保客户能够得到最快速的响应。

很多卖家会通过设置自动应答来实现对客户首次接入的及时响应,虽然自动应答能够保证客户得到快速的应答,但大多数客户更加关注的是人工客服的响应速度,这样的设置可能会让客户形成心理落差,反而会降低客户的购物体验。

(2)着重关注复购率较高的老客户

一般来说,老客户对店铺购物体验的期望会高于一般客户。如果老客户的期望没有被事先发现并得以满足,他就很容易感到失望,进而降低购物体验。例如,某个店铺的VIP客户对店铺的服务抱有很高的期望,在购买某件商品时向客服人员提出希望能够享受折扣的要求。面对这种情况,一旦客服人员处理不当,在回复时生硬地拒绝客户的要求,比较容易导致客户流失。按照现代心理学的观点,当客户认为自己享受某种服务是理所当然的,客服人员却不能为其提供这种服务时,店铺就很难为客户打造超出其期望的购物体验。当遇到这种情况时,客服人员可以转变一种方式,从另一个角度为客户创造优越感。

(3) 着重关注设有标签的客户

标签客户指设有特殊标识的客户,比如设有较强的成交意向,犹豫不决需二次跟进,下单未付款等标识,以便后续进行有针对性的跟进。客服人员应该树立"凡是标签客户,必高度重视"的观念,不忽视任何一个标签客户,这样在客户服务过程中才能有效地降低遗漏有价值客户的概率。

(4) 着重关注高频应答的客户

在客服人员应答后,客户能在5秒之内甚至立即做出应答,说明客户当前正非常专心地与客服人员进行沟通。很多场景下,客户在心理上可能就会将客服人员沟通的状态与自己的状态进行对比,如果客服人员也能在黄金6秒内快速且准确地回答客户的问题,客户就不会有心理落差,所以,当客户对客服人员的响应速度有很高期望时,需要客服人员更加注重响应速度。

二、客户筛选,数据追踪

电子商务与传统零售行业一样,其本质都是零售交易,都是通过寻找和锁定目标客户群,为目标客户提供优质的商品和服务,从而促成交易。为了提高网店客户的活跃度和留存率,提高交易转化率,优化客户筛选机制,为店铺建立一个完善的会员体系,并进行相关联的数据追踪是非常重要的。

1. 会员等级设计

会员等级是进行会员层级划分,制定有区别的会员权益,为会员提供有针对性、个性化商品和服务的基础,所以确定会员等级方案是构建会员体系的第一步。

会员层级指会员的不同等级,商家可以为不同等级的会员设置不同的名称,如图6-5所示。

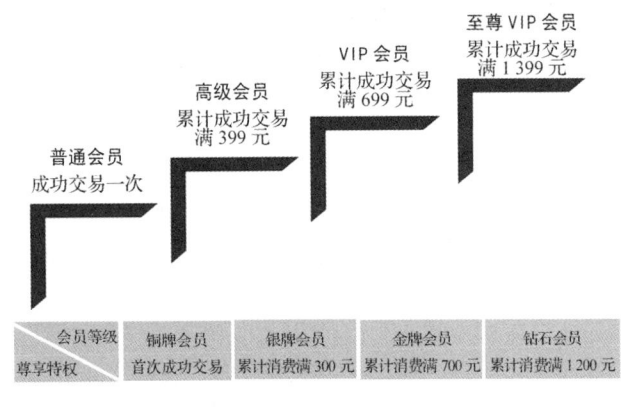

图 6-5 会员等级设置

2. 会员成长体系的设置

在会员体系中，会员成长的模式主要有两种：一种是提升模式；另一种是升降混合模式。

(1) 提升模式

提升模式操作起来比较简单，卖家直接按照设定好的规则对会员等级进行提升即可。最常见的会员等级提升规则就是会员累计交易达到一定的金额即可自动提升，或者会员交易满多少笔即可提升。从效果上看，提升模式对会员购物积极性的刺激力度一般，卖家在建立会员体系初期或中期阶段可以采用这种模式。

(2) 升降混合模式

与提升型的会员成长模式相比，升降混合模式操作起来比较复杂，卖家需要考虑各个会员等级的有效期限。若某个等级的会员在有效期内不再符合卖家设定的该等级会员的要求，则该会员就会被降级，成为等级较低的会员；若会员在有效期内满足该等级会员的条件，则会保留会员等级。卖家可以根据自己店铺的特点设置会员升降级规则。比如，可以设置至尊 VIP 会员在一年内交易订单未满四笔将被降级为 VIP 会员；VIP 会员在一年半内交易订单未满三笔将被降级为高级会员；高级会员在半年内交易订单未满两笔将被降级为普通会员。

与提升模式相比，升降混合模式会给会员制造出一定的紧迫感，进而能够更有效地刺激客户进行消费。但是，这种模式操作起来比较复杂，需要卖家耗费较大的精力和时间去关注不同等级的会员是否仍符合该等级会员的条件，比较适合客户黏性较高、会员制度比较完善和成熟的卖家。

3. 不同级别会员权益的设定

对卖家来说，消费者也是受利益驱使的，完成会员等级提升后，"我能得到什么"是客户首先会思考的一个问题，而解决这个问题的方案就是设定合理的会员权益。常见的做法有会员可以享受折扣、专享商品、免费试用等服务。

会员权益除了要多样化，能够从物质、心理的角度切实给客户带来刺激之外，还应具有差异化的特点。因为会员权益不仅要能对非会员产生吸引力，吸引其成为会员，还要能对已有会员产生持续的吸引力，刺激其消费，保持对店铺忠诚。因此，这就要求会员权益的设定要根据会员等级的不同具有差异性，等级越高的会员所能享受的权益的范围应该更大一些。

通常来说，买家在会员体系中所享受的权益可以分为 3 类，即价格权益、服务权益和专享权益。

(1) 价格权益

价格权益指对不同等级的会员实行不同的价格策略，即会员的等级越高，其在购买商品时所能享受的价格优惠就越大。为会员提供价格权益的主要方式有商品折扣、满就减、差额优惠券等。

(2) 服务权益

很多电子商务平台本质上就是一个打折的网络交易平台，卖家做活动、打折的现象层出不穷，更加导致了平台上的优惠信息泛滥。因此，卖家需要构建更多的与价格无关的权益方式来对会员的成长进行激励,也就是为会员提供更多的服务权益。为会员提供服务权益的方式有快递优选、生日特权、无理由退换货、上新优先权等。

(3)专享权益

专享权益指通过对客户所能购买的商品进行限制来凸显会员的尊贵。在稳定的会员体系中,专享权益必须是显式的,且具有暴露性的特点,仅仅让能够享受专享权益的人看到专享区是不够的,而是要让所有客户都可以看到,因为能看到专享权益却不能购买才能产生刺激效应。专享的商品必须有卖点,无论是从价格上,还是从商品本身的款式、风格等特性上都需要具有较为特殊的吸引力。

4. 会员体系的评估与调整

会员体系平台搭建好并经过一段时间的测试后,卖家需要对会员体系的运行效果进行评估,以便发现问题并及时优化体系设置。会员体系的有效评估主要包括两个方面的内容:首先是对会员体系运行效果的日常监控,其次是对会员体系的调整与优化。

(1)对会员体系运行效果的日常监控

通过对会员体系的运行效果进行日常监控,卖家可以及时了解会员管理中存在的漏洞,从而为优化会员体系提供数据支持。在日常监控中,主要的监控内容有4项:

①会员新增率

会员新增率指固定时间段内(如一个月内)新增会员的占比。它主要体现了会员推广方案和会员政策对客户产生的吸引力。其计算公式为:

会员新增率＝(本月会员人数－上月会员人数)/上月会员人数

②会员消费占比

会员消费占比反映的是会员制度刺激会员重复消费的效果,它体现了会员制度能否刺激会员让其发挥自身的最大价值。其计算公式为:

会员消费占比＝固定时间段内会员的消费金额/店铺所有客户消费金额

③会员活跃度

会员活跃度指某个固定时间段内在店铺内购买商品的会员人数占总会员人数的比例。其计算公式为:

会员活跃度＝固定时间段内购买商品的会员人数/总会员人数

会员活跃度反映了会员管理的有效性,反映了会员制度是否能够刺激会员处于一种活跃的状态。

④会员流失率

会员流失率指某个统计时间段内未购买过商品的会员人数占总会员人数的比例。在通常情况下,会员流失率的统计时间段较长,一般以"年"为单位。

上述4个指标可以用于各个等级会员的评估。除了以上4个指标外,对会员体系运行效果的日常监控还包括对每个等级中有待升级的会员人数进行监控,以便帮助卖家把握营销方向,制定有针对性的营销策略。

(2)对会员体系的调整与优化

当会员体系政策实施一段时间后,卖家可以根据实施效果对会员体系进行调整与优化。

卖家要对会员体系进行验证,即通过数据分析对会员体系的准确性进行分析,判断其标准定得是否准确。

例如,某卖家按如下方法设置店铺的会员体系:普通会员(成功交易一次即可)占比为80%,高级会员(499元≤累计交易金额<888元)占比为15%,VIP会员(888元≤累计交易金额<1 088元)占比为4%,至尊VIP会员(累计交易金额≥1 088元)占比为1%,见表6-5。

表6-5　　　　　　　　　　　某店铺会员体系

会员等级	会员人数占比	会员等级要求
至尊VIP会员	1%	累计交易金额≥1 088元
VIP会员	4%	888元≤累计交易金额<1 088元
高级会员	15%	499元≤累计交易金额<888元
普通会员	80%	成功交易一次即可

待会员制度实施一段时间后,如果按照各等级会员所占比例不变的情况进行分析,其各等级的会员所对应的累计最低消费金额与最初设置的要求相比有所提升,即高级会员的最低累计消费金额提高至530元,VIP会员的最低累计消费金额提高至988元,至尊VIP会员的最低累计消费金额提高至1 288元,见表6-6。

表6-6　　　　　　　各等级会员所占比例不变的情况分析

会员等级	会员人数占比	会员等级要求
至尊VIP会员	1%	累计交易金额≥1 288元
VIP会员	4%	988元≤累计交易金额<1 288元
高级会员	15%	530元≤累计交易金额<988元
普通会员	80%	成功交易一次即可

如果按照各等级会员最低累计消费金额不变的情况进行分析,其中高级会员和VIP会员的人数占比有所提升,见表6-7。

表6-7　　　　　　各等级会员最低累计消费金额不变的情况分析

会员等级	会员人数占比	会员等级要求
至尊VIP会员	0.7%	累计交易金额≥1 088元
VIP会员	7.3%	888元≤累计交易金额<1 088元
高级会员	20%	499元≤累计交易金额<888元
普通会员	72%	成功交易一次即可

得出分析结果后,卖家根据分析结果是否符合设置会员体系的预期目标,决定是否继续沿用会员体系,如图6-6所示。

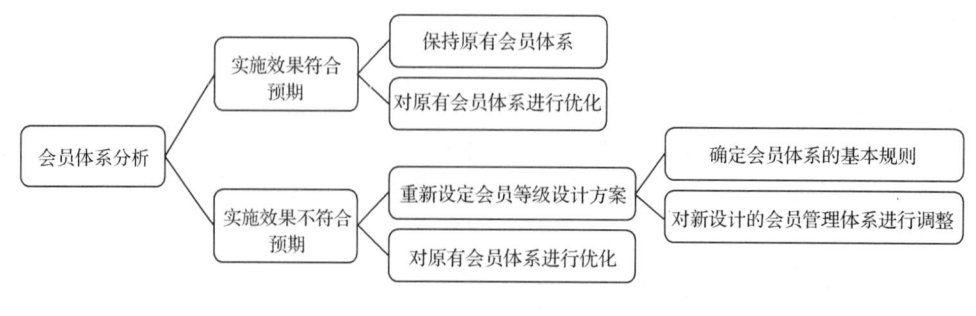

图6-6　会员体系分析

三、构建体系,定期回访

老客户指已经熟悉并且多次购买使用卖家的商品或服务,且在品牌、商品或者店铺上对卖家产生了一定的依赖和信心的买家。卖家要想将店铺经营好,就要把握每一个数据,花最少的成本来获取最大的回报,做好二次营销不失为留住更多老客户的有效方法。

1. 建立客户档案

一般来说,网店客户的购物历史会有较大的差别,有的客户对店铺中的某件商品感兴趣,但只做过简单的咨询;有的客户在店铺内购买过某件商品;有的客户是在店铺内经常购物的老客户。不管是哪种客户,卖家都应该详细地收集他们的资料,为开展客户维护做好前期准备。

把分散的客户信息整理起来最简单的办法便是将客户信息导入 Excel 表格中进行集中的管理与维护。需要整理的信息包括客户的姓名、性别、电话、地址、来源、购买时间、购买商品等,见表 6-8。

表 6-8　　　　　　　　　　网店客户信息数据库

姓名	性别	电话	地址	来源	购买时间	购买商品	备注

如果与客户刚建立关系,卖家可以根据订单信息向客户确认姓名、电话号码和通信地址,并在有可能进行深入沟通中捕捉其他更精准化的信息。

2. 客户购物中做好客户关怀

一个完整的网购过程一般包括订单催付、发货提醒、包裹签收等环节。通常来说,在客户购物的不同阶段,卖家可以设置不同的客户关怀,从而让客户感受到卖家服务的贴心和诚意。客户关怀案例见表 6-9。

表 6-9　　　　　　　　　　客户关怀案例

客户关怀类型	释义	信息示例
未付款提醒	未付款提醒一方面是为了尽快促成交易的实现,另一方面也是对客户的一种贴心提醒。需要注意的是,卖家在做未付款提醒时不要表现出催促买家付款的意思	感谢您在本店下单,如果您在下午 4 点之前付款,我们今天就能帮您把货发出去
付款关怀	在客户付款后,卖家要在第一时间给予适当的反映,一方面可以使客户放心,另一方面也可以展现店铺良好的服务态度和专业的服务水准,让客户对店铺的商品和服务更有信心	亲爱的(×××收件人姓名),感谢您购买我们的商品!我们会尽快为您安排发货,让您尽早拿到商品
发货提醒	卖家在发货后向客户做出发货提醒,这样一方面便于客户查看物流相关状况,另一方面可以给客户留下一个好印象	亲爱的(×××收件人),您在本店购买的商品已发货,您可以随时根据订单号查看物流信息!
到达提醒	当商品到达客户所在的城市时,卖家及时提醒客户关注商品的到达状况,能给客户留下一个贴心的印象,便于店铺拉拢回头客	亲爱的(×××收件人),您的商品已经到达您所在的城市,即将安排派送,请您注意查收

续表

客户关怀类型	释义	信息示例
签收提醒	客户签收商品后,卖家可以向客户发送签收提醒,这样做不仅能表示对客户的关心,更重要的是能对客户产生一定的引导作用,让他们在对店铺和商品形成一个良好印象的前提下,做出有利于店铺的评价	亲爱的(×××收件人),商品已送到,请您注意签收!
评价感谢关怀	对给出好评且评价内容质量较好的客户,卖家要及时表示感谢,这样做一方面可以让客户认为此次购物体验是非常愉快和值得的,另一方面可以进一步宣传店铺,让客户印象深刻,增加其再次购物的可能性	感谢您的评价,您的评价是我们不断改进服务的动力,希望您能向您的朋友推荐本店,当然,我们更期待您再次光临小店
客户回访	在完成交易后,如果店铺中有新品上架,或者店铺中有新的优惠活动,卖家都可以通知客户,邀请其来店浏览。有时甚至不需要任何理由,卖家也可以像老朋友一样提醒客户经常回店来看看。这样的宣传方式一般不会使人反感,反而会给人们淡淡的温情。有时,这种简单的温暖就足以让人留恋	您已经很长时间没来本店看看了,现在购物赠送精美小礼品,××店铺期待您的再次光临

很多时候由于店铺运营资金或人员规模的限制,一部分卖家可能没有足够的精力去做诸如发货提醒、到达提醒等细致的服务环节,但有两个关键点是卖家务必高度重视的:一是已提交订单却未付款的客户,二是签收提醒。因为客户未付款将直接影响订单的成交率,而签收提醒将直接影响客户的留评率。

3. 客户购物后做好客户二次维护

客户购买商品之后,一般会产生以下 3 种行为:

第一,分享。向朋友推荐自己购买的商品。

第二,回购。当客户有需要时会继续购买该商品或其他关联商品。

第三,流失。客户对店铺的某些商品不满意,最后流失。

一般来说,网店的客户会形成多种类型,如图 6-7 所示。

潜在客户 → 新客户 → 老客户 → 流失客户
                              ↓
                           忠实客户 → 粉丝

图 6-7 网店客户的类型

客户第一次在店铺内购买了商品只能算是新客户,当客户在店铺内有二次或者三次购买,或者为店铺商品进行传播分享之后会成为店铺的忠实客户。卖家需要在客户购买商品之后对其进行二次维护,进而让客户能够对店铺内的商品产生信赖和依赖,这样更有利于店铺的品牌传播。

卖家在客户购买商品后,会对客户开展二次维护工作,一般从以下 3 个方面入手:

(1) 分析客户回购周期

通过 Excel 表格对客户做最基本的回购周期分析，如客单价、回购周期、回购频次等，见表 6-10。

表 6-10　　　　　　　　　　客户回购周期分析

姓名	性别	电话	地址	购买商品	客单价	回购周期	回购频次

(2) 做好商品的周期性营销

商品的周期性营销指在客户购买商品之后基于商品的使用周期来对客户进行维护，主要分为商品购买期、商品使用期、商品使用结束期、商品重购期等。

在商品购买期，卖家需要在商品交易的各个环节中做好全方位体验服务；在商品使用期，卖家要积极地与客户进行情感沟通，做好客户关怀；在商品使用结束期，卖家要及时跟进客户，通过促销优惠吸引客户二次回购；在商品重购期，卖家可以通过一些特殊权益和情感关怀增强客户对店铺的黏性。

(3) 做好客户生命周期维护

网店运营阶段要做好客户生命周期的维护，即在客户的生命周期环节找到与客户产生联系的接触点，然后跟进维护客户。具体维护流程如图 6-8 所示。

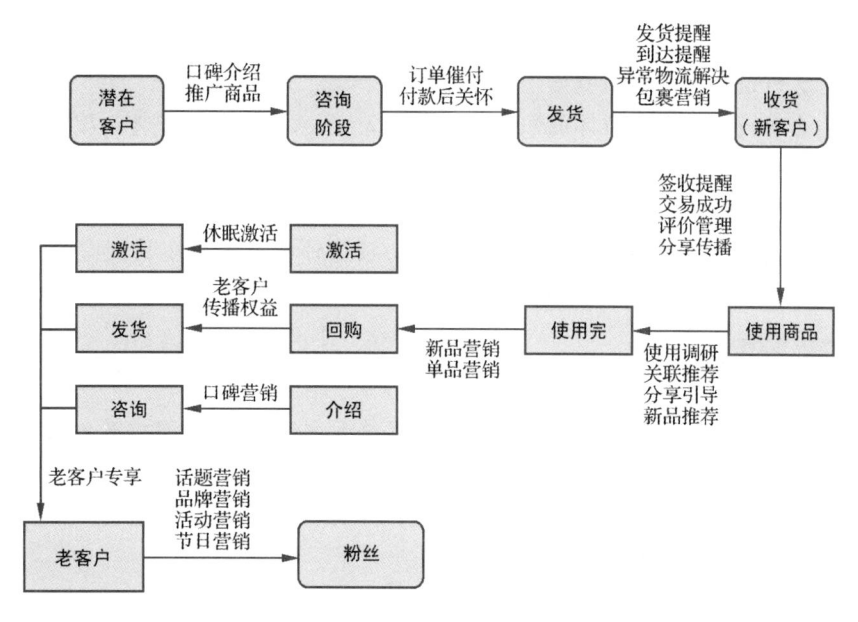

图 6-8　客户生命周期维护流程

4. 做好老客户的日常维护，有效地刺激消费

在做好老客户的日常维护这一方面，卖家可以借鉴一些传统实体店铺经常使用的、比较有效的方法。

(1)客户特定回馈活动

为客户制定一些特定的回馈活动,最典型的比如客户生日回馈,除了向客户赠送生日卡或小礼物之外,还可以设立一个 VIP 客户生日当天消费,可以在原有折扣的基础上再给予一定折扣的优惠方式;节假日回馈,会员购买指定商品奖励回馈等。要让客户真切地感受到会员身份给其带来的尊重和满足感。

(2)向老客户咨询意见

卖家可以向店铺的老客户咨询意见,收集其最期望店铺举行的活动类型。如果客户提出的意见可行,既不影响品牌形象,又与店铺无明显的利益冲突,卖家完全可以考虑选择实施。因为这是一件彼此都受益的好事。

实战指引

在客户关系管理工作中,应注意以下要点:

1. 定期整理客户信息,积累客户资料

客户资料是企业的一大隐形财富,掌握了详细的客户资料就能够完成客户画像,对企业后续制定发展经营策略有很大帮助。

2. 分析客户资料,了解客户群变化

客户资料分析要利用相关软件(如 Excel)进行,分析结果能够显示在一段时间内的关键客户指标(如购买偏好、客单价、复购率等)的变化,从而帮助企业了解客户群体的变化趋势。

3. 根据客户情况制定会员制度

会员门槛的设置与客户群体的数量和质量有关,了解了客户群整体情况,才能使企业的会员权益分配更科学合理。

4. 分级管理,开展会员关怀

根据会员层级差异开展差异化会员关怀。会员关怀的方式和工具要有创意和吸引力,这样才能让下一级会员产生继续升级的愿望。

实训任务拓展

1. 以学校的超市为例,对超市的客户情况展开调研,根据调研结果为超市制定一个会员制度。

2. 如果你是公司的一名客服人员,现在让你去对公司的一名老客户开展关系维护,请说一说你会用哪些方法。

思政专题 电商眼看中国——农业农村部携手电商平台打造示范县

2021年5月7日,农业农村部下发《关于开展"互联网+"农产品出村进城工程试点工作的通知》,计划在 2 年内建成 100 个示范县,实现农产品出村进城便捷、顺畅、高效。这意味着筹划数年的"互联网+"农产品出村进城工程正式启动,也拉开中国农产品生产、加工、储运和销售等环节加速互联网化的序幕,将进一步释放农产品电商的增长潜力。

据悉,"互联网+"农产品出村进城工程的牵头部门是农业农村部市场与信息化司,在该工程的前期筹备工作中,拼多多、中化等企业给予了大力支持。

1. 解决农产品"卖难"

农产品"卖难"是困扰中国农业发展的长期难题,但随着农产品电商,特别是生鲜农产品电商连续多年高于电商整体增速快速增长,有效地促进了农产品产销衔接、推动农业转型升级、助力农民脱贫增收。这给政府部门提供了解决难题的抓手。

2019 年 12 月 26 日,农业农村部、国家发展改革委、财政部及商务部联合出台了《关于实施"互联网+"农产品出村进城工程的指导意见》,从工程实施层面提出了系统解决农产品"卖难"问题的具体方案。该意见出台后,农业农村部市场与信息化司司长专门撰文解读,他认为,产销信息不对称是农产品"卖难"的核心症结。

拼多多《2019 年农产品上行发展报告》显示,拼多多 2019 年农产品电商销售额达到 1 364 亿元,同比上涨 109%,并连续三年保持三位数增长,这也使其成为国内最大的农产品上行平台。拼多多农产品电商高速发展的原因恰恰是以"拼"的模式,基于农货智能处理系统和遍布全国的新农人体系,建立了一条有效匹配农产品供需的高速路,化解了产销信息不对称,实现产销顺畅对接。

拼多多独特的农产品上行模式,刚刚经受"抗疫助农"的严格检验。2021 年 2 月以来,在市场与信息化司的指导下,拼多多联合湖北等各省区的 150 多位市、县长直播带货,帮助各地特色农产品上行。截至 4 月 30 日,抗疫助农活动成交订单量超过 1.1 亿单,售出农产品总计超过 3.5 亿千克。贫困地区和特色农产品优势区,是此次试点工作的重点地区。据了解,2020 年春节前,拼多多就派出工作组,前往云南、四川、新疆、陕西、山西、黑龙江、新疆、山东、广西、福建、河南、浙江等省区调研,重点围绕"三区三州"和优势农业区,遴选试点县、市。

2. 产业和消费双升级

解决"卖难"后,进一步要卖好。打造优质特色农产品供应链,成为这次"互联网+"农产品出村进城工程试点工作的重头戏。农业农村部市场与信息化司司长此前表示,农产品大流通新格局正在构建,农产品产销对接的形式,除向电子商务等无形市场发展,还要向保障数量与质量并重转变。在此次试点工作计划中,还将推动形成一批新型物流枢纽,配备预冷、低温分拣加工、冷藏运输等冷链设施设备,集中实现网销农产品商品化处理、品控分拣、打包配送、统配统送等功能。

针对农产品形成品牌难等问题,农业农村部还明确要求积极培育塑强区域公用品牌,通过全网营销体系进行县域农产品整合销售。

"互联网+"带来的产业升级,将推动农民与城市居民的消费升级:让城里人吃上更新鲜的农产品,帮助农民买得起高性价比的工业品。

3. 落地农产品上行超短链和数字链

在传统产销模式下,农产品出村进城要经历 5 个以上环节,耗费高,耗时长。拼多多的农产品上行模式,以分布式人工智能为基础架构,通过人际互动和游戏等各种"划群"能力,把长周期的分散需求归集为短周期的批量需求,形成产地直发的"超短链",提供了让利供需

网上开店实务

两端的充足利润空间。

智能匹配与超短链的打造,都需要大数据技术支撑。作为一家技术驱动的互联网企业,为加大支持农产品上行的力度,拼多多正在探索在需求数字化的基础上推动生产端的数字化,建立需求侧、流通侧和生产端的完整数字链。农业农村部此次携手拼多多是对电商行业在农产品上行领域取得突出成就的认可。

项目总结

具备网店客服的基本技能和职业素养,能够全心全意为客户提供优质服务,站在全局的角度针对全店客户开展客户关系管理,做好客户关怀、客户分级以及客户关系维护等细节工作,是迅速提升网店客户服务工作水准的有效途径。

随着电子商务行业的不断发展变化,客户服务质量已经成为网店良好发展中的关键一环,每个卖家都要注重对客服人员的专业培训,使他们能够高效地为顾客提供贴心服务,提升网店的核心竞争力。

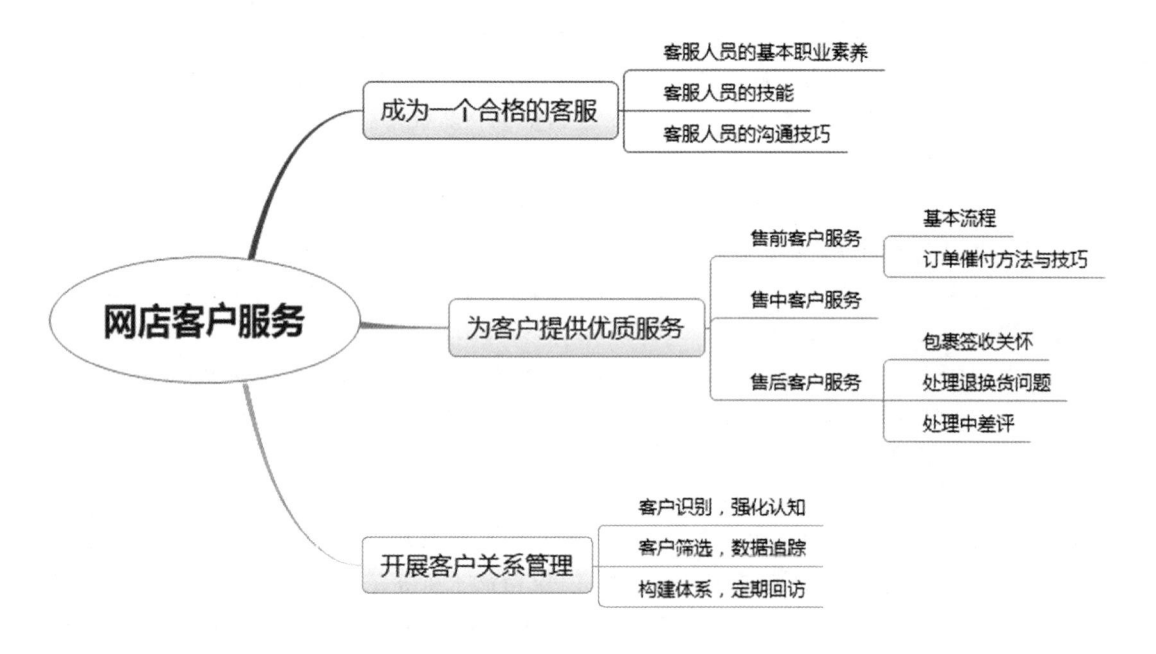

```
网店客户服务
├── 成为一个合格的客服
│   ├── 客服人员的基本职业素养
│   ├── 客服人员的技能
│   └── 客服人员的沟通技巧
├── 为客户提供优质服务
│   ├── 售前客户服务
│   │   ├── 基本流程
│   │   └── 订单催付方法与技巧
│   ├── 售中客户服务
│   └── 售后客户服务
│       ├── 包裹签收关怀
│       ├── 处理退换货问题
│       └── 处理中差评
└── 开展客户关系管理
    ├── 客户识别,强化认知
    ├── 客户筛选,数据追踪
    └── 构建体系,定期回访
```

课后习题

1.买家 A 从某网店买了一件衣服,收到货后发现衣服上有一个破洞,于是给了网店一个差评并要求退货,评价内容为:"衣服质量太差了,打开包装还没上身就发现一个破洞"。遇到这样的问题,作为售后客服人员应该如何处理?

2.网店与买家 C 约定 48 小时内发货,但是 3 天了货还未发出,网店是否属于违规?为了避免客户投诉,客服应该如何与买家沟通?

3.客户关怀的工具有哪些?每种工具的优缺点及适合情景是什么?

项目 7

网店运营数据分析

自数据分析诞生起,卖家就主要依靠行业经验来管理和运营网店。随着行业竞争的愈演愈烈,大数据时代的来临,越来越多的卖家意识到数据才是网店运营坚实可靠的后盾。没有经过数据分析而制定的网店运营策略,在大数据时代都将被淘汰。

知识目标

1. 掌握网店运营状况分析的内容。
2. 理解网店运营分析关键指标体系。
3. 掌握网店运营核心数据分析方法。
4. 熟悉常用数据分析工具,掌握常用工具的使用方法。

技能目标

1. 能够根据网店经营状况确定数据分析内容。
2. 能够分析网店运营中的核心数据。
3. 能够灵活应用常见的数据分析工具。

职业素养

1. 熟悉计算机信息技术相关法律法规，合理合法地开展数据收集。
2. 具有较强的团队意识，能够与他人配合完成工作。
3. 具有较强的数据分析能力、信息挖掘能力。
4. 具有严谨认真的工作作风、吃苦耐劳的工作态度。

项目描述

数据化运营是电子商务的大势所趋。网店数据不仅反映了店铺的运营状况，也暗示了店铺未来的运营方向。一个成功的卖家不仅要对数据有着足够的敏感度，而且要会对店铺的各种数据进行科学的分析。卖家要根据数据分析结果，及时发现网店运营过程中存在的问题和商机，并快速地做出正确的决策。

项目情境

经过一段时间的经营，小钟团队获取了很多在网店经营方面的经验，同时团队成员也发现了一些让他们疑惑不解的现象，比如有时候店铺访客突然增多，但是并没有大幅提升当日的销售额；在上一周销量还不错的商品，到了本周就无人问津了……这时有人提醒他们，这些只是在日常网店经营中的现象，要透过现象看本质就得仔细分析店铺后台的经营数据。只有从分析店铺经营数据入手才能找到问题的原因，给出有针对性的解决办法。

小钟团队的成员恍然大悟，赶紧打开店铺的生意参谋，试图找出网店经营中存在的本质问题和解决办法。

项目实施

网店运营数据分析是通过数据的形式把网店经营各方面情况反映出来，使运营者更加了解网店的运营情况，便于调整网店未来发展的运营策略。网店最核心、最重要的运营数据包括网店流量数据、客户行为数据、交易数据、行业发展等，卖家应该随时关注这些数据。

卖家要对网店运营数据指标进行全面的认识，理解并能够灵活运用分析方法和工具后，才能够根据网店运营中出现的异常现象进行准确的判断。具体分为以下几个任务：

任务1　认识网店数据分析

任务2　分析网店的客户数据

任务3　分析网店的核心运营数据

任务 1 认识网店数据分析

知识准备

数据分析在网店运营的不同阶段扮演着不同的角色，在网店规划伊始，它是规划师，帮助网店规划发展路线、商品选款；在网店建设期间，它是设计师，通过数据分析确定网店装修风格和商品的视觉呈现效果；面对顾客时，它可以是行为分析师，分析买家的购物偏好、客户画像等，协助店铺找到更多的新客户并维护好店铺的忠诚客户；在网店推广阶段，它是营销策划师，通过对现有资源的合理分析，做出最优的销售计划，促进销量增长；在网店遇到发展困难时，它又是医师，诊断网店的状况，找出"病源"并对症下药……由此可见，数据分析能极大地助力网店的发展，而正确的分析流程和工具选择是保证分析效果的前提。

一、数据分析的基本流程

有人曾经说过，网店运营岗位的主要工作概括来说就是两个字：数据，即分析前一日的销售数据，对比竞店、竞品的客户数据，统计促销的活动数据等。因此，作为一个卖家，随时监控全店各类数据，发现异常数据及时采取对策，减少网店的损失是重要的日常工作。

网店数据分析的基本流程如图 7-1 所示，分为数据收集、数据整理、对比分析、优化方案四个环节。

数据收集 ▷ 数据整理 ▷ 对比分析 ▷ 优化方案

图 7-1 网店数据分析的基本流程

1. 数据收集

在展开网店数据分析之前，需要收集运营数据，完整、真实、准确的数据是开展数据分析工作的基础。常见的数据有以下几种：

（1）网店流量数据

网店流量数据可以在一定程度上反映店铺和商品的受欢迎程度，对流量数据的分析可以协助卖家对网店一段时间内的经营状况进行把握，如图 7-2 所示。

（2）网店客户数据

客户画像是卖家了解店铺客户的重要方法。要做好店铺数据就要熟悉相关的客户信息，主要包括客户性别、所属地域、来访次数、消费层级等，如图 7-3 所示。

（3）网店交易数据

网店交易数据反映在一段固定的时间内，店铺商品交易的总体情况，包括下单买家数、

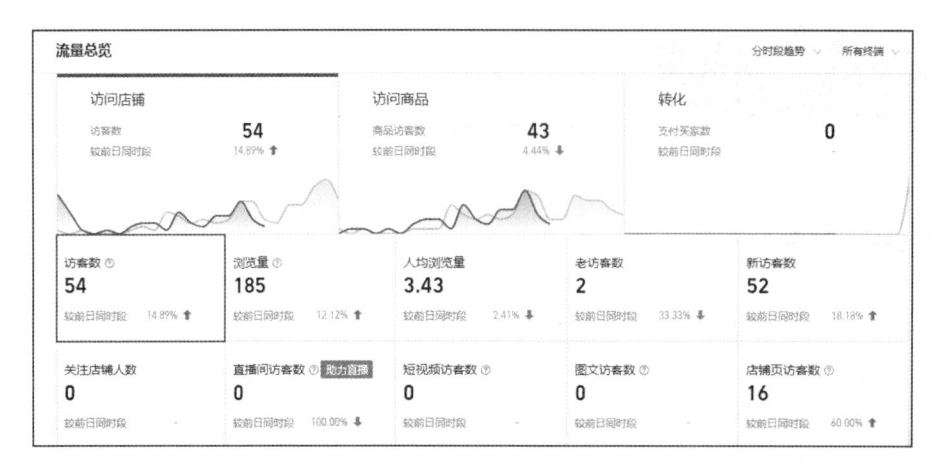

图 7-2　网店流量数据

图 7-3　客户特征分布数据

下单金额、支付买家数、支付金额、客单价等，如图 7-4 所示。

图 7-4　网店交易数据

(4) 网店推广数据

网店推广数据主要反映卖家利用各种推广工具或促销活动提升店铺知名度和销售额的具体效果，例如网店举行了单品宝的促销活动，活动期间就有相应的数据产生，供卖家随时衡量活动的推广效果，如图 7-5 所示。

项目 7　网店运营数据分析

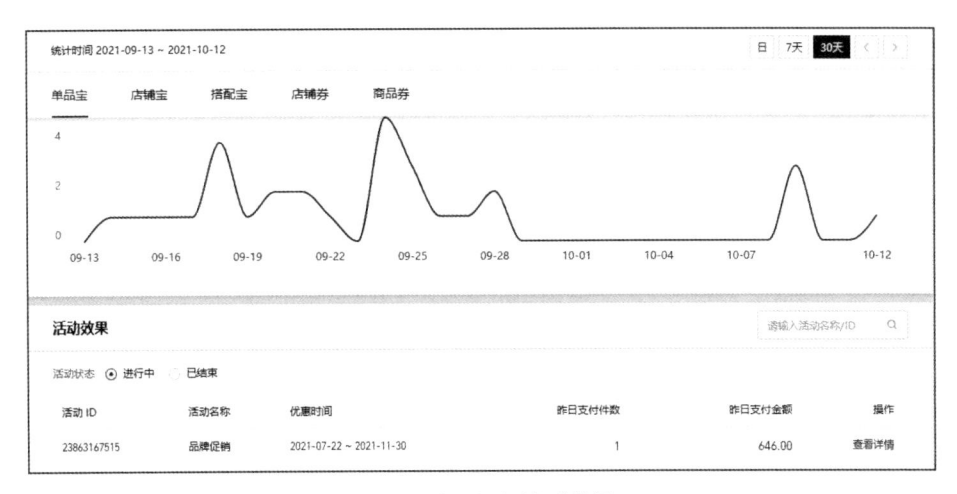

图 7-5　单品宝活动相关数据

在实际的网店经营中,卖家要能够根据不同的分析目标采集不同的数据开展数据分析。

2. 数据整理

从不同渠道采集来的数据多而杂,需要经过预处理。清除无效数据,对原始数据进行加工处理,使之系统化、条理化,以符合后期分析的需要。用图表形式将数据展示出来,如图 7-6 所示,可以简化数据,使之更容易理解和分析。

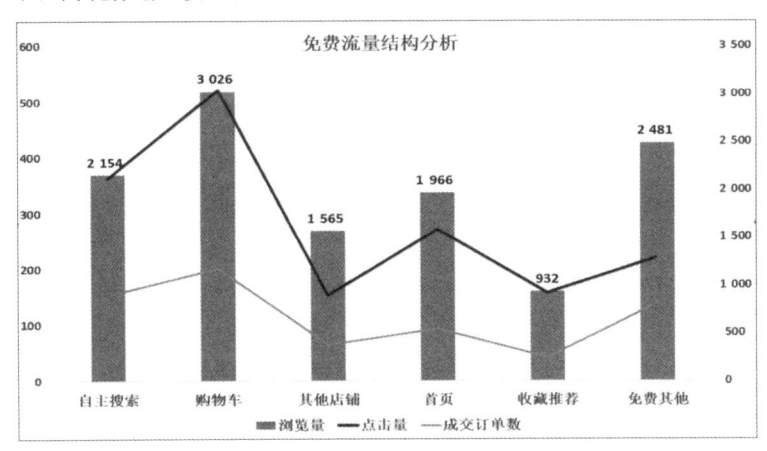

图 7-6　图表化的店铺流量分析数据

3. 对比分析

从可视化图表中观察对比数据的变化趋势,从而分析数据发生变化的原因。

4. 优化方案

如果在对比分析中发现数据的走势向好,则应该继续保持;一旦发现数据有下降的趋势,要及时分析与该数据相关的指标,观察本次数据变化是由哪一个或哪几个指标变化引起的,在接下来的店铺发展方案优化中就要对这些指标进行及时调整。

二、常用的数据分析工具

卖家可以利用数据分析工具提高分析效率，保证数据分析的科学性。

1. 生意参谋

生意参谋是淘宝网官方提供的综合性网店数据分析平台，它不仅是店铺数据的重要来源渠道，同时也是淘宝/天猫平台卖家的重要数据采集工具，为天猫/淘宝卖家提供流量、商品、交易等网店经营全链路的数据展示、分析、解读、预测等功能。如图7-7所示为生意参谋的首页。

图 7-7 生意参谋的首页

通过生意参谋，数据采集人员不仅可以采集自己店铺的各项运营数据（流量、交易、服务、产品等数据），而且通过市场行情板块还能够获取在淘宝/天猫平台的行业销售经营数据。

2. 京东商智

京东商智是京东面向商家的一站式运营数据开放平台。平台由京东官方运营，向商家提供全方位、全链路的数据解决方案；平台所有数据接口均经过严格校验，保障了业务数据更通用、更精准；同时提供完善、专业的数据分析方案，多维度展示运营数据及行业现状。京东商智的功能见表7-1。

表 7-1　　　　　　　　　　　京东商智的功能

功能分类	主要作用
流量解析	流量来源去向细分，付费、免费流量全覆盖。丰富的流量数量、质量、转化指标，支持评估引流效果。搜索排名，支持获取更准确的原始排名
商品分析	全方位的商品表现数据。流量、销量、关注、加购、评价等数据的全面支持，单品流量来源、客户画像等深度解读，助力商品运营
交易分析	订单明细、下单转化漏斗等数据全面汇总，多维度剖析交易构成，为客户制定营销策略提供合理的科学理论依据
行业解读	行业特征实时掌握，数据多维解读。类目、品牌、属性、客户数据全面开放，实时了解行业动态，跟踪TOP商家商品的运营进展，洞察行业客户的消费需求，为运营决策提供更全面的数据支持
竞争跟踪	对竞店、竞品的核心数据全程跟踪，知己知彼，良性角逐，洞悉流失问题，辅助精细化运营

3. 店侦探

店侦探是一款专门为淘宝及天猫卖家提供方便有效的数据查询、数据分析的卖家工具。通过对各个店铺、宝贝运用数据分析技术进行深度挖掘,掌控竞争对手店铺的销售数据、引流手段、广告投放、活动推广、买家购买行为,帮助卖家深度了解行业数据,从而给卖家的营销策略提供可靠、持续的数据支持。

店侦探的核心功能有店铺七天透视分析、揭秘引流关键词、解密爆款宝贝等,帮助卖家发现哪些活动值得做以及提供强大而免费的搜索栏供卖家查询和分析相关店铺、宝贝、关键词等信息。

实战指引

生意参谋是一个功能十分全面的数据平台,全面反映店铺的经营情况,但是生意参谋分为免费版和付费版,很多功能需要购买,作为淘宝的中小卖家该如何更好地使用它呢?

中小卖家每天产生的数据量有限,不是所有强大的功能都需要用到,卖家常使用生意参谋做以下三件事:

1. 观看实时数据

实时直播中,需要关注目前的 PC 端和无线端的访客、销售额情况,与前几天做大致对比,明确数据是否出现异常,如图 7-8 所示。如果流量出现异常,需要仔细关注流量来源,核实流量异常的渠道明细,及时采取应对策略。

图 7-8 店铺实时数据

在实时数据分析中,必须查看实时榜单,看看有没有哪些宝贝的转化率或者流量出现异常,以便及时调整。

2. 观看访客数据

从访客详细数据中获取客户访问店铺的时间段、客户的地域分布、营销偏好和最喜欢的关键词,如图 7-9 所示,绘制精准客户画像。

3. 优化关键词

对于中小卖家来说,生意参谋还能够帮助他们优化商品标题。商品标题优化是中小卖家免费引流的利器,生意参谋中的搜索词排行能够协助卖家获取当前热门搜索词,如图 7-10 所示,并以此为依据开展标题优化,这样可以利用较低成本助力卖家获得较高的利润。

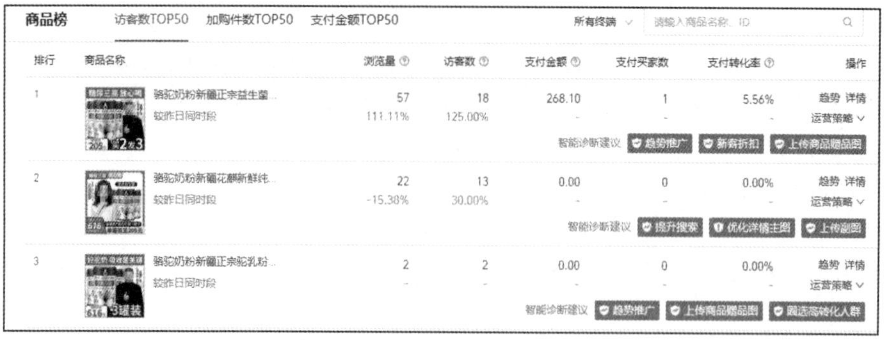

图 7-9 访客详细数据

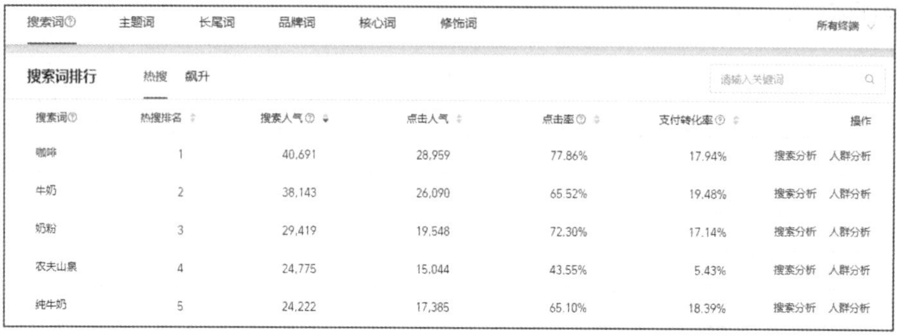

图 7-10 搜索词排行

实训任务拓展

1. 利用生意参谋获取店铺访客和流量信息,并制作店铺访客、流量汇总表。
2. 利用生意参谋采集市场竞店和竞品相关数据,并进行简单对比分析。

思政专题 电商眼看中国——拼多多首次入选《财富》杂志"2021 年度改变世界"榜单

2021 年 10 月 12 日,全球著名财经杂志《财富》公布了"2021 年度改变世界"排行榜,远景能源、拼多多等中国企业入选。其中,新电商平台拼多多因在农业领域的特殊贡献,首次入选该榜单,并荣膺中国互联网公司以及全球电商公司首位。

据了解,《财富》杂志"改变世界的公司"排行榜遴选的都是对社会有积极影响的公司,而这些影响都是源于它们的核心商业策略。目前,该榜单已经连续 7 年在全球范围内进行评选,而 2021 年的评选标准则聚焦于企业在新冠肺炎疫情中的社会责任,榜单的 TOP 1 特别颁给了全球的疫苗制造商,其他上榜的 50 多家公司则重点集中于生命科学、农业科技、清洁能源等可持续领域。

来自中国的全球第四大风力涡轮机供应商远景能源集团,凭借在清洁燃料领域的研发贡献排名第二,新电商平台拼多多也首次入选该榜单。《财富》杂志认为,作为农产品销售的领先公司,拼多多在农业科研、公益助农领域做出了特殊贡献。

在评选中,《财富》杂志还特别提到了拼多多启动的"百亿农研专项"计划。2021 年 8 月份,拼多多宣布投入100亿元设立"百亿农研专项",并将第二季度的全部利润优先投入该专项。该专项不以商业价值和盈利为目的,致力于推动农业科技进步,科技普惠,以农业科技工作者和劳动者进一步有动力和获得感为目标。《财富》杂志表示,"百亿农研专项"将会提升拼多多的农产品供应链,并强化平台与农户之间的联系,助力农户直接销售农产品。

作为中国较大的农产品上行平台,拼多多自成立以来一直坚持立足农业,并深入探索各种电商助农的创新模式。在2020年全国脱贫攻坚奖表彰大会上,拼多多作为互联网企业代表,获颁全国脱贫攻坚奖"组织创新奖"。

数据显示,2020年,拼多多平台的农(副)产品成交额超过2 700亿元。2021年上半年,平台农(副)产品订单量同比增长431%,单品销量超过10万单的农(副)产品超过4 000款,单品销量超过100万单的农(副)产品达到30余款。在农业科研领域,拼多多还联合中国农业大学、浙江大学共同启动了"多多农研科技大赛"。此前不久,第二届大赛的初赛刚刚落幕,进入决赛的4支队伍已经奔赴拼多多位于云南的农研基地,进行为期6个月的番茄种植比赛,将科研成果应用于更广袤的田间地头。

任务2 分析网店的客户数据

知识准备

客户数据是网店运营数据的重要组成部分。通过掌握客户相关数据,卖家可以更好地了解客户的不同属性特征和购买行为特征,从而更好地为客户提供高质量的商品和良好的服务,并制定具有针对性的客户营销策略。

一、客户基础特征分析

网店的出现给商业交易带来的最大变化就是突破了时间和空间的限制,任何一个卖家都可能全天候地和来自全世界的客户交流,促成交易。因此,网店的客户在地区来源、职业、年龄等因素上都会体现出较大差异。即使是相同的商品,采取相同的营销手段,在同一地区、不同性别的客户或同一性别、不同年龄的客户中都会得到不同的效果。因此,卖家需要对客户的相关基础特征进行分析,以便有针对性地制订不同的营销方案。

客户基础特征主要包括以下关键指标,见表7-2。

表7-2　　　　　　　　　　　　客户基础特征关键指标

关键指标	指标释义及作用
客户年龄	客户基本属性之一,协助卖家判断一个人的消费能力和习惯,接受新鲜事物的能力等
客户性别	客户基本属性之一,反映购买商品的男女比例
客户地域	客户基本属性之一,以区域做划分,判断商品受欢迎的程度和销售情况,指导营销策略和推广计划的制定
客户职业	客户基本属性之一,以职业人群做划分,判断商品在不同人群中的销售情况和受欢迎程度,指导客服策略和营销策略的制定

1. 客户地域分析

客户地域分析指从客户所属地区信息出发，分析哪些省份或地区客户占比较高，可以协助卖家判断商品在该区域的销售情况和受欢迎的程度，后期用以指导店铺营销策略和相关推广计划的制定。

2. 客户职业分析

某些商品具有一定的职业倾向性，即商品主要适用于某个职业或者某部分职业的客户。如果商品具有职业倾向性，卖家就应该对客户的职业进行分析。分析客户职业，主要是分析不同职业的客户的数量、客单价、消费水平和回购率等，最后将客单价高、回购率高、消费金额高的职业群锁定为店铺的主要目标客户。对消费金额高、回购率低的职业群中的客户，卖家需要积极地做好客户关系维护，并做好推广宣传工作；对回购率高、消费金额低的职业群中的客户，则卖家需要努力争取将其发展为高消费客户。

在相关数据分析工具中，还可以观察到客户淘气值、消费层级、营销偏好等数据，必要时，卖家也可以对这些数据进行分析，以便店铺更加精准地锁定目标客户。

二、客户行为分析

对客户购买行为的分析有助于卖家获知客户的购物偏好、消费能力等信息，从而确定客户的价值。RFM 模型是衡量客户价值和客户创利能力的重要工具和手段，经常被用在客户购买行为分析中，通过一个客户的近期购买时间、购买频率及购买金额三项指标来描述该客户的价值状况。

1. 认识 RFM 模型

RFM 模型较为动态地显示了一个客户的全部轮廓，这对个性化的沟通和服务提供了依据。同时，如果与该客户打交道的时间足够长，也能够较为精确地判断该客户的长期价值（甚至是终身价值），通过改善三项指标的状况，从而为更多的营销决策提供支持。RFM 模型的指标意义见表 7-3。

表 7-3　　　　　　　　　　　RFM 模型的指标意义

指标名称	指标释义	指示意义
R（Recency）最近购买时间	客户最近一次的购买时间（交易时间）	R 值越大，说明客户上一次购买时间越近，用户活跃度就越好；R 值越小，则刚好相反
F（Frequency）购买频率	客户在固定时间内的购买频率	F 值越大，说明客户的购买频率越高，忠诚度越高；F 值越小，说明客户的购买频率越低，忠诚度越低
M（Monetary）购买金额	客户在最近一段时间内的消费金额	M 值越大，说明客户的消费金额越高，客户贡献度越高；M 值越小，说明客户的消费金额越低，客户贡献度越低

卖家可以定期查看店铺内客户的 RFM 数据，以掌握店铺的发展趋势。对卖家来说，上一次消费时间距离当前时间越近、消费频率越高和消费金额越大的客户就是高价值客户，是卖家争取和维护的重要对象。如数据变化显示店铺 R、F、M 值都呈上升趋势，则表示该店铺保持着稳健成长的趋势；反之，则说明该店铺可能正逐渐向不健康的状态发展。

2. 客户分类

卖家根据 RFM 模型中 R 值、F 值、M 值的不同变化趋势，可以将客户细分为八类，具体分类见表7-4。

表7-4　　　　　　　　　　　网店客户细分与服务策略

客户类型	R（最近购买时间）	F（购买频率）	M（购买金额）	服务策略
重要价值客户	高	高	高	优质客户，需要重点服务
重要发展客户	高	低	高	需要重点维持
重要保持客户	低	高	高	需唤醒召回
重要挽留客户	低	低	高	需挽留
一般价值客户	高	高	低	需要挖掘
一般发展客户	高	低	低	新用户，有推广价值
一般保持客户	低	高	低	贡献不大，一般维持
一般挽留客户	低	低	低	即将流失

实战指引

网店的运营要经过一段时间才能渐渐步入正轨，在店铺发展的过程中如果碰到任何问题，经营团队要积极应对、及时解决。单从访客数据而言，每天都会有新的变化。

如图7-11所示，最近店铺的新老访客数量都不太理想，卖家查看后台数据发现近10天来，新访客数不但只增长了67人，而且下单转化率只有2.99%；老访客的下单转化率虽然达到10.00%，但是只有10个老访客曾经访问过店铺，访客数据正在大幅度下降。

图7-11　店铺新老访客数据对比

这时店主开始仔细查看网店的经营数据，发现在一个月前店铺就出现了访客数下降的趋势，可能是由于促销力度不够，也可能是由于缺乏爆款引流等原因。卖家要一次对每个可能的因素进行分析排除。查询了竞店当前的流量情况、同行业整体的客群构成情况后发现：

（1）访客数量少，是由于"双11"大促就要到了，很多店铺开始了大促活动的预热，上线了一些大促前的促销活动和优惠券，将一部分访客吸引了过去。

（2）老访客数不多，是由于最近店铺在准备"双11"的促销活动，在老客户关怀上有所疏忽，没有将促销信息和老客户特惠活动推送到老客户的账户上。

（3）新访客数增量小，是由于店铺没有重视对新访客的推广，店铺缺乏爆款帮助引入新的流量，在提升自然搜索流量方面，店铺单品也没有太突出的表现。

（4）转化率偏低，是由于在行业其他店铺纷纷开始预热"双11"活动时，店铺商品在价格上的竞争力正在消失。

找出问题之后，卖家要立刻着手整改，首先开启店铺"双11"活动预热，在店铺群通知客户店铺的活动，并提供老客户VIP折扣券；然后优化店铺商品标题、主图、详情和价格等，打造出促销的引流爆款。通过数据分析工具密切关注整改后的店铺访客变化动向,并慢慢进行调整,最终使店铺访客数恢复正常状态。

> **实训任务拓展**
> 1. 利用生意参谋查询客户数据,以此为依据分析客户购买行为的特点。
> 2. 分析客户职业、地域和年龄等基础属性对店铺营销策略有何影响。

思政专题　电商眼看世界——老年人成了电商的新目标!

工信部发布《移动互联网应用(APP)适老化通用设计规范》之后,互联网应用的适老化已经是势在必行。对于电商而言,老年消费市场也会是一个新的机遇。

1. "双11"前夕,电商平台上线适老模式

2021年4月,京东宣布即将推出"长辈模式",以方便年纪大的用户使用平台。而在10月12日,淘宝也正式宣布,将在"双11"前的最新版本中上线"长辈模式"。

"长辈模式",顾名思义就是适用于老年人的模式。淘宝官方介绍称,平台适老化改造主要体现在三个方面:信息简化、字体放大、上线语音助手。这些功能能够令老年人更加轻松地获取商品信息,进行无障碍网购。

打开淘宝APP,在"我的淘宝"右上角的"设置"中,点击"模式切换",就能看到"标准模式"和"长辈模式"的选择页面,勾选"长辈模式"之后回到首页,可以明显看到字体变大了许多,商品信息不再那么密集,显示的娱乐、优惠活动也少了许多。

除了在视觉上有较大改变之后,首页推荐的商品,也会根据"长辈模式",推荐更多老年用户可能会喜欢的用品。而为了照顾到视力不好、打字不方便的老年用户,淘宝还推出了"淘小宝"这一智能助手,通过语音就能够搜索商品、与客服交流。这些改造,无疑能够让老年人在使用APP时,获得更好的体验。

在高速发展的互联网社会中,当大多数人都习惯了微信、淘宝的生活方式之后,我们年老的父母却对着手机屏幕不知所措。

其实,老年人群也想融入后辈,体验信息时代的方便快捷,在购物方面,老年人同样有着旺盛的消费需求,很多爷爷奶奶也爱上了网上购物。

电商平台以及其他APP的适老化改造,对于老年人来说,无疑是个好消息。

2. 除了适老化改造,电商平台还要做什么?

适老模式不仅是老年人的诉求,而且年轻人也非常关注。

淘宝的"长辈模式"获得了很多用户的好评,无广告、简洁的界面也受到了年轻用户的欢迎。目前,淘宝、京东、拼多多都在不断优化适老模式,增加更具有针对性的功能。

但是,这些改造针对的更多是接受网购、对网购有一定接触的老年用户,而在现实生活中,还有很多老年人并未接触过电商平台。他们不愿意使用电商APP的原因主要有三个:首先是如今的线下购物也很方便,没有必要上网购物;其次,手机的使用对他们而言较为困难,尤其是涉及金钱的支付,需要绑定银行卡、支付工具,比较复杂;最后是他们对学习这些操作产生一定的抗拒心理。

其实，要解决这几个问题并不难，除了在操作、模式上进行简化、优化之外，电商平台也不应忽视老年人的社交。

在京东、淘宝、拼多多这三大平台当中，最受老年人欢迎的是拼多多。根据Mob研究院发布的《2021年银发经济洞察报告》，拼多多在银发人群中的渗透率高达65.9%，仅次于微信，而淘宝、京东则分别为54%和35.5%。拼多多之所以更受银发人群的青睐，主要还是因为它的社交属性，老年人也有自己的稳定社交圈，和年轻人一样，容易受到社交圈的影响，在购物方面也喜欢交流心得，这就有了社交裂变的场景。

而通过社交传播，正是拼多多的看家本领。此外，拼多多的商品信息相对简洁，付款操作也更为方便。但拼多多也有一个较为突出的问题，那就是退换不便。由此不难得出，想要拉拢更多银发群体上网购物，也需要关注这一群体的社交圈层和传播方式，同时更加注重产品品质和售后服务。比如，通过一些小游戏增强互动感和社交属性，让老年用户感受到乐趣；提升退款、退货效率，打消他们的后顾之忧；设立老年人购物专区，减少购物、支付中的复杂功能，优化体验；进一步加强适老化辅助服务，比如语音工具、专属客服；等等。

在线下，还有很多连商超都未能覆盖的老年群体，抓住这一银发人群的消费需求，对于电商而言也是新的机会。

3. "银发经济"是时候更上一层楼了

最近几年，"银发经济"这一概念的出现，正反映了当下老年群体的线上消费需求十分旺盛，这理应得到重视。

对互联网的不适应，让很多老年人滞留在了信息社会的边缘地带，从而令很多人忽视了他们的诉求，而在整个垂直领域，虽然"银发经济"的理念很早就有了，但这一领域一直没有出现成功的大平台。

对于老年电商，国家也早有意识推动，2013年国务院就曾印发《关于加快发展养老服务业的若干意见》，其中明确提出"发展老年电子商务"。

如今，在国家的号召和要求之下，会有更多互联网平台注意到老年人群的需求，而综合性电商平台在继续为老年人降低门槛，有利于培养这一群体的消费习惯。

任务3 分析网店的核心运营数据

知识准备

在网店运营的过程中，卖家除了要关注客户信息，更好地提供客户服务外，还要定期对网店的经营数据进行整理和分析，这与网店经营业务水平息息相关。数据的变化能够随时反映出网店运营过程中拥有的优势和存在的问题，让卖家更好地进行运营效果评价与风险控制。店铺的核心运营数据分为以下几类：流量数据、转化率数据、店铺销售数据、单品数据等，这些数据可以从不同侧面反映店铺的运营状况。

1. 流量数据

再好的商品、再低廉的价格，如果没有流量，商品也很难产生销量，所以流量是衡量网店运营状况的重要参考指标之一。

网店的流量可分为免费流量和付费流量,不同流量的来源可能不同,但是与网店流量相关的指标基本一致,每个指标具有不同的意义,见表7-5。

表7-5 主要流量指标

流量数据指标	指标释义
浏览量(PV)	店铺各页面被查看的次数。一个用户多次点击或者刷新同一个页面被记为多次浏览,累加不去重。此指标在一定程度上反映店铺的综合水平
访客数(UV)	全店铺各页面的访问人数。在所选时间段内,同一访客多次访问同一个页面会进行去重计算
平均访问深度	访问深度指用户一次连续访问的店铺页面数;平均访问深度即用户平均每次连续浏览的店铺页面数。访问深度反映店铺页面的吸引力程度
点击率	用户浏览某店铺商品并点击进去的次数在商品被浏览次数中所占的比例。点击率反映该商品的引流能力
跳失率	用户通过相应的入口访问店铺,只访问了一个页面就离开的访问次数占该入口访问次数的比例。跳失率高说明客户访问的这个页面的主图或详情页需要改进
人均店内停留时间	在所有访客的访问过程中,平均每次连续访问店铺的停留时间
平均访问时间	用户打开某个商品页面到打开下一个商品页面的平均时间间隔

在这些流量指标中,卖家需要重点关注的指标有 PV、UV、人均店内停留时间和平均访问深度。PV、UV 代表店铺及商品的受欢迎程度,数值越高代表店铺及商品越受欢迎,店铺的知名度越高;人均店内停留时间越长,下单的概率就越大;平均访问深度代表了店铺装修风格是否符合买家的喜好,商品主图和详情页的设计是否符合买家的要求,该数值越大,说明店铺页面越受买家欢迎。

2. 转化率数据

网店的转化率是衡量网店运营健康与否的一个重要指标,具体是指进店的所有买家中成功交易的人数比例。要想网店有销量,就要让进店的买家下单购买商品,提高转化率才能有业绩。网店的五类转化率数据为全店转化率、单品转化率、转化的金额、转化的笔数和退款数量。在网店经营中,要注意提高买家转化的笔数和转化的金额,同时还要降低退款率。如果转化率很高的同时退款率也很高,那么出现退款情况的交易不仅等于没有转化,反而还会影响网店的声誉。转化率数据分类见表7-6。

表7-6 转化率数据分类

分类标准	类别细分	数据释义	相关性
买家行为	静默转化率	没有咨询客服而直接下单购买的买家比例	与商品价格、评价、商品描述、网店装修和活动等因素相关
	咨询转化率	通过咨询客服而成功下单购买的买家比例	与商品性质、客户服务质量、促销活动等因素相关
收费方式	免费流量转化率	不用付钱引入的流量被成功转化为交易的概率	与网店装修、商品详情介绍、客户服务等因素有关
	收费流量转化率	将付费渠道引入的流量转化为交易的概率	与客户购物偏好、商品价格、质量、店铺图片美观度等有关

3. 店铺销售数据

店铺的销售额与其利润息息相关,卖家都希望能够提升销售额。销售额的计算公式为

销售额 = 访客数 × 全店成交转化率 × 客单价

其中最受卖家重视的就是客单价,它与销售额有密切的关系。

在流量相同的情况下,客单价越高,网店销售额就会越高。因为客单价＝成交金额/成交人数,所以卖家可以通过提高每个买家的成交金额来提高客单价。

(1)提供附加服务

设置一定的消费金额或是一定消费数量满足后可以享受的服务,通过提供更多附加服务来引导顾客多买多享。

(2)提高价格刺激

为商品设置一个具有吸引力的价格是提高客单价最直接也是最常见的方式。例如,全店第二件半价或买二送一,买家同时购买两件商品,卖家就对价格较低的那件商品向买家返一半差价;买家同时购买 3 件商品时,价格最低的那件商品免费。买家买得越多,所能享受的折扣也就越大,这样就能吸引一部分买家一次性购买多件商品。只要店铺内的单品比较多,品类比较丰富,采取这种方法往往就能够取得非常不错的效果,不仅能够提高店铺的客单价,还能让一款商品带动店铺内其他商品的销量。

(3)开展关联营销

卖家从专业的角度为买家提供搭配购买建议,并在商品详情页中告诉买家同时购买配套商品会更好、更合算。例如,销售女装的店铺,可以将上衣和裤子搭配在一起销售,这样既可以帮助买家免去搭配服装的烦恼,提升买家的购物体验,又可以提高店铺的客单价。

(4)客服主动推荐

客服是提高客单价的一个非常重要的因素,客服可以通过沟通来直接影响顾客的购买决策,通过优质合理的推荐,提高客单价。例如经营母婴商品的店铺,新手妈妈在第一次购买母婴商品时会很愿意倾听客服的推荐,从而主动购买更多的相关商品。

4. 单品数据

店铺单品是一个店铺的最小组成单元,是店铺的细胞。只要店铺的商品销售得好,那么店铺的销售额就会不断增加。一般而言,分析商品的单品数据要关注以下指标,见表 7-7。

表 7-7　　　　　　　　　　　　单品数据指标

单品分析指标	指标说明
销售分析	掌握单品销售变化趋势,有针对性地制定单品营销策略,进而提高单品成交转化率
促销分析	量化搭配商品的销售效果,增加店铺的引流渠道,进而提高客单价
访客特征分析	了解访客的潜在需求,从而更好地为买家提供符合其需求的商品
流量来源分析	分析商品的流量来源,了解商品的引流效果

除了上述几类核心数据,在网店经营的不同阶段还会产生大量其他数据,如客户服务质量数据、店铺动态评分变化数据等,卖家要根据自己的诊断需要采集适合的数据,才能对店铺的经营现状有更好的把握。

实战指引

转化率一直被卖家认为是了解店铺经营状况的风向标,转化率的高低随时牵动着卖家的心。但是,转化率指标又受到多个指标因素的影响,要解决问题就要从网店经营数据分析入手,找到问题的本质。那么如果网店正面临转化率下降的问题,该怎么解决呢?

要看清店铺转化率下降背后的原因,必须从内因和外因两方面来审视店铺是否达到要求。

1. 分析内因

分析内因要从店铺经营的内部出发,看到店铺在经营中存在的问题。卖家和团队要尽力改善那些不需要或只需要少量借助外力帮助的问题,尽快提升转化率。

(1)分析店铺装修、商品主图和详情页等信息,有效提升浏览量、访客数、点击率、访客页面停留时间、店铺访问深度等因素,从而改善店铺成交情况。

(2)分析商品在质量、价格等方面的优势,有效降低跳失率、提升成交量和成交回头率,改善转化率。

(3)分析店铺的客户服务水平,用心服务客户、留住客户。

2. 分析外因

外因指影响店铺经营效果的外部因素。

(1)分析客户信息。客户所属区域、职业和来源等都会影响客户的购买决策,卖家需要及时掌握买家心理,才能有针对性地开展店铺营销进而提升转化。

(2)分析店铺的推广效果。除了免费引流,店铺还需要用付费的直通车、钻展等推广手段提升店铺知名度和访客数。如果推广没有为店铺带来大量访客和成交,卖家要迅速调整推广计划。

(3)分析竞争对手的情况。市场是动态发展的,当竞争对手策略改变时,自己就不能一成不变,因此随时关注竞争对手的经营策略也是非常重要的。

总之,数据驱动的网店经营中数据非常多,各类数据和指标间的关系联系紧密。在实际工作中,要根据分析目标去确定需要的数据,得出可靠、有帮助的结果。

实训任务拓展

1. 通过对网店经营数据的认识,和同学讨论当店铺出现客单价下降的问题该如何处理。

2. 某店铺的免费流量转化率较高但付费流量转化率较低,请你帮店铺分析一下问题出在哪里。

项目 7　网店运营数据分析

思政专题　　电商眼看世界——再见，9 块 9 包邮时代！

据《驿站》报道，2021 年 9 月，中通、圆通、极兔、韵达等多家快递的上海公司发布了一则《关于规范快递市场服务价格的通知》。这些公司先是指出"部分电商用户的快件价格长期低于快递企业实际操作成本"，然后痛斥这一现象扰乱市场、严重影响快递企业末端网点的经营稳定。最后，它们纷纷宣布：自 2021 年 10 月 8 日起开展规范快递市场服务价格的工作，对低于实际运作成本的快递价格进行规范。

消息称，中通、圆通、极兔、韵达本次调价面向电商客户，不会影响消费者的整体网购体验，消费者发散件的快递价格整体也不会上涨。这意味着，面向电商商家的运费或将上调。而这将在未来间接影响淘宝、拼多多等平台的包邮商品。

事实上，随着网购进入越来越多人的生活中，电商行业早已与快递行业产生千丝万缕的联系。1 元包邮，4.9 元包邮，9.9 元包邮都是两者结合的产物。从某些方面看，这并非是件坏事。消费者可以更直观地看到总体价格，以"一口价"买下商品。而商家也可以通过"包邮"让客户认为这更加优惠，从而拉动更多订单增长。但在这种模式下，前端的商品定价在一定程度上会倒逼后端的运费下调。

为了与竞争对手争夺规模较大的电商客户，许多快递公司都会给出优惠价，而这也是价格战的由来。

2021 年 7 月，七部门联合印发《关于做好快递员群体合法权益保障工作的意见》，其中明确提到要引导电商平台和快递企业加强协同。也就是说，快递公司不能再为了迎合电商客户而一味降低运费了。亏本抢商家，不仅使得企业自身深陷价格战的泥潭，还让整个电商、快递的环境变得更为畸形。

对于商家和消费者来说，快递调价，阵痛是难免的。但塞翁失马，焉知非福。未来，商家至少再也不用承担隐形的运费。

这世界上没有完美的购物形式。去实体店买东西，固然会因为店面租金的因素而价格更高。但去电商平台网购，也意味着难以避免的物理距离。无论是买全国，还是卖全国，都必须有一方承担商家到消费者之间的运输费用。只是以前商家为了促销，主动宣布"包邮"，承担下了这个费用。

商品是商品，快递是快递。未来，上涨的运费将有可能倒逼一部分商家将商品定价与快递运费彻底分割开来。到时候，消费者也可以更自主地选择快递品牌。

项目总结

钟国萌及其带领的团队在网店开通后一直都积极工作，努力学习各类网店经营知识。对网店数据分析的学习可以帮助团队成员更全面地评价店铺的经营情况。团队中负责店铺运营的成员每天都会紧盯着生意参谋中的访客数据、交易数据和流量数据等,观察它们的实时变化,同时也注意对比本店和竞店之间的数据对比,从其他商店获取策略制定的相关想法和经验。网店数据分析是卖家精准管理网店的关键,也是大数据时代的必然选择。

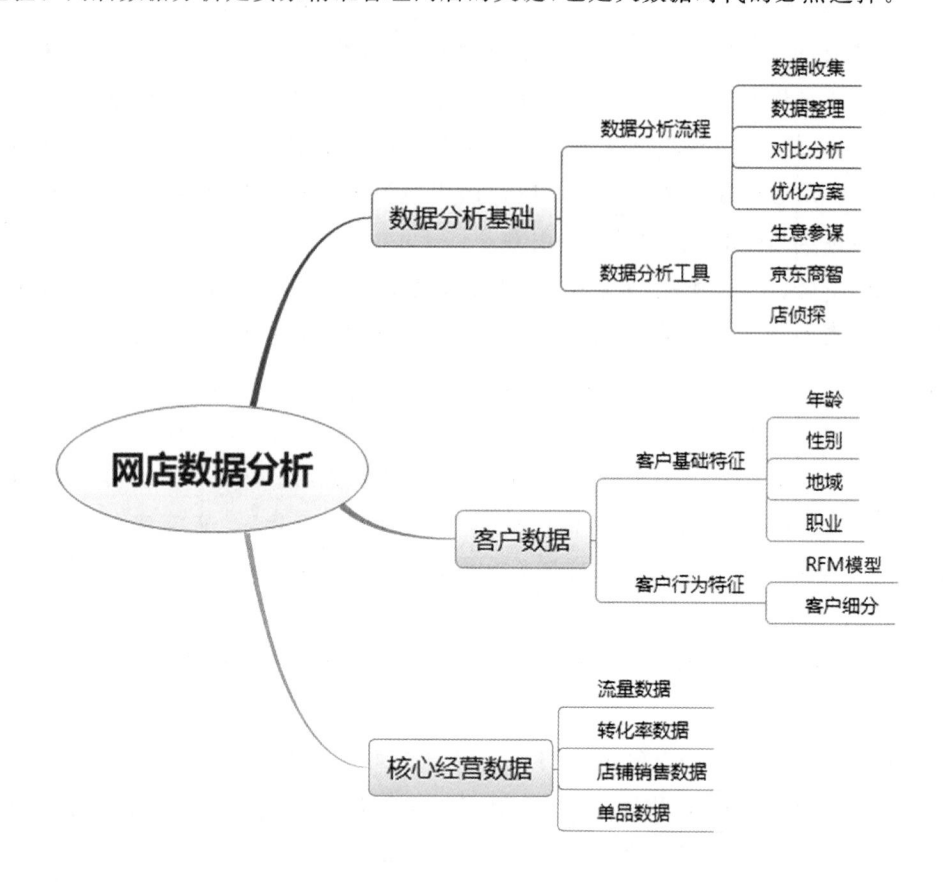

```
网店数据分析
├── 数据分析基础
│   ├── 数据分析流程
│   │   ├── 数据收集
│   │   ├── 数据整理
│   │   ├── 对比分析
│   │   └── 优化方案
│   └── 数据分析工具
│       ├── 生意参谋
│       ├── 京东商智
│       └── 店侦探
├── 客户数据
│   ├── 客户基础特征
│   │   ├── 年龄
│   │   ├── 性别
│   │   ├── 地域
│   │   └── 职业
│   └── 客户行为特征
│       ├── RFM模型
│       └── 客户细分
└── 核心经营数据
    ├── 流量数据
    ├── 转化率数据
    ├── 店铺销售数据
    └── 单品数据
```

课后习题

1. 某卖家要对自己店铺的销售情况进行分析,他可以设置哪些数据分析指标?
2. 生意参谋的主要功能有哪些?
3. 卖家最应关注的网店运营数据有哪些?

项目 8

移动网店运营

CNNIC发布的第48次中国互联网络发展状况统计报告显示,截至2021年6月,我国手机网民规模为10.07亿元,网民中使用手机上网的比例为99.6%,这充分说明移动互联网时代已经到来。移动电商拥有的巨大流量优势使网店经营者纷纷布局移动端,因此移动网店的经营也成为电商从业者的必修课之一。

知识目标

1. 了解移动电商和移动网店。
2. 认识和熟悉移动网店的发展情况和主要形式。
3. 了解主流的第三方微店平台和开店的基本流程。
4. 理解移动网店的运营方法。

技能目标

1. 能够独立开设并完成移动网店的设置。
2. 能够独立完成移动网店装修与商品管理。
3. 能够利用移动店铺营销工具完成移动网店运营。

职业素养

1. 具有较强的团队意识,能够与他人配合完成工作。
2. 具有敏锐的市场观察力和数据分析能力,能够根据经营数据进行变化和调整。
3. 具有创新的工作作风,能够创造性地解决工作中碰到的问题。
4. 能够通过各类媒体资源查找所需信息,具备自主学习、更新知识、解决问题的能力。

项目描述

移动电子商务作为一种新型的电子商务方式,充分利用移动无线网络的优点展开实施,是对传统电子商务的有益补充。与传统的电子商务方式相比,移动电子商务具有诸多优势,人们可以在任何时间、任何地点进行各种商贸活动,得到了世界各国的普遍重视。作为移动电子商务的主要体现形式,移动网店近几年的发展和普及速度都很快。

本项目就移动网店发展和变化展开探索,认识并理解移动网店经营的问题,通过练习能够独立设立和运营移动网店。

项目情境

经过前期的努力,小钟团队淘宝店铺的经营已经上了正轨,在店铺运营中团队成员各司其职,共同努力提升店铺的业绩。但是随着移动互联网时代的飞速发展,店铺的获客成本不断地增加,团队急需找到一种方法来改善这种现状。

小钟团队认为开设一个移动端店铺应该是个不错的主意,让买家通过一个APP或小程序也能够看到店铺里经营的产品,然后完成商品挑选、下单、支付。移动网店不但能够简化购物过程,还可以利用强大的社交属性拉近买卖双方的距离,大家在社交圈里可以分享自己的购物和使用体验,对商品更是一种特别好的宣传。

移动网店的经营中会碰到哪些问题?如何去解决这些问题呢?小钟团队开始了新的探索。

项目实施

社交平台营销时代,移动电子商务已经成为未来发展趋势,带来了全新的用户习惯和新的消费模式,电子商务消费逐渐转型移动端,已经成为电商市场关注的焦点。移动网店通常是指能够让人们通过智能手机、平板电脑等移动终端浏览商品、在线购买和支付的网店,越来越多的买家开始使用手机等移动终端访问网店进行在线购物。相关数据显示,通过移动端购物的买家在网络购物买家中所占的比例越来越高。

从移动网店的发展潜力和趋势入手,分析未来移动网店的经营模式和方法,本项目可以分解成以下几个任务:

任务1 认识移动网店的形式

任务2　认识微店
任务3　微信小商店运营

任务1　认识移动网店的形式

知识准备

一、移动电子商务认知

移动电子商务是由电子商务的概念衍生而来的。电子商务以PC为主要界面,是有线的电子商务。移动电子商务将因特网、移动通信技术、短距离通信技术及其他信息处理技术完美结合,使人们可以在任何时间、任何地点进行各种商贸活动,实现随时随地、线上线下的购物与交易、在线电子支付以及各种交易活动、商务活动、金融活动和相关的综合服务活动等。

与传统的商务活动相比,移动电子商务具有如下几个特点:

(1)移动电子商务更开放、更包容。移动电子商务因为接入方式无线化,使得任何人都更容易进入网络世界,从而使网络范围延伸更广阔、更开放;同时,网络虚拟功能更带有现实性,因而更具有包容性。

(2)移动电子商务无处不在。移动电子商务的最大特点是"自由"和"个性化",传统商务已经使人们感受到了网络所带来的便利和快乐,但它的局限在于必须有线接入,而移动电子商务则可以弥补传统电子商务的这种缺憾,可以让人们随时随地结账、订票或者购物,感受独特的商务体验。

(3)潜在用户规模大。中国的移动电话保有量为全球之最,从普及程度来看,移动电话已经远远超过了电脑。从消费用户群体来看,手机用户中基本包含了消费能力强的中高端用户,而传统的上网用户中以缺乏支付能力的年轻人为主。因此,移动电子商务不论在用户规模上,还是在用户消费能力上,都优于传统的电子商务。

(4)移动电子商务更易于推广使用。移动通信所具有的灵活、便捷的特点,决定了移动电子商务更适合大众化的个人消费领域,比如:自动支付系统,包括自动售货机、停车场计时器等;半自动支付系统,包括商店的收银柜机、出租车计费器等;日常费用收缴系统,包括水、电、煤气等费用的收缴等;移动互联网接入支付系统,包括登录商家的WAP站点购物等。

二、移动网店的形式

当前,移动网店的形式主要有三种:传统企业自建移动商城APP、零售电子商务平台的移动端APP和第三方移动网店APP平台。对于中小企业或个人卖家而言,借助第三方移动网店APP平台搭建的微店是最常见的移动网店开店形式。

网上开店实务

1. 传统企业自建移动商城 APP

许多传统企业从搭建电子商务平台入手开始涉足电子商务领域,随着移动互联网的兴起,这些企业也以原有的电子商务平台为基础,各自推出移动商城 APP,与原有电脑端的传统商城和线下企业实体相结合,实施全方位的市场战略。如图 8-1 所示为苏宁易购手机 APP 首页。

2. 零售电子商务平台的移动端 APP

这里以阿里(淘宝和天猫)和京东为例进行说明。由于两家企业都深耕于国内电商领域相当长的时间,所以对用户的需求有着非常敏锐的感知,很早便涉足移动端零售领域,各自开发出了移动买家端 APP,以供买家在移动端浏览购物。但是这种方式只是传统电脑端网店的衍生,依旧是以原有的平台为中心,并没有完全发挥移动电子商务的优势。

以阿里系为例,阿里系的移动网络零售在国内市场一直都非常好,在传统电子商务时代,阿里系就已经推出淘宝 APP、天猫 APP(如图 8-2 所示)和淘宝 WAP。目前淘宝移动端的流量已经达 80% 以上。

图 8-1 苏宁易购手机 APP 首页

无论是京东手机端 APP 还是阿里系的三个移动端口,它们都是传统电子商务平台在移动端的一个衍生,在店铺运营、社会化营销、口碑营销和多级分销等方面还需要不断完善和提升。

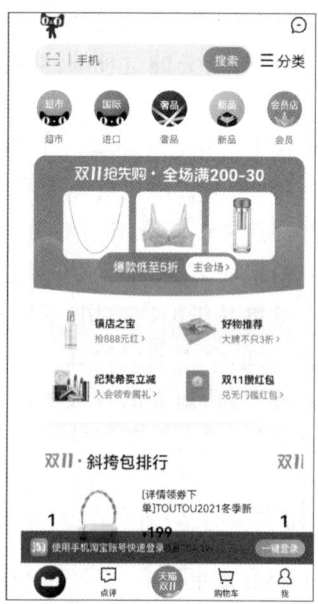

图 8-2 阿里系手机 APP 代表

电商加油站

淘宝 APP 与淘宝 WAP

无线应用协议（Wireless Application Protocol,WAP）是一项全球性的网络通信协议。淘宝 WAP 就是网页版的手机淘宝或者叫淘宝的手机网站，可以通过手机浏览器对它进行访问。

淘宝 APP 是买家端专用的手机淘宝。从面向买家来看，淘宝 WAP 更便于面向搜索引擎需求的买家使用；从操作方便程度来看，淘宝 APP 更直接、方便，但是需要买家先下载后使用。

3. 第三方移动网店 APP 平台

第三方移动网店 APP 平台是指专门为中小企业及个人卖家提供移动零售网店入驻、经营、商品管理、订单处理、物流管理和买家管理等服务的电商平台。目前市场中比较常见的第三方微店平台有微信公众平台的微信小店、有赞微店和口袋微店等。

微店对众多创业者来说是极易入手的，而且多一个平台，多一个流量入口，多一个销售通道，就多一份收入。很多新手创业者都选择从开设微店开始，是因为微店有着很多的优点：

（1）引流更容易。微店的潜在客户就是微信社交平台的"朋友"，这些客户基数大且有相当的消费能力。卖家可以通过内容营销、活动营销、体验营销、情感营销等方式把微信客户引流到店铺。

（2）线上线下结合。传统企业在经营自己店铺的时候，大多进行线下推广引流，线上客户互动基本没有，具体的评价和口碑传播也很少。微店开设后可以通过线下门店的功能，有效地将线上线下结合起来互补运营。

（3）用户复购率高，忠诚度高。在微店买过东西的用户要么关注了微店或微店的公众号，要么成为店铺的分销商，用户留存有了保障。特别是分销商，为了卖更多产品赚取更多佣金，他们会想办法把店铺推荐给更多人。这样一来，他们不但是微店的忠实用户，还是微店的推广者，一举两得。

实战指引

移动互联网的快速发展让很多人都萌生了创业的冲动和想法，虽说和开设实体店相比，在电商平台上开设网店十分方便、快捷，但是创业之前还是要分析自己的实际情况以及开设不同类型网店的利弊。

和实体店相比，开设网店的优势具体见表 8-1。

表 8-1　　　　　　　　　　电商平台网店和实体店的差异

店铺类型	实体店	电商平台网店
商品呈现形式	货真价实的商品	图片呈现和文字描述
购买体验	顾客可以对商品进行实地观察和检验	购买后要等待物流配送，到货后才能检验商品
沟通交流	面对面交流沟通	利用网络或社交平台进行沟通
支付方式	可以用现金，也可以网上支付	利用网上支付平台支付

网上开店实务

除此之外,网店开设前期的店铺装修和货源组织都相对简单,店铺库存压力小,后期的运营也是在网络平台上就可以完成。

电商平台网店和微店之间又有一些区别,见表 8-2。

表 8-2　　　　　　　　　　电商平台网店和微店的区别

店铺类型	电商平台网店	微店
平台属性	相对封闭,流量大且较稳定	相对开放,流量相对小一些,主要来自卖家的社交圈
顾客特征	逛网店的顾客购物目标明确	社交目的外加购物
推广方式	闭环运营,主要在电商平台内部推广	开放运营,利用社交平台进行推广,每一个买家都可能成为店铺的营销人员
运营特点	依靠平台的促销工具或活动进行	利用社交平台好友或买家进行,拥有独特的佣金分成方式和分销体系

> **实训任务拓展**
>
> 通过分析当前的市场环境、自身的资源和条件,选择合适的开店方式,并说明理由。

思政专题　　电商眼看中国——"双 11"购物要小心

一件丝绸面料的高档服装,在盗图商家店铺变成了价格低廉的尼龙面料;一款店主本人设计、本人当模特拍图的经典羊毛女装,被三四百家社交电商平台店铺盗图、抄网页详情,以廉价面料仿款售卖……

跨平台盗用爆款图,抄袭原创店,甚至将售后好评和产品质检合格报告等内容整体"一键搬走",而后通过代工厂"打版"以次充好,低价诱导消费者下单购买高仿同款,正成为越来越多售假商家牟利的新捷径。

《中国经济周刊》记者获悉,继江苏常熟市场监管部门查处全国首例网店跨平台盗图不正当竞争案后,2021 年 10 月,浙江绍兴市场监管部门也对抄袭一家天猫网店的某社交平台网店进行了不正当竞争行政执法,对其处以罚款。

相关知识产权专家认为,多地市场监管部门的行政执法,体现出对这一乱象以行政手段打击市场恶性竞争的共识,也为治理跨平台盗图抄店乱象提供了一个新的路径,"与侵权诉讼相比,行政手段效率更高、成本更低,对于大多数人来说维权更容易。"一位知识产权专家说。

1. 原创商家频遭跨平台盗图恶性竞争

在网络消费时代,商品的核心符号不仅包括商标,还有直接映入消费者眼帘的商品图片、评价、网店的装潢风格等。也正因为如此,原创商家为此投入大量人力和财力,只为第一时间吸引消费者的目光,但盗图抄店让这些努力打了水漂。

严力 5 年前开始在天猫开起窗帘店。如今,他的网店一年销售额可超过 5 000 万元。

生意好了,爆款多了,严力却高兴不起来——抄袭他的店铺越来越多,已经严重影响到其正常经营。

严力介绍,除窗帘原材料和设计自己花费了大量资金和精力外,仅拍摄产品的图片及店铺装潢,他一年就得投入上百万元。另外,每款产品都需要出具检测报告才能售卖,而一款产品光检测甲醛就得600元起步。

不过,另一个社交电商平台上很多店铺直接搬用他的原创产品图片、商品详情页,甚至检测报告等。"我这边刚出一个爆款,其他平台商家就会迅速找布料制造商,把版型做出来,弄出图案一样的布料然后当同款卖。"

多位商家人士向《中国经济周刊》记者反映,跨平台盗图抄店,不走法律程序很难处理。有的商家为了方便投诉盗图商家,专门在各电商平台都注册了店铺账号,但收效甚微。尤其是最近兴起的短视频平台,上面的盗图抄店现象也很多,但几乎没有有效的投诉途径。

2. "盗图的赚得盆满钵满,谁还去做原创?"

有商家指出,盗图抄店乱象本质上是一种更为隐秘的新型售假方式:"消费者在使用识图功能时,很容易被其他平台盗图店铺的链接吸引走,产生混淆,买到假冒伪劣产品。"

与传统售假模式中主要假冒大品牌商家产品不同的是,这类跨平台盗图抄店行为的受害者,大多是中小商家,他们维权能力更弱,这类恶意不正当竞争行为,对原创中小商家的创新打击,往往是毁灭性的,不仅会严重破坏公平竞争的市场秩序,还会严重阻碍整个产业的高质量发展和消费升级,最终形成劣币驱逐良币的恶性循环。

一位原创商家介绍,他的店铺就受跨平台盗图影响,利润大幅下降。"因为这些盗图的商家,我的店铺的退货率普遍增加10～15个百分点。8月份的退货率达到60%多。今年销售额一亿多元,利润只有一两百万元,而盗图的赚得盆满钵满,这样下去市场秩序很快就乱了。做原创的商家赚不到钱,谁还去实拍、做原创?"

他补充说,据他了解,有盗图的商家一年可以赚两三千万元。因为盗图商家没有库存、拍摄成本,只负责运营卖货。

另一位商家说,她自己设计、自己做模特拍图的一款服装,因面料好、版型好、做工好,一上市很快就卖爆了,在2017年的"双11"卖出3万件。此后,由于其他社交电商平台店铺广泛盗图,自己店铺的销量出现肉眼可见的断崖式下跌,2020年"双11"这款服装只卖出700多件。

《中国经济周刊》记者对这款衣服的主图在某社交电商平台上搜索,发现盗用的店铺达到300多家,很多详情页面(包括手绘图)都一模一样,有的只是在盗用的图片上加了一个自己的品牌,其中,很多店铺的销量显示已超过10万。

对于诉讼维权,大部分受访商家表示,因其缺乏法律知识基础,也不知该如何申诉,聘请专业律师进行诉讼,所付出的时间、精力、金钱成本与所获赔偿不成正比,使他们对此只能望而却步。而且一件爆款的生命周期可能只有一两个月时间,"可能在开庭过程中,这一个爆款的生命力就结束了。"一位商家表示。

3. 多地市场监管部门认定:跨平台盗图抄店构成不正当竞争

在接受《中国经济周刊》记者采访时,绝大部分商家认为,对跨平台盗图抄店乱象,所有电商平台都应该积极承担起治理的责任和义务,帮助商家更好地有序成长,而不应纵容商家盗图抄店。有关部门应加强对跨平台治理的监管,尤其加大对社交电商等平台的查处力度,保护真正做原创的商家,否则坚持原创的创新力量只会越来越少。

监管离不开法律法规的支持。目前,我国涉及盗图抄店的相关法律法规包括《反不正当竞争法》《著作权法》《商标法》等。不过,由于《著作权法》《商标法》多为民事诉讼,商家要耗费大量的资金和精力,对盗图抄店的直接打击力度还有所欠缺。

2021年6月,江苏常熟市场监管部门查处全国首例网店跨平台盗图不正当竞争案。2021年初,江苏常熟天猫商家孙先生发现自己拍摄的货架商品图片被一家社交电商平台的店铺盗图,他和妻子当模特,花钱请人拍摄的产品主图、商品详情页(装潢)、产品包装图及质检报告等均被盗用。常熟市场监管部门在接到孙先生举报后,调查认定盗图商家的行为影响了公平有序的竞争秩序,对消费者造成了一定的误导,对盗图的商家处以罚款5万元。

面对调查人员的询问,该盗图商家承认之所以盗图是因为孙先生的店图拍得好、销量大、好卖。

不少商家表示,希望各大电商平台能有协同处理机制,对跨平台盗图乱象采取严厉措施进行打击治理。

任务2 认识微店

知识准备

为了进一步降低进入小程序生态经营和卖货的门槛,让所有中小微商家、个体创业者可以快速拥有一个小程序店铺,在微信内实现电商业务的自主运营,微信打造了微信小商店。微信小商店为商家提供商品信息发布、商品交易、小程序直播等电商经营场景的基础功能,全方位支持商家自主开店经营,同时也支持直播带货、优惠券等营销功能。微信小商店分为两种形式:快速建店以及购物组件。

一、微信小商店

1. 适用范围

微信小商店对企业、个体、个人三种开店类型全量开放。个人小商店支持售卖一手和二手商品,1个微信号仅支持开通1个"个人"主体的小商店和3个"企业"或"个体工商户"主体的小商店。微信小商店首页如图8-3所示。

2. 平台特点

(1)功能完整全面。微信小商店可实现用户端完整的购买能力,以及商家端基础的卖货以及经营能力。其功能包括商品信息发布、订单和物流管理、营销、资金结算、客服与售后等电商经营场景的基础功能。

(2)营销能力强大。微信小商店目前支持直播,已经填写经营信息、验证结算账户、填写店铺基础信息,且商品库中已有成功发布商品的商家,即可开通并创建直播间,轻松玩转直播带货,全方位自主开店经营。除了直播以外,微信小商店还支持优惠券。优惠券包括商铺

图 8-3 微信小商店首页

券、指定商品券、折扣券、直减券、满减券等。商家可以在后台制券后在各个渠道发券,并查看渠道核销详情。

（3）提现方便。微信小商店开张后,将同步获得一个全新的微信支付商户号。微信支付为用户在小商店内下单后唯一的收款方式。根据商户资质的不同,每日可提现的限额有所不同。提现后,款项会在 24 小时内到达商户自己的银行账号。微信小商店商户享受 0 提现手续费,但是每笔订单,微信支付会收取 0.6% 的费用。

3. 入驻条件

（1）企业、个体工商户上传营业执照、经营者信息、结算银行账户信息、完善小程序昵称/类目等基础信息配置后方可开店。

（2）小商店企业/个体店可开通自有品牌、代理品牌和无品牌三种类型,个人店暂不支持售卖品牌商品。

4. 开店费用

微信小商店无须开发、免费开店,能够帮助商家快速生成卖货小程序。

二、有赞微店

有赞微店是一个面向普通个人的手机开店 APP,用户只需使用手机号码注册即可开店。有赞微店与其他开店软件最大的区别是,微店内提供了海量精选的分销商品。有赞微店首页如图 8-4 所示。

1. 适用范围

有赞微店适合每个想在网上创业的普通个人,各类批发、零售型卖家及个人使用手机号码注册即可开店,所有店铺基础功能全部免费,不需要投入任何费用。

2. 平台特点

（1）有赞通过一系列分角色的微店 APP 建立起了有赞"生态圈",它们自建厂家、分销商、个人、企业等平台;有赞针对移动网络零售的不同参与方,分别设计开发出不同的 APP 端口,有助于其更好地进行移动互联网营销。

（2）市场份额大,覆盖范围广。截至 2017 年底,有接近 300 万的卖家在使用有赞微商城,有赞微商城无缝结合了微信、微博等无线互联网社区,每秒订单处理能力达 5 万笔。

（3）开店难度小。注册有赞卖家没有资质限制,注册速度快;个人卖家在"有赞微小店"可一分钟开店,且无须进货,只管销售赚钱,供应商负责发货和售后服务。

图8-4 有赞微店首页

(4)有赞微店具有基于微信公众号、微博等的客户关系管理功能。

(5)有赞可利用强大的营销工具(如微信、微博的朋友圈等)进行二次营销。有赞支持卖家通过微信公众号、微博、QQ购物号和消息推送进行营销推广。

(6)有赞具有完备的订单处理体系。在有赞后台可根据条件筛选出各种类型的订单,也可以实现批量处理订单,提高运营管理效率。

(7)分销市场质量保证。有赞目前在B端的卖家大多是有一定规模的品牌商或者零售商,C端分销商多为个人(或者企业内部员工)。

3.入驻条件

除法律禁止销售的商品和医疗器械、医药用品、烟草等外,其他商品的企业和个人卖家均可开通并使用有赞微商城和有赞微小店。但卖家如果想进入分销市场,其所开设的网店必须满足以下条件才能开通使用有赞供应商功能,实现各级分销:

(1)微商城网店状态为使用有效期内。

(2)关闭供货商功能的网店,再次入驻供货平台后,之前的数据不会保存。如需开启,重新入驻即可。

(3)微商城最近30天的已结算交易额≥1 000元,退款率≤10%,完成订单数≥5笔。

(4)微商城上架商品数(不含仓库中或已售罄的)≥3件。

(5)近7天内累计登录微商城后台达3天及以上。

(6)完整的基础信息(含联系人QQ和手机号码,管理员不少于两人),网店通过企业认证或"官字店"认证(不支持个体工商户入驻),加入担保交易的同时缴纳消费保障计划保证金。

4.开店费用

有赞刚开始时入驻是纯免费的,很受小企业青睐。有赞后来也增加了收费模式,主要是会员制,企业付费成为其会员,可以享受更多权益,例如开通全员开店、参与内测新功能等。

三、口袋微店

口袋微店简称微店,是第三方微店平台APP之一,由北京口袋时尚科技有限公司开发。

微店网站如图 8-5 所示。

图 8-5　微店网站

1. 适用的卖家范围

口袋微店面向各类批发、零售型卖家及有货源的个人卖家提供服务。

2. 平台特点

(1) 具备完整的微店体系，保证卖家和买家利益，如客户关系管理、担保交易、7 天退款等。

(2) 商品货源易获取。微店的卖家一般可以从四个渠道获取货源：代理、特殊渠道资格、线下批发市场进货或微店分销市场。口袋微店最大的优势是帮助品牌商、分销商和买家搭建了相对健康和活跃的生态链。通过口袋微店，品牌商可积极寻找分销商，分销商也可选择优秀的品牌商。

(3) 推广引流多样化。口袋微店的卖家可以通过绑定微信公众号、加入 QQ 购物号、使用微店热卖官方导流平台以及服务市场中的第三方应用工具进行推广引流。

(4) 营销工具丰富。口袋微店提供限时折扣、私密优惠和满包邮等营销工具。

(5) 市场规模大。口袋微店拥有国内较多的微店卖家，是卖家数量和交易额较高的微店分销平台。截至 2018 年 2 月，口袋微店已经覆盖 211 个国家和地区，吸引了近 7 000 万家网店入驻。

3. 入驻条件

口袋微店开店无门槛，任何人通过手机号码即可开通自己的网店，并通过一键分享到社交网络服务平台来宣传自己的网店并促成交易。

4. 开店费用

口袋微店开店不收手续费，但店铺的引流推广需要付费。

实战指引

开设移动网店已经成为当前的一种主流方式，在开设微店时要对比各主流平台的特点，选择最适合的平台开设自己的微店。

网上开店实务

目前,各主流微店平台的特点见表8-3。

表8-3　　　　　　　　　　各主流微店平台的特点

微店类型	口袋微店	有赞微店	微盟	京东微店
准入门槛	门槛低,功能全面,运营简单	功能全面 微官网—微商城—微分销三层体系	功能全面 微官网—微商城—微分销三层体系	准入门槛高
商家类型	企业、零售商及个人	电商企业,有一定规模的品牌商或零售商	传统企业转型,有一定规模的品牌商或零售商	京东POP平台商家
推广方式	社交平台推广	完善的分销体系	完善的分销体系,代理商推广	京东平台推广
收费方式	免费	免费,部分会员制	部分收费	缴纳保证金和平台使用服务费

卖家应根据各平台微店开设的规则、运营的方法和技巧,选择适合的平台着手规划微店。

实训任务拓展

1. 了解并掌握各微店主流平台的特点及区别。
2. 从选择平台开始,规划自己的微店,并完成微店项目策划书。

思政专题　电商眼看中国——五大看点！电商"十四五"规划为多领域带来利好！

"电子商务五年规划从'十一五'开始,迄今已经编制了四期,在指引我国电子商务发展方向、推动电子商务实现快速健康发展方面发挥了重要作用。"2021年10月26日,商务部、中央网信办、发展改革委印发《"十四五"电子商务发展规划》(以下简称《规划》),商务部电子商务司负责人在解读该规划时表示。

《规划》明确提出"十四五"时期电子商务"四个重要"的发展目标,并用"五个成为"描绘了2035年远景目标。《规划》发布后引发电商业内人士高度关注,并挖掘出五大看点。

1. 看点一:电子商务将由量的扩张转向质的提升

从《规划》制定的发展目标来看,2025年电子商务交易额将达46万亿元,相比2020年的37.2万亿元增长23.65%。

对此,网经社B2B与跨境电商部主任表示,经过多年的发展,当前我国电子商务规模已居全球之首。在"十四五"时期,电子商务将由量的扩张转向质的提升,更加注重技术应用、模式业态、深化协同等方面的创新,这也给未来出台电子商务相关政策指明了方向。

《规划》也对电子商务在我国经济社会中发挥的重要性寄予了厚望。文中用了"四个重要"表述,分别是转型重要引擎、就业重要渠道、收入重要来源、美好生活重要作用,涵盖了人民经济生活的方方面面。在产业数字化方面,支持B2B电商平台加速供应链的数字化整合。在政策加持下,我国产业数字化转型步伐加快。工业电子商务普及率将提升10%,行业发展将进入快车道。

2. 看点二：网络零售将继续主动谋求"升级"

《规划》提出 2025 年目标为全国网上零售额将达 17 万亿元。这就意味着到 2025 年，网上零售占电子商务交易额的比例将达到 36.9%。

对此，鲍姆企业管理咨询有限公司董事长表示，未来几年电商的快速发展或许会超过这一目标。通过观察，特别这几年线下渠道的变化，以及疫情带来的影响，越来越多的传统企业都开始重视全渠道建设，并重点发力线上，所以，电商会呈现快速发展态势。下一步电商的发展会进入一个新的时期，数字经济发展也将有更大作为。

网经社网络零售部主任表示，《规划》对网络零售行业有积极利好作用，消费者的线上购物习惯已经养成，吃、穿、住、行等各方面对线上购物形成依赖，同时加上线上线下零售体系联合的推动，网络零售行业将继续主动谋求"升级"，成为电商发展的重要力量。

3. 看点三：农村电商将成数字农业和乡村振兴"标配"

《规划》的主要任务中提到，服务乡村振兴，带动下沉市场提质扩容，农村电子商务交易额将达 2.8 万亿元。

对此，网经社网络零售部主任表示，《规划》将对农村电商的发展起到积极的推动作用，农村电商将成为数字农业和乡村振兴"标配"。乡村振兴战略为农村电商发展带来新机遇，农村电商的发展促进了农村和城市资源要素双向流动。随着电商愈来愈深入农村市场，电商基因正在逐步深入农村各地，将更加促进农村和城市的资源互通，让农村电商的业态愈加多元化，为农村注入活力。拼多多、京东、阿里等头部电商平台带头加大对农业投入将助推数字农业，并加速农村地区的经济发展和繁荣。

网经社某特约研究员认为，当前，单纯的平台售卖模式已经是一个较为传统的模式了。电商衍生出来的相关商业模式，如直播、社交、团购等其实都需要有相关的基础设施等配套设施予以支撑，而这些正是农村所缺乏的。农村电商的发展一定不是将城市中的电商模式复制到农村去，而是要发展基于区域下沉市场的自己的特色，未来的农村电商将是产业衔接紧密、生产效率高、供应链支撑发达、基础设施完善以及政策支撑等多方配套的结果。可以说，农村市场具有很大的想象空间。

西安邮电大学西部数字经济研究院院长表示，《规划》有利于促进农村电商的快速发展。数字经济时代，电商作为新兴业态，既可以推销农副产品、帮助群众脱贫致富，又可以推动乡村振兴，大有可为。当前在实施乡村振兴战略背景下，要推动县域经济高质量发展，需要进一步强化数字电商作为服务农业农村发展的新动能作用，切实助力巩固脱贫攻坚成果同乡村振兴有效衔接，加快农业农村数字化。

4. 看点四：数字贸易迎来新机遇

跨境电商方面，《规划》提出到 2025 年跨境电商交易额将达 2.5 万亿元，相比 2020 年的 1.69 万亿元增长 47.92%。在对跨境电商的未来布局上，规划从高水平发展、国际合作、规则构建等方面均做出了指引。

当前，跨境电商已成为稳外贸重要力量。可以预见，"十四五"时期，随着政策、市场、资本等方面的不断加持，我国跨境电商行业将迎来新一轮发展红利。

对此，宁波新东方工贸有限公司首席执行官表示，后疫情时代，经济、就业、民生是时代主题。中国依靠跨境电商搭建全球供应链，外贸新业态、新模式蓬勃发展，激发数以万计的

网上开店实务

中小微创业者,帮助他们更平等地参与全球数字经济,并且获得创业财富。2020年受疫情推动,中国跨境电商快速发展,跨境电商表现了强劲的动力,未来中国会进一步推动全球贸易数字化,为稳外贸做出贡献。

5. 看点五:生活服务数字化、智慧化升级

服务业比重不断提高,生活服务业不断向高品质延伸,在线旅游、移动出行、在线外卖等服务业不断孕育,极大丰富了用户的生活消费。

"目前生活服务业基本实现了互联网化,而《规划》则给生活服务业提出了进一步的发展要求。"网经社某生活服务电商分析师表示,在"十四五"时期,生活服务业的智慧化、数字化是主要方向。在生活服务业互联网化的基础上,借助5G、人工智能、AR/VR、云计算等新技术构建更为高效智能的服务消费场景,在线旅游、在线出行、在线医疗等逐步升级为智慧旅游、智慧交通、智慧医疗等,从根本上提升了用户消费的便捷性与体验感。

任务3　微信小商店运营

知识准备

虽然微店类型很多,但是从经营和推广模式上来看有很多相似之处,下面就以微信官方推出的微信小商店为例介绍微店运营管理的主要步骤。

一、开通微信小商店

(1)提交免费开店申请。找到"小商店助手"小程序,进入之后点击"免费开店",如图8-6所示。

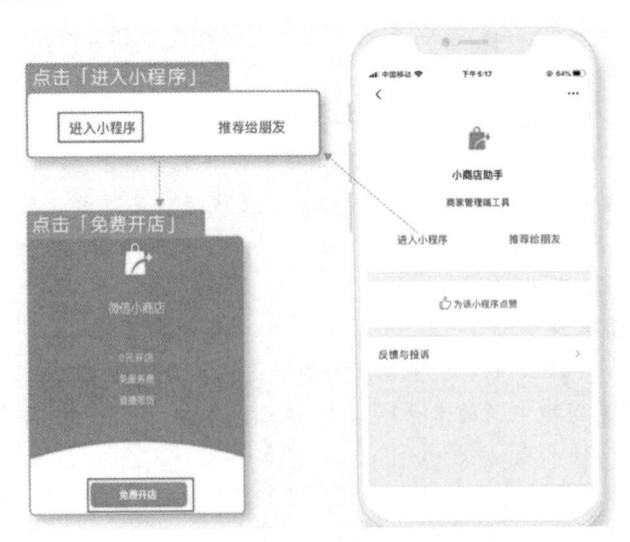

图8-6　搜索小程序—点击"免费开店"

微课:店铺物流管理

（2）选择小商店类型，如图8-7所示。

图8-7 选择小商店类型

（3）开店成功，点击"完善"继续补充开店信息，如图8-8所示。

图8-8 完善小商店经营信息

二、微信小商店签约

微信小商店开设成功后，进入正式销售前需要进行签约才能开张。

（1）审核成功，签约开张。

（2）与平台签署协议，即可完成签约开户，如图8-9所示。

图8-9　签署协议成为签约用户

三、微信小商店运营

1. 商品管理

（1）添加商品。进入小商店界面后，点击"新增商品"即可添加商品，然后选择上传商品图片，如图8-10所示。

图8-10　添加商品

（2）填写商品信息。输入商品名称，选择商品类目，并输入价格及库存等，如图 8-11 所示。

图 8-11　填写商品信息

（3）完善商品详情，添加规格，即可发布商品，如图 8-12 所示。

图 8-12　完善商品详情

网上开店实务

(4)审核完成,商品正式上架,如图 8-13 所示。

图 8-13　审核后上架

2. 查看店铺数据

店铺数据中记录了买家数、访客数、订单数、访问量等,如图 8-14 所示。

图 8-14　查看店铺数据

3. 查看并处理订单信息

订单处理界面可选择待付款、待发货、售后的选项进行订单查看，如图 8-15 所示。

图 8-15　订单信息管理

4. 店铺管理

(1) 查看店铺相关信息，如图 8-16 所示。

图 8-16　查看店铺相关信息

（2）客服设置。客服设置界面可查看管理现有客服或添加客服，如图 8-17 所示。

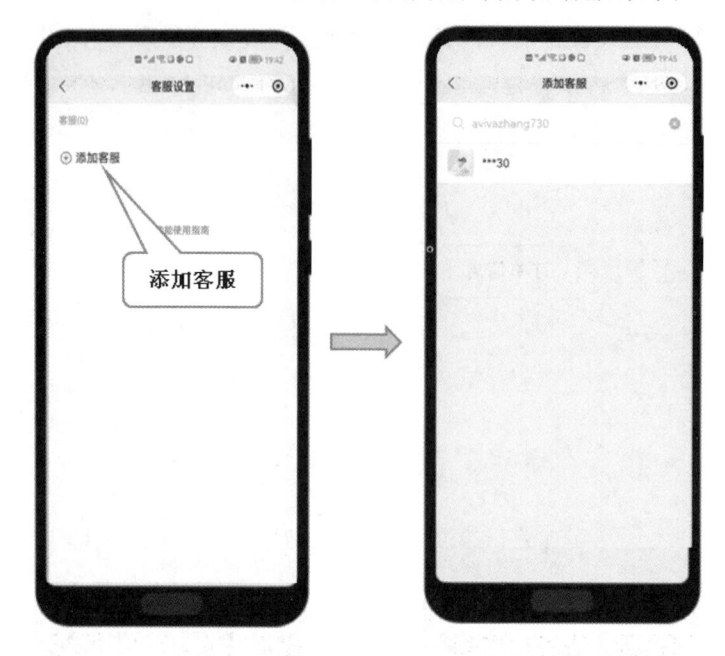

图 8-17　客服设置

（3）地址管理。卖家可以管理售后地址或新增买家地址，如图 8-18 所示。

图 8-18　地址管理功能

(4)运费管理,如图 8-19 所示。

图 8-19　运费管理功能

5. 消息管理

卖家可点击"消息"进行管理和查看,如图 8-20 所示。

图 8-20　消息管理功能

6. 管理我的小商店

进入小商店管理界面，查看账户信息，可对店铺头像、名称、简称等进行修改，如图 8-21 所示。

图 8-21　小商店管理

实战指引

每个平台都有开店指引，微店开设的基本流程类似，大家可以参照本任务中所介绍的流程摸索其他平台的开店方法及运营技巧。

实训任务拓展

1. 根据微店的开店步骤和注意事项，开通自己的微店，记录自己的账户名和推广链接等，方便后期宣传。

2. 查看并了解微店各个栏目的主要功能，掌握每个模块的操作方法。

3. 利用适合的方式和营销工具对微店进行营销推广，并记录下使用的方法和推广效果。

思政专题　电商眼看中国——阿里小蛮驴进驻菜鸟驿站

1. 菜鸟驿站"新员工"小蛮驴

互联网时代，人工智能的出现，让这个世界变得科幻且神奇，商场的引导机器人、餐馆传菜的机器人、家里扫地的机器人等，人工智能正在加快进入大众生活的步伐。

据 2021 年 10 月 29 日消息，菜鸟联合阿里巴巴达摩院宣布，菜鸟无人车小蛮驴已总计完成 350 辆投放，覆盖全国 70 多个城市超过 200 多所高校。

据悉，这 350 辆无人车也是全国快递末端最大规模的无人车配送集群。菜鸟数据显示，高校快递量持续稳定增长，对无人车的需求显著增加。

据了解，在上海理工大学，无人车小蛮驴从 3 辆增加到 4 辆；在四川大学则翻倍，且"双11"期间会有 6 辆无人车跑在校园里；在天津师范大学，9 辆无人车将承担每天上千件快递包裹的配送上门任务；浙江大学和四川文化艺术学院的无人车数量均超过 10 辆。

2. 4 度电跑 100 多公里，每天能送 500 个快递

呆萌的外表加上高效的运送效率，小蛮驴备受青睐。

2020 年天猫"双 11"期间，浙江大学的 22 台小蛮驴往返于校内 27 栋宿舍楼，配送了 5 万个包裹，为师生省下 1.7 万小时取件时间。截至 2021 年 6 月，小蛮驴已经成功在 15 家高校运营，服务了 30 万师生，单台每天最多可以配送 500 个包裹。

资料显示：小蛮驴充 4 度电就能跑 100 多公里，每天最多能送 500 个快递，雷暴闪电、高温雨雪以及车库、隧道等极端环境均不影响其性能。可谓是风雨无阻，只为将快递送到用户手中。而相对于快递员来说，一个速度快的快递员一天送 200 个快递就算是大量了，小蛮驴的效率足足高出了人工的两倍之多。

同时，自动驾驶率达到 99.9999%，大脑应急反应速度达到人类的 7 倍，只用 0.01 秒就能判别 100 个以上行人和车辆的行动意图。

据菜鸟驿站校园负责人介绍，一台无人车平均每天工作 8 小时，并且根据预约的快递订单数量和路况，无人车会自动计算出最优路线。

还有比较新奇的点，小蛮驴遇上阻碍物，会主动避让；并且在转弯之前，会自动打转向灯，穿梭于人流和车流之间，似有一个无形的驾驶员在里面一般。

3. 小蛮驴能否取代快递员？

小蛮驴的出现，节省了大量送快递的时间，而且也减轻了不少快递员的负担，目前在校园"工作"的小蛮驴，对于大量人流聚集地的高校来说是极其便利的。

这让人有个大胆的猜想，未来的快递站，是不是就只有一个管理员，不再需要送货到家的快递员了呢？

在投入使用小蛮驴的高校内，学生们对它的评价可谓是既惊讶又赞叹。

具备超强的反应力，取件流程方便快捷。小蛮驴在遇见人的时候会主动停下，这时你只需要在屏幕上输入你的取件码，就会在侧面的车厢内拿到自己的包裹。

科技是为生活增光添彩的存在，"智能物流"在逐渐步入人们的生活，我们也希望在不久的将来我们也不用亲自去快递站取包裹，等待着小蛮驴和我们见面的时刻。

未来又会有什么样的人工智能出现在大众视野中呢？我们拭目以待吧！

项目总结

随着利用手机上网人群的不断增加,无线端流量的获取对于卖家而言变得越来越重要,不同平台上的移动网店经营为卖家提供了更多的可能性。卖家可以利用社交平台等途径展开店铺和商品的运营推广,方法也更加简便,降低了进入的门槛。

```
                              ┌─ 移动电商基础知识
             ┌─ 认识移动网店的形式 ┤
             │                └─ 移动网店的主要形式
             │
             │              ┌─ 适用范围
             │              ├─ 平台特点
             │        ┌ 微信小商店 ┤
             │        │     ├─ 入驻条件
             │        │     └─ 平台费用
             │        │
             │        │     ┌─ 适用范围
             │        │     ├─ 平台特点
移动网店运营 ─┼─ 认识微店 ┼ 有赞微店 ┤
             │        │     ├─ 入驻条件
             │        │     └─ 平台费用
             │        │
             │        │     ┌─ 适用范围
             │        │     ├─ 平台特点
             │        └ 口袋微店 ┤
             │              ├─ 入驻条件
             │              └─ 平台费用
             │
             │              ┌─ 开通微信小商店
             └─ 微信小商店运营 ┼─ 微信小商店签约
                            └─ 微信小商店运营
```

课后习题

1. 调研目前移动电子商务市场的发展概况,进一步了解各主流移动网店平台的运营情况,形成一份调研报告。

2. 收集一个移动网店运营的成功案例,分析其成功的关键要素。

参 考 文 献

[1] 天猫.天猫工具大全[M].北京:清华大学出版社,2017

[2] 白东蕊.网店运营与管理(视频指导版)[M].2版.北京:人民邮电出版社,2019

[3] 陈志轩,张运建,张艳格,张燕.淘宝网店运营全能一本通(视频指导版)[M].2版.北京:人民邮电出版社,2019

[4] 阿里巴巴商学院.网店客服[M].北京:中国工信出版集团,2019

[5] 宋卫,徐林海.网店运营实务[M].北京:人民邮电出版社,2019

[6] 六点木木.淘宝开店从新手到皇冠:开店+装修+推广+运营一本通[M].2版.北京:电子工业出版社,2017

[7] 淘宝大学.淘宝大学电子商务人才能力实训(CETC系列)-网店运营(提高版)[M].北京:电子工业出版社,2018

[8] 淘宝大学.网店运营、美工视觉、客服[M].北京:电子工业出版社,2018

[9] 王利峰.网店运营实务[M].2版.北京:人民邮电出版社,2017

[10] 许霜梅.Photoshop电子商务图形处理实用教程[M].西安:西安交通大学出版社,2018

[11] 曾鸿毅.淘宝天猫SEO从入门到精通[M].北京:中华工商联合出版社,2017

[12] 王涛,李想.淘宝天猫网店运营从入门到精通(视频指导版)[M].北京:人民邮电出版社,2018